HACKS · WERKE
ERSTER BAND

HACKS
WERKE
ERSTER BAND

PETER HACKS
DIE GEDICHTE

LIEDER ZU STÜCKEN
GESELLSCHAFTSVERSE
LIEBESGEDICHTE

EULENSPIEGEL VERLAG

LIEDER ZU STÜCKEN

LIEDER ZU
DIE SCHLACHT BEI LOBOSITZ

DIE BRAUT DES DESERTEURS

Und als der Husar gefangen war
Und bleich am Richtplatz stand,
Und der Fall war klar und die Hoffnung rar,
Da kam das Mädchen mit feuchtem Haar
Zu dem Herrn Leutenant.
 Weil ich den Soldaten lieb,
 Wurd der Soldat so schlecht.
 Ihr müßtet ja mich töten,
 Eh ihr ihn schuldig sprecht.

Der Leutnant voll Hohn tritt zur Schwadron:
Ergreifet das Gewehr!
Der um süßen Lohn aus dem Heer entflohn,
Hat nach der Mortifikation
Keinen Kopf zum Küssen mehr.
 Das tat deine große Lieb
 Und daß dein Herz nicht schwieg.
 Das Glück ist für den Frieden.
 Der Tod ist für den Krieg.

CAPUA-SONG

Groß war der Mut. Das Horn zum Angriff blies.
Und wie ein Löwe kämpfte Marschall Traun.
Da wurde mir ein Loch ins Fleisch gehaun
Von einem Feinde, der auch Mut aufwies.
    Das war bei Capua, als es so kam,
        Daß nun mein Bein von mir den Abschied nahm
    Und lag, ein fremder Knochen, da.
    Was war mir Capua?

So sitze ich, gelehnet an mein Grab,
Den man nicht fragen muß, was ihm wohl fehlt.
Ein neidischer Rest, der sich ums Graubrot quält,
Weil er sein Kostbarstes für nichts hingab.
    Das war bei Capua, als es so ging,
        Daß nun mein Glück nicht mehr von mir abhing
    Und mir die schwere Not geschah.
    Was war mir Capua?

Groß war der Mut. O Jüngling, bleib timid.
Groß war der Mut. Viel größer ist die Reu.
Folg nicht dem Kalbfell. Folg nur deiner Scheu.
Welch kleiner Schritt vom Held zum Invalid.
    Das war bei Capua am fernen Ort.
    Doch wo du mutig bist, bist du schon dort
    Und spürst den Wurm in Gloria
    Und hast dein Capua.

    Gott schuf den Mensch mit hundert Gliedern.
    Gott ist ein Mann, der selten irrt.
    Solln wir ihm was von Capua erwidern,
    Wenn er uns einmal milde ansehn wird?

LOBOSITZER MARSCH

Nun zeigt ins fremde Land
Die Spitze meiner Schuh.
Den Rücken unverwandt
Dreh ich der Heimat zu.
Wir ziehn in deinen Krieg,
Ich und mein Kamerad,
O König von Preußen,
Du großer Potentat.

Durch Nebel heiß und schal,
Durchs Brüllen der Kanon
Führt mich dein Wort zu Tal
Und dreißig Bataillon.
Da hält mit rostger Sens
Der Tod die große Mahd.
O König von Preußen,
Du großer Potentat.

Der Sachsen Land, so reich
An Weltvernunft und Kohln,
Und Schlesien auch sogleich
Soll ich dem König holn.
Was schert uns denn Preußen?
Macht uns denn fett der Sieg?
Wir scheißen, wir scheißen,
Wir scheißen auf den Krieg.

Auf knarrendem Gefährt
Fahr ich jetzt in die Nacht
Und muß von dieser Erd
Und bin aus Erd gemacht.
Und ich bin einer. Und
Es ist um tausend schad.
O König von Preußen,
Du großer Potentat.

ICH HÄNG MEIN FLINT

Fern von überm Berg tönt die Trompete.
Tambour ruft und Hautbois nach mir.
Und die Lerche steigt. Der Tag wird späte.
Eja, und muß nicht mit ausmarschier.
    Ich häng mein Flint
    An den Weidenbaum in hellen Wind.
    Häng, Bruder, deine auch dazu.
    Dann habn wir alle Ruh.

Frei steh ich im Sonnenlicht, dem warmen,
Ledig nun des Kleids, des ich mich schäm.
Ich könnt jede Kreatur umarmen,
Wenn ich den Herrn Korporal ausnehm.
    Ich häng mein Flint
    An den Weidenbaum in hellen Wind.
    Häng, Bruder, deine auch dazu.
    Dann habn wir alle Ruh.

Mein Befehl hab selber unterschrieben.
Mein Weg ist nicht der vom Regiment.
Weil damit mein letzter Marsch, ihr Lieben,
Nicht mit meinem letzten Stündlein end.
    Ich häng mein Flint
    An den Weidenbaum in hellen Wind.
    Häng, Bruder, deine auch dazu.
    Dann habn wir alle Ruh.

Fürcht den Tod, besonders den der Helden,
Krieger-Tod, auch preußisch Tod genannt.
Eh sie dich von dieser Welt wegmelden,
Meld dich doch weg vom Soldatenstand.
    Und häng dein Flint,
    Wo schon viel blanke Flinten sind.
    Und häng dein König auch dazu.
    Eja, dann ist Ruh.

LIEDER ZU
DER HELD DER WESTLICHEN WELT

VON DEN HELDEN IRLANDS

Duvlann, der kühne Ritter,
Hatte ein stolzes Schwert.
Das war so lang wie ein Mann, drei
Hobens nicht von der Erd
    Und von den Hügeln grün.

Cuchullin saß bei Schön Blanit
Und aß Eierschmer.
Hab ich gegessen mein Eierschmer,
Erschlag ich des Königs Heer
    Hinter den Hügeln grün.

Dunn O'Hara fuhr ab in Sligo
Uber das kühle Meer.
Das Meer, es hat kein Ende.
Die Fahrt hat keine Umkehr
    Wohl zu den Hügeln grün.

Brian Boru lebte am Loch Lene
Zehn lange Jahr.
Wenn Wind ging, wenn die Sonne schien,
Und wenn Schnee da war,
    Fern von den Hügeln grün.

Abt Finn in Ballyhaunis
Bekehrte zehn Heiden.
Bei der Fronleichnamsprozession
Gingen sie ihm zur Seiten
    Über die Hügel grün.

MORITAT VOM VATERMÖRDER CHRISTOPHER MAHON

Vor dir der schwarze Galgen von Killmainham,
Die Springflut unter dir und oben Sturm
Und hinten England oder ein Subjekt von jenem:
So zeigt sich die Natur dem Menschenwurm.
Drum soll sich keiner wider sie erheben
Und wider Zuchthaus, England, Sturm und Flut,
Und seis ein Mensch von höchst gerechtem Streben.
Und seis ein Mensch von kühnem Mut.

Ein Sohn von fast noch ungetanen Taten,
Mit seinem greisen Vater einst allein,
Ergriff, Christy Mahon, so hieß er, einen Spaten
Und schlug ihn ins verwandte Haupt hinein.
Des Vaters Leichnam und das weite Leben
Lagen vor ihm. Er griff nach seinem Hut.
Und war ein Mensch von höchst gerechtem Streben.
Und war ein Mensch von kühnem Mut.

Wehe den Mördern, die kein Bargeld haben.
Sie müssen doch der Strafe auch entgehn.
Christy Mahon schlief elf Tage im Straßengraben
Und irrte elf Nächte auf den Chausseen.
Und sah an den Kartoffeläckern kleben
Im Mondenschein den Tau wie Vaterblut.
Und war ein Mensch von höchst gerechtem Streben.
Und war ein Mensch von kühnem Mut.

Kurz war die Laufbahn nur von diesem Helden.
Beim ersten Vatermord schon sank sein Arm.
Und nur sein Bild auf Francis X. O'Rourkes Gemälden
Hält in dem Publikum den Vorfall warm.
Das blutige Mordgerät steht still daneben,
Denn ohne Herrn ist es für nichts mehr gut.
So starb ein Mensch von höchst gerechtem Streben.
So starb ein Mensch von kühnem Mut.

VOLKSMORITAT

Es ist viel Blut geronnen
An einem fernen Ort.
Kommst du dorthin zum Bronnen,
Da klingts wie: Vatermord.

Und geh an deine Arbeit,
Zum Sohn der Vater spricht.
Der Sohn zeigte Gehorsam
Und seine Pläne nicht.

Was willst du mit dem Spaten,
Der Vater ängstlich fragt.
Es sind noch Kartoffeln im Acker,
Der Frost steht vor der Tür.

Der Spaten war für Kartoffeln.
Das war dem Spaten sein Zweck.
Dem Vater schlug Christoffel
Damit die Rübe weg.

DIE TRÄNEN DER MÄDCHEN VON MAYO

    Die Tränen der Mädchen von Mayo,
    Die fließen in die See.
    Es trägt sie fort der Owenmore
    Bis in die Blacksod Bay.

CHORAL

Ein irischen Glauben,
Ein irische Mutter,
Ein irischen Esel
Mit irischem Futter
Und die Kühnheit der Welt
Hat ein irischer Held.

LIEDER ZU DIE KINDERMÖRDERIN

DIE KINDERMÖRDERIN

Evchen Humbrecht, des Metzgers Kind
Zu Straßburg, der Domstadt am Rhein,
Sie sprach: warum solln, die vom Adel sind,
Alleine lustig sein?
Es kommt ein warmer Wind von Süd
Im Februar gewehet.
Das schad der Apfelblüt.

Metzger Humbrecht in stolzer Wut,
Er spricht: schwillt dem Fräulein der Kamm?
Ritterlich Blut und redlich Blut
Stallen nicht zusamm.
Aus Leibes Lust wird Herzens Weh.
Am Mittwoch fiel wie Aschen
Der kalte, weiße Schnee.

Der Herr Leutnant von Gröningseck
Hat eine Liebschaft gewollt.
Weil das nicht ging, hat er entdeckt,
Daß es Liebe sein sollt.
Im hellen Glanz der Julisonn
Geht er als wie ein Kranker.
Man merkts ihm deutlich an.

Evchen Humbrecht, sie füttert zwei.
Die Schürze ihr knapp war.
Sie sprach: vielleicht, wenn ich standhaft bleib,
Führt er mich zum Altar.

Er hat sich treu mir anverlobt.
Ach, eine schöne Jungfer
Ist ein bös Lagerobst.

Der Herr Leutnant hat einen Freund,
Der meints mit ihm herzlich gut:
Nimm dir lieber die Herzliebste mein,
Bevor du so was tust.
Sie ist dir in der Seele hold.
Sind Tage im Oktober,
Da scheint die Luft wie Gold.

Evchen Humbrecht floh ohne Gruß
Von Haus ums Morgengrau.
Die Ehr hat einen tönernen Fuß,
Da nimmt sie alls zu genau.
Die Gänse hangen frisch gesengt.
Doch hat der heilige Martin
Ihr keinen Mantel schenkt.

Das Glück ist schon neun Monde her.
Zu Eis gefrorn ist der Grabn.
Ich habe keinen Vater mehr,
Mein Kind soll auch keinen habn.
Viel Gärten sind im Sonnenschein.
Warum, mein Herrgott, pflanztest
Du mich in diesen ein?

KLAVIERSTÜCK

O Freund, o Seele meiner Lieder,
Nicht zu den Wolken drängt mein Flug.
Mich liebest du, dich lieb ich wieder,
Sind wir nicht unten froh genug?
An treuer Brust, an treuer Seiten
Macht uns die Liebe mehr als reich,
Macht uns an wahren Zärtlichkeiten
Dem allergrößten König gleich.

LIEDER ZU DER FRIEDEN

SCHWEINELIED

Und wenn die Eicheln reif sind,
Dann mästen die Bauern die Schwein
Und braten sie auf einem Ast
Und haben das ganze Dorf zu Gast.
Die Schwein, die Schwein,
Die guten Schwein
Wollen verschlungen sein.

Und wenn die Brisen steif sind,
Dann fahren die Seeleut aufs Meer.
Die Planken glühn, der Samos rinnt,
So segeln sie, bis sie besoffen sind,
Vorm Wind, vorm Wind,
Vorm guten Wind
Und unter dem Himmel her.

DAS SCHÄTZCHEN IM BRUNNEN

Ein großes Unglück, liebe Leut,
Hojo
Mein Schätzchen fiel in den Brunnen heut.
Hojo
Zieht am Strick, zieht am Strick,
Schätzchen ist mein Tag und mein Glück.

Der Brunnen, in dem Schätzchen liegt,
Hojo
Ist hunderttausend Klafter tief.
Hojo
Zieht am Strick, zieht am Strick,
Schätzchen ist mein Tag und mein Glück.

Aus Schätzchens Aug die Tränen rolln,
Hojo
Der Brunnen ist schon halb voll.
Hojo
Zieht am Strick, zieht am Strick,
Schätzchen ist mein Tag und mein Glück.

Und kann sie nicht gerettet sein,
Hojo
Spring ich zu ihr in den Brunnen hinein.
Hojo
Zieht am Strick, zieht am Strick,
Schätzchen ist mein Tag und mein Glück.

Und rettet ihr das Schätzchen mein,
Hojo
Soll sie auch euer Schätzchen sein.
Hojo
Zieht am Strick, zieht am Strick,
Schätzchen ist mein Tag und mein Glück.

CHORLIED AN DIE MUSE

Wenn du den Krieg rühmst, Muse, als Troßweib dann wirst du reisen,
Ausgeschlaucht, syphilitisch, dem schmutzigsten Landsknecht zu Willen,
Zu deinem Publikum von Krüppeln.
Morgens trommelst, abends am Schindanger endest du.
Aber im Dienste des Friedens, Himmlische,
Der Götter Hochzeiten singend, der Männer Festmahl,
Klingen süß deine Lieder wie die der Schwalbe im jungen Lenz,
Machst du die Menschen freundlich und bauest in ihren Herzen dir
Eine unvergängliche Wohnung.

ROTE TRAUBE VON KORINTH

Die Sonne hat dich süß gemacht,
Die Sonne und der Wind.
Ich will dich pflücken heute nacht,
Rote Traube von Korinth.

Und wein mir nicht, wenn ich dich pflück.
Es ist die Zeit, mein Kind.
Und wenn du weinst, dann wein vor Glück,
Rote Traube von Korinth.

DIE OLIVEN GEDEIHN

Die Oliven gedeihn,
Der Krieg ist vorbei,
Es tönt die Schalmei,
Der Frieden zog ein.
Wir würzen den Wein
Mit Zimt und Salbei,
Die Oliven gedeihn,
Der Krieg ist vorbei.

CHORLIED AN DAS BETT

O gesegnet das Bett
Und gesegnet der weißliche Ahorn,
Von nervigen Händen gefällt, geschnitzt unter Liedern,
Und gesegnet die Daunen von mancherleifarbgem Gevögel
Und die Füße, gedrechselt vom Zahn des libyschen Untiers.
Schön steht es da in der blendenden Sonne des Mittags,
Und wie Silber schimmerts im Mond, der mählich vom
 Meer kommt.
Gesegnet sei es, das breite und lange, das bräutliche, ungeduldige.
O gesegnet, gesegnet das Bett.

LIEDER ZU MORITZ TASSOW

WEIDENBLATT UND MUSKATBLUME

In meines Vaters Baumgarten
Wachsen zwei Bäume,
Wächst ein blühender Muskatenbaum
Und eine Weide.

Wenn ich heimgeh, warten zwei am Weg,
Tun sichs Herz abgrämen,
Eine rot und reich, eine arm und bleich,
Welche soll ich nehmen?

Wenn die Reiche einen Taler hat,
Verzehrt sie ihn alleine.
Wenn die Arme einen Groschen hat,
Tut sie ihn mit dir teilen.

Nahm ich nun doch die Arme mir,
Ließ die Reiche fahren,
Lebte in Fried mit ihr
Sieben lange Jahre.

Nahm ich die Reiche dann
Nach sieben langen Jahren.
Was die Arme mir gewann,
Hat die Reiche mir vertan
In sieben Tagen.

In meines Vaters Baumgarten
Wachsen zwei Bäume.
Weidenblatt und Muskatblume
Liegen auf dem grünen Rasen.

SCHÖN DORINDGEN

Schön Dorindgen, ihre Gartentür
Fand ich offen, schön Dorindgen,
Doch verriegelt war ihre Haustür,
Und ich hab mich wieder fortgemacht.
War verriegelt meine Haustür,
Muß ich lan den Riegel schleichen,
Will des Herren morgen warten
Um die halbe Mitternacht.

Schön Dorindgen, ihre Haustür
Fand ich offen, schön Dorindgen,
Doch geknarret hat ihre Kammertür,
Und ich hab mich wieder fortgemacht.
Hat geknarret meine Kammertür,
Will sie einfetten mit Rapsöl,
Will des Herren morgen warten
Um die halbe Mitternacht.

Schön Dorindgen, ihre Kammertür
Fand ich offen, schön Dorindgen,
Doch ich hab besorgt, ihr Bett könnt krachen
Wenn die Nacht am stillsten war.
Soll mein jungfräulich Bett nicht krachen,
Wer soll mir die Laute schlagen?
Keinen Tag mehr kann ich warten,
Denn ich bin schon siebzehn Jahr.

VALSE FLAMANDE

Die Erlen wachsen im Erlenloch.
Der Hanfhahn blüht auf den Feldern so hoch.
Das Flamland feiert nah und fern,
Nur Tom, Jan und Pieter arbeiten gern.

Alle Leut von Brabant, sie stehen und sehen,
Wie man den Henker hängt.
Tom schwingt das Beil.
Jan bringt das Seil.
Pieterje hält Maronen feil.
Und die Leut von Brabant, sie stehen und sehen,
Wie man den Henker hängt.

Die Raben kommen bis von Den Haag.
Es wird ein großer Rabentag.
Doch keinen ängstet ihr Geschrei,
Die Rabenjahre sind um und vorbei.

Alle Leut von Brabant, sie stehen und sehen,
Wie man den Henker hängt.
Tom schwingt das Beil.
Jan bringt das Seil.
Pieterje hält Maronen feil.
Und die Leut von Brabant, sie stehen und sehen,
Wie man den Henker hängt.

JOHANN MEUSEL

Johann Meusel war ein Bauer,
Zog den Pflug mit einer Hand,
Zog die Egge mit der andern
Durch des Ackers tiefen Sand.
    Im gelben Mondlicht
    Sah man ihn
    Mutternackt die Furchen ziehn.

Johann Meusel traf ein Mädchen,
Küßte sie im Morgenwind,
Und vor Mittag war sie schwanger,
Und vor Nacht hatt sie ein Kind.
    Schön wie die Sonne,
    Groß wie ein Rind,
    So war Johann Meusels Kind.

Johann spielt das Bombardon.
Stieß er einmal nur hinein,
Fielen ringsum auf den Gütern
Alle Ziegelmauern ein.
    Der König Josua
    Von Jericho
    Blies zwar laut, aber nicht so.

Dem Herrn Amtmann aber brach er
Jüngst mit Sorgfalt das Genick,
Und er hängte fünf Pastoren
Auf an einem Glockenstrick.
    Nämlich er hatte
    Nichts wie Streit
    Mit der deutschen Obrigkeit.

Als er einst bei seinem Kümmel
Rülpsend lag auf seiner Bank,
Hört er Stimmen hoch im Himmel,
Und die riefen: Gott ist krank.
    Gott hat das Fieber,
    Und jetzt glaubt Er,
    Daß Er Johann Meusel wär.

TAGLIED

Es hat ein junger Fuhrknecht
Seinem Mädchen zugeredt,
Daß sie sollt ihn lassen schlafen
In ihrem Federbett.
Sie lagen tief verborgen
Und Herz an Herz geschmiegt.
Wie frühe kommt der Morgen,
Wenn Lieb bei Liebe liegt.

> O Mond, du gelber,
> Vom Himmel herab,
> Du weißt, wie lieb ich sie hab,
> Viel lieber als mich selber.

Die Turmuhr, die muß schlagen,
Und sie schlägt schon fast zu viel,
Und der bunte Hahn muß schrein,
Und der Mond muß an sein Ziel.
Auf bald, auf bald, mein Liebchen,
Bis ich die Straße fahr
In einem andern Sommer
In einem andern Jahr.

> O Mond, du gelber,
> Vom Himmel herab,
> Du weißt, wie lieb ich sie hab,
> Viel lieber als mich selber.

Wer hat denn dieses Liedchen,
Dieses Liedchen ausgedacht?
Das haben die alten Weiber
Von Halberstadt gemacht.
Die alten Weiber sitzen
Den ganzen Tag zu Haus
Und denken sich die schönen
Traurigen Lieder aus.

O Mond, du gelber,
Vom Himmel herab,
Du weißt, wie lieb ich sie hab,
Viel lieber als mich selber.

LIEDER ZU POLLY, ODER: DIE BATAILLE AM BLUEWATER CREEK

WESTWÄRTS HO

Die Straße kerbt smaragden
Sich in den Ozean,
Seit wir die Koffer packten
Und hoch die Brigg beflaggten
Mit der Hoffnungsfahn.

Von der Insel Britannia
Nach der Insel Amerika,
Westwärts ho.

Von Türmen voll und Ränken,
O alte London-Stadt,
Kein Blick dir, kein Gedenken.
Das Meer liegt vor den Bänken.
Wir sind europasatt.

Von der Insel Britannia
Nach der Insel Amerika,
Westwärts ho.

UNTER DER WEIDE

Ein Mädchen, wenn es traurig ist,
Neigt es den Kopf und weint
Und bleibt mit seinem kleinen Herz
Und großen Schmerz allein
Unter der Weide
Unter der Weide
Unter dem weinenden Weidenbaum.

Ein Mann, wenn er traurig wird,
Dann steigt er auf sein Pferd
Und sagt nicht, ob er wieder
Oder nimmer wieder kehrt
Unter die Weide
Unter die Weide
Unter den weinenden Weidenbaum.

Er reitet bis New Albany,
Wo der Ohio rinnt.
Die Mädchen müssen weinen,
Weil sie geboren sind
Unter der Weide
Unter der Weide
Unter dem weinenden Weidenbaum.

O TRÜBE, TRÜBE

Wenn Muschelstein wird Elfenbein,
Dann kehrt mein Lieb zurück zu mir.
Wenn Myrten grün im Winter blühn,
Dann kehrt mein Lieb zurück zu mir.
O trübe, trübe.
Doch süß ist Liebe
Im Anbeginn, solang sie neu.
Doch sie wird alt und bitter kalt
Und welket hin wie Binsenheu.

ICH TRUG EINE ROSE IM HAAR

Im Hedge-Maker's Inn
War ich Ballkönigin,
Und ich trug eine Rose im Haar.
Die Mädchen schön wie der Frühling,
Und keine so schön, wie ich war.

Es ging das Clairon
Und das Banjo, ding dong,
Und ich trug eine Rose im Haar.
Und ich konnte tanzen mit allen
Und tanzte mit ihm immerdar.

Des Morgens er kam
Und die Rose fort nahm,
Und wir wurden ein sündiges Paar.
Schuld war die Rose, die Rose,
Schuld war die Rose im Haar.

DER BLUEWATER-VALLEY-SONG

Hör, liebes Weib, zu weinen auf,
Die Trommel ruft mich vom Kamin.
Des blauen Wassers Lauf, ja Lauf
Hinan jetzt muß ich ziehn
    Ins Bluewater Valley,
    Ins Bluewater Valley,
    Ins liebliche Blauwassertal.

Der Feind, uns zu beleidigen,
Will sich aus seiner Stadt nicht trolln.
Nun müssen wir verteidigen,
Was wir erobern wolln,
    Das Bluewater Valley,
    Das Bluewater Valley,
    Das fruchtbare Blauwassertal.

Hör, liebes Weib, zu knien auf
Mit deinen lilienweißen Knien.
Schüttet der Feind sein Pulver auf,
Ist Zeit genug zu fliehn
    Aus dem Bluewater Valley,
    Aus dem Bluewater Valley,
    Dem blutigen Blauwassertal.

DIE MÄDCHEN IM GRÜNEN LEGUAN

Alle Fräuleins sind aus Gold, und
Alle Frauen sind aus Silber.
Alle Witwen sind aus Kupfer.
Alte Weiber sind aus Zinn.
    Aber die Mädchen im grünen Leguan,
    Das sind die schönsten von Peru.
    Bei Inez, der Pflaume, und Conchita Affenhaar
    Kommt meine wandernde Seele zur Ruh.

Montezumas Perlenschätze
Geb ich weg für dich, Maria.
Ich versöff sie in zehn Tagen,
Dich lieb ich zwei Wochen lang.
    Aber die Mädchen im grünen Leguan,
    Das sind die schönsten von Peru.
    Bei Inez, der Pflaume, und Conchita Affenhaar
    Kommt meine wandernde Seele zur Ruh.

Kam der Bauer mit der Rübe,
War die Rüb zu groß dem König,
Sprach des Königs junge Tochter:
Nein, ich find sie nicht zu groß.
    Aber die Mädchen im grünen Leguan,
    Das sind die schönsten von Peru.
    Bei Inez, der Pflaume, und Conchita Affenhaar
    Kommt meine wandernde Seele zur Ruh.

Damen lieben so die Kühnheit,
Daß sie jeden Mann schön finden,
Der Theaterstücke dichtet
Oder auf den Galgen geht.
    Aber die Mädchen im grünen Leguan,
    Das sind die schönsten von Peru.
    Bei Inez, der Pflaume, und Conchita Affenhaar
    Kommt meine wandernde Seele zur Ruh.

HÜBSCHE LADY

Er zog aus dem Schnappsack die Fiedel
Und spielte mir ein Lied,
Hübsche Lady, die Zeit ist vorbei.
Nein, spiel mir noch ein Lied.
Hübscher Soldat, nimm mich auf dein Roß.
Hübsche Lady, das war nicht mein Ziel.
Hab ein Weib am Charing Cross,
Zwei Weiber in der Armee ist zu viel.
Ich gehe nach London, ich bleib dort ein Jahr,
Will oft dran denken, wies schön mit dir war.
    Alles Liebe, hübsche Lady,
Will denken, wies schön mit dir war.

BALLADE VOM EDLEN RÄUBER

Ich trank den Roggenwhisky pur des Abends vor dem Herd,
Und wenn das eichene Faß leer war, dann stieg ich auf mein Pferd
Und ritt zu eines reichen Manns Haus in meinem edlen Sinn
Und ritt zu keines armen Manns Haus, da war kein Whisky drin.

Der König trinkt den Whisky pur, er trinkt das ganze Faß leer.
Und wenn des Königs Faß leer ist, dann hat er noch eins mehr.
Die armen Bauern rings im Land, die brennen früh bis spät,
Und wo ich keinen Whisky fand, findt ihn die Majestät.

Es hängt mein Kopf in Kupfer gestochen im Polizeirevier.
Des Königs Kopf in Kupfer gestochen, der hanget neben mir.
Dem König kann man nichts abschlagen, mir schlägt man ab das Haupt.
Ich glaub, ich bin noch edler, als die Polizei erlaubt.

BALLADE VOM HIGHWAY MAN

Das ist die Glocke von St. Paul's,
Und das dort ist Big Ben.
Wen führen sie zum Galgen?
Macheath, den Highway Man.

Die Kutschen, die sind sicher,
Die Straßen wieder gut,
Das Schiff im Meer hat zu fürchten nicht
Als von Taifun und Flut.

Ein stolzes Lächeln spielet
Um seine Lippen, denn
Sie können nur einmal hängen
Macheath, den Highway Man.

Und lustig, der Herr Henker,
Herr Pfaffe, kein Geflenn.
Der Tod ist ein alter Geschäftsfreund
Von Macheath, dem Highway Man.

Lebt wohl, ihr kleinen blauen Augen,
Ihr seht mich lächeln heut.
Mein Herz wird brechen morgen.
Ihr seht mich lächeln heut.

ES IST WAHR, WAS ICH SAG

Du hast mich betrogen im Sommer,
Mein Freund, es ist wahr, was ich sag.
Ich will es dir heimzahln im Winter
An einem schneeigen Tag.
Mit einem, der mich mehr liebt als du,
Mit einem, der mir mehr gibt als du,
Mach ichs wahr, mach ichs wahr,
Vor sich neigt das Jahr,
Mach ich wahr, was ich sag.

ERMUNTERUNG

In dem Marterpfahl, kann sein,
Sitzt der Wurm,
Und ein Wetterstrahl, kann sein,
Sprengt den Turm.
Und der Galgenstrick, kann sein,
Er ist alt,
Und ein Augenblick, kann sein,
Ändert dein Geschick, kann sein
Schon bald.

Auf die Mitternacht, kann sein,
Folgt ein Tag.
Wenn die Welt einkracht, kann sein,
Daß nichts dran lag.
Ha, das Allerletzte trat
Noch nicht ein.
Drum mutig, edle Seele,
Das Messer an deiner Kehle
Kann schlecht geschliffen sein.

DAS KLEINE TESTAMENT
DES HAUPTMANNS MACHEATH

In dieser dumm und tristen Welt,
Wenig dauernd,
Tu ich genau, was mir gefällt,
Nichts betrauernd.

Und manches vollgefreßnen Narrn
Beutel fegend,
Entleer ich meinen Hohn und Harn
In die Gegend.

Der Mensch hat seinen Wert als Fraß
Für die Raben,
So wird doch wer von meinem Aas
Etwas haben.

Herr Gay sagt, daß in unsrer Erd
Doch ein Sinn ist.
Wissen werd ich, wenn ich drin sein werd,
Ob was drin ist.

LIEB, O LIEBE UNBEDACHT

Lieb, o Liebe unbedacht,
Lieb, o Liebe unbedacht.
Es war die Liebe unbedacht.
Ihr seht, was Lieb aus mir gemacht.

Salzig, salzig jeder Kuß,
Salzig, salzig jeder Kuß,
Wenn meiner Freuden süßer Fluß
Sich im Meer verlieren muß.

Morgen war mein Hochzeitstag.
Gestern war mein Sterbetag.
Da ich allein im Bette lag,
Hört ich des Engels Flügelschlag.

Und er sprach: es ist vorbei,
Deine Liebe ist vorbei,
Ja, deine Liebe ist vorbei.
Tod macht dich vom Jammer frei.

LASTER UND REUE

Wer kommt da noch im Nebel?
Geh, Weib, zur Tür und schau,
Ists Lockit, der Constable,
Oder eine hübsche Frau?
Erkennst du einen Säbel,
Bin ich gegangen aus,
Doch ists die schwarze Mabel,
So laß sie in mein Haus
Und bring uns Tee in der Kupferkann,
Wenn ich dann lieg bei ihr.
Er war mein Mann,
Er war mein Mann
Und war nicht gut zu mir.

Nun wart ich auf die Stunde,
Da er liegt geschmissen hin,
Und schwarzen Staub im Munde,
Und ich nicht bei ihm bin.
Rasch, holt mein Weib, ihr Hunde,
Holt mir mein gutes Weib,
Sie soll mit Küssen die Wunde
Mir heilen in dem Leib.
Wie kommt ihn stark die Reue an
Dort, blutend auf dem Pier.
Ich war dein Mann,
So spricht er dann,
Und war nicht gut zu dir.

SARG, LEICHENTUCH UND GRAB

Und alle meine Lieb
Nahm er mit sich hinab,
Und alles, was mir blieb:
Sarg, Leichentuch und Grab.
Ein Sarg aus Tannenholz,
Ein Leichentuch aus Heu,
Und auf mein Grab setzt eine schneeweiße Lilie,
Die spricht, meine Seele war treu.

DIE SONNE SCHEINT

Die Sonne scheint, wo sie scheint,
Und wo er fällt, fällt der Schnee.
Es fließt der Fluß, wo er muß,
In die Salzwassersee.
Wer fragt den Baum, fragt den Zweig,
Auf den der Vogel sich setzt?
Der Wind steht still, wo er will,
Und ich liebe dich jetzt.

Die Sonne scheint, wo sie scheint,
Und wo er fällt, fällt der Schnee.
Es fließt der Fluß, wo er muß,
In die Salzwassersee.
Das ist das Ende vom Lied.
Das ist das Ende vom Stück.
Und der das Glück liebt,
Den liebt das Glück.

LIEDER AUS DIE SCHÖNE HELENA

LIED DES MERKUR

Auf dem Berge Ida stritten
Drei Göttinnen hin und her,
Wer aus ihrer schönen Mitten
Wohl die Allerschönste wär.
Evoe, die jungen Damen,
Aus auf einen jungen Mann,
Evoe, die jungen Damen
Wenden drollige Mittel an.

Da, im Holz ein schöner Knabe.
Herr, Sie müssen Richter sein
Und verleihn die Siegesgabe
An die Schönste von uns drein.

Gut, sprach er, ich wills entscheiden,
Aber ehrlich sei das Spiel,
Drum bitt ich, sich zu entkleiden.
Evoe, der Schleier fiel.
O lala, die jungen Damen
In Paris und in Korinth,
O lala, die jungen Damen
Machen Sachen, die eigen sind.

Sprach die Juno: hör ein wenig,
Reich bezahl ich dir dein Obst.
Über Asien wirst du König,
Wenn du mich vor jenen lobst.
Evoe, die jungen Damen
Wenden drollige Mittel an.

Sprach Minerva: viele machten
Dich zum Herrn in ihrem Bett.
Ich mach dich zum Herrn der Schlachten,
Weil ich gern den Apfel hätt.
Evoe, die jungen Damen,
Scharf auf einen jungen Mann,
Wenden drollige Mittel an.

Venus bot, und wurd gewählet,
Helena als Honorar –
Die doch leider längst vermählet
Mit Herrn Menelaos war.
Evoe, die jungen Damen,
Aus auf einen jungen Mann,
Evoe, die jungen Damen
Wenden drollige Mittel an.

ARIE DER HELENA

Wie waret ihr euch gut und teuer,
Adonis und Venus, ach, wie sehr.
Auch in uns brannt das süße Feuer.
Das Feuer, ach, es brennt nicht mehr.
Hör uns flehn, blonde Göttin,
Uns Liebe zu geben,
Denn das Leben ist Lieb,
Denn Lieben ist Leben.

Die Gegenwart ist nichts als prüde,
Leidenschaft schweigt, und das Herz bleibt stumm.
Die Küsse matt, die Triebe müde.
Verlangen bringet uns fast um.
Hör uns flehn, blonde Göttin,
Uns Liebe zu geben,
Denn das Leben ist Lieb,
Denn Lieben ist Leben.

COUPLETS DES OREST

Kennen Sie schon die schärfste Nachtbar
Zwischen Parnassos und Korinth?
Die Fraun kaum achtbar,
Doch sehr betrachtbar,
Dort in der Bar zum Labyrinth.
Parthenis hier, Leaena da,
Tsching la la, tsching la la,
Oia kephale, kephale, o lala.

Papa belächelt meine Schwächen,
Zeiget mir stets die offne Hand.
Wer wird am End die
Zechen blechen?
Das brave Volk von Griechenland.
Parthenis hier, Leaena da,
Tsching la la, tsching la la,
Oia kephale, kephale, o lala.

COUPLETS DER KÖNIGE

Wir sind die ehernen Eichen,
Ajax eins und zwei.
Wir tun uns unerhört gleichen
Wie ein Ei dem Ei.
Vier Arme, die nimmer weichen,
Und kein Kopf dabei.
Wir sind die ehernen Eichen,
Ajax eins und zwei.

Ich bin der Erste im Kampfe,
Bin der Held Achill.
Bevor von Blut ich nicht dampfe,
Wird mein Herz nicht still.
Provinzen ich niederstampfe
Wenn ich ausgehn will.
Ich bin der Erste im Kampfe,
Bin der Held Achill.

Bin Menelaos, der Gatte
Von der Helena.
Als ich das Weib noch nicht hatte
Wie gut gings mir da.
Allein lieg ich auf der Matte,
Jede Nacht beinah.
Man wird nicht ungestraft Gatte
Von der Helena.

Will meinen Namen nicht nennen,
Bin Agamemnon.
Ein jeder Grieche muß kennen
Meinen Bariton.
Die Fürsten Europas flennen
Unter meinem Thron.
Brauch keinen Namen zu nennen.
Bin Agamemnon.

MENELAOS' ABSCHIED

Der heut in See sticht, der König,
Ist nicht eben schlau.
Zwar wenn er abfährt, dann stöhn ich,
Aber nur zur Schau.
Wie schnell wird die Zeit eintönig
Einer Ehefrau.
Der heut in See sticht, der König,
Ist nicht eben schlau.

Fahr ab zur Insel Kreta.
Trau dem Barometer
Und die Gründe später.
Fürchte, Held, dich nicht.
Kühn aufs Meer hinaus.
Was das Herz dir bricht,
Wartet erst zu Haus.

COUPLETS DER HELENA

Dem Herzen folgen gilt als Sünde.
Der Liebe Weg ist dornenvoll.
Doch gibt es, ach, die besten Gründe
Immer für das, was man nicht soll.
Wie ging es meiner Mutter Leda
Mit meinem Väterchen, dem Schwan?
Sein Herz war schwarz, weiß war die Feder.
Sie mußte tun, was sie getan.

Ach, Venus, glaub, wenig froh ist, der liebt,
Solang es Götter, ja Götter noch neben dir gibt.

Gescheiter wär, die Triebe dämpfen
Und klüglich meiden, was gefällt.
Sonst heißt es gegen Götter kämpfen,
Ja, gegen Götter und die Welt.
Zweideutig ist der Schönheit Gabe
Und schwer, anders als andre sein.
Weil ich so viel Verehrer habe,
Bin ich so sehr mit mir allein.

Ach, Venus, glaub, wenig froh ist, der liebt.
Solang es Götter, ja Götter noch neben dir gibt.

CHOR DER MONARCHEN

Brüder, sauft und freßt und schreit,
Vivat die Gemütlichkeit.
Vivat hoch, ja hoch.

Brüder, sauft und freßt und schreit,
Vivat die Gemütlichkeit.
Vivat hoch, ja hoch.

Brüder, sauft und freßt und schreit,
Vivat die Gemütlichkeit.
Vivat hoch, ja hoch.

COUPLETS DER GALATEA

Ein Mann von Geist,
Wenn er verreist
Und aber heimkehrt vor der Zeit,
Er gibt erst Kunde
Von Tag und Stunde,
So fordert es die Schicklichkeit.
Die Gattin gern
Empfängt den Herrn
Mit Dank und Lob und Liebesfleiß.
Auf ihn, den Mann,
Kommt alles an:
Was er nicht weiß, macht ihn nicht heiß.

Ein alter Narr
Liebt die Gefahr
Und tritt ins Zimmer unverhofft.
Der Kerl ist sechzig,
Der Vorwitz rächt sich,
Die Folgen sind abscheulich oft.
Geschrei und Krach
Im Schlafgemach,
Verloren ist das Paradeis.
Auf ihn, den Mann,
Kommt alles an:
Denn was er weiß, das macht ihn heiß.

CHOR UND CHANSON DES OREST

Schmückt die Locken mit Rosenkränzen,
Kühlet den Wein,
In den Orkus mit Narrentänzen
Tanzet hinein.
Unser Leben währet eben
Höchstens achtzig Jahre lang,
Und war es ein gutes Leben,
War es Freud und Müßiggang.

Venus, welch verzehrend Feuer
Hast du in uns angefacht,
Allenthalben hört man heuer,
Wies in Bett und Ehe kracht.
Doch der Mann, das Ungeheuer,
Kommt und stört die Liebesnacht.
In die Wüste, heißt es dann.
In die Wüste mit dem Mann.

Der Menelaos, mein Herr Vetter,
Hat der Göttin Macht gespürt.
Paris hat ihm, Donnerwetter,
Seine Suppe umgerührt.
Besser still geschwiegen hätt er,
Nun kriegt er, was ihm gebührt.
In die Wüste, in den Bann.
In die Wüste mit dem Mann.

COUPLETS DES AGAMEMNON

An Hellas' unbescholtner Küste
Brach Völlerei wie Pocken aus.
Venus Astarte zeigt die Brüste.
Priapus nimmt sich auch was raus.
Und keiner lebt mehr, wie er müßte,
Jeder wälzt sich in Saus und Braus.
Herr, versteht,
Daß das aus dem Ton nicht weitergeht.

Statt die Gavotte hübsch zu tanzen
Oder den Ländler frisch, fromm, froh,
Tanzen die schwarzbestrumpften Pflanzen
Tänze von niedrigstem Niveau:
Abscheuliche Extravaganzen,
Unbeschreiblich, doch etwa so ...
Herr, versteht,
Daß das aus dem Ton nicht weitergeht.

SCHLUSSCHOR

Liebe und Roheit, zwei Schiffe, sie fahren
Über den Ozean der Zeit.
Die Roheit kommt abhanden mit den Jahren.
Die Liebe bleibt in Ewigkeit.

LIEDER ZU MARGARETE IN AIX

VAQUEYRA

Acht gelbe Kühe in dem Feigenhaine.
Die schöne Hirtin in dem stillen Licht.
Ich trat zu ihr und frug, warum sie weine.
Ich muß dich lieben, darum weine nicht.

– Ach, Kavalier, wie spricht dein Herz behende.
Der vor dir kam, er blieb so kurze Weil.
Dem Anfang hart benachbart ist das Ende
Und alle Lust dem trüben Gegenteil.

– Und ging der eine, wird der andre nahen,
Wird deine Wange trocknen und dein Haar.
Die Dinge sind geschehn, wenn sie geschahen.
Laß mich dir sein, was dir einst jener war.

– Und naht der andre, wird er wieder gehen
Und einer folgen, der auch gehen wird.
Doch was nicht kommt, sind Schwüre, die bestehen.
Und was nicht sein kann, Neigung unbeirrt.

– Nicht lieben wollen, heißt den Tod ersehnen.
Leben ist Wechsel, Wechsel ist nicht Trug.
Die Tränen lob des Glücks, das Glück der Tränen.
Bei Gott, wir freun der Lieb uns nicht genug.

KANZONE

Du, in der meinen, Mörderin deiner Lust,
Es ist dein Wohl, wie meins, woran ich dachte,
Als ich zum Dienst mich dir erbötig machte,
Und das du, sperrst du dich, verlieren mußt.
Den holden Hergang, darin Augen brechen,
Worte versagen, aber Schreie sprechen,
Hab ich zu lehren jede noch gewußt.

Weil aller Reiz in Reizsamkeit beruht,
Muß mein Genuß der Bürge sein des deinen.
Fühlendes fühl ich, Stein bin ich bei Steinen.
Und mehr quält als Enttäuschung mich die Wut
Uber den Gram, den du dir selbst bereitest,
Wenn du mich dort nicht schleunig hin begleitest,
Wo Gutes stets empfängt, wer Gutes tut.

Gleich jener Frau, die in Korinthos Hafen
Ihr Glück erwürgte, einen Mann zu strafen,
Seist du fortan die Rasende genannt,
Schläfst du allein, um nicht mit mir zu schlafen.

KANZONE DES KÖNIGS SALOMON

Als Schönheit kam und kam den Weg herab,
Geschah, daß Weisheit keinen Rat mehr sah
Und stieg vom Thron, zerbrach den Königsstab
Und hat sich keinem Weiseren ergeben.
Und sie verwarf mit Lust ihr Lehrgebäude.
Im Lieben, sprach sie, wohnt so große Freude,
Daß großes Denken hat nicht Platz daneben.
Und sprach: ich bin besiegt, denn du bist da.

Im Herz der Winde, in der Fluten Schoß
Waltet Vernunft und kann Witz Sieger sein.
Nur deine Herrlichkeit ist ursachlos.
O Schaun, zitternden Augs, vor deinem Bilde,
O Sinn im Abersinn, Triumph in Schwächen.
Seit du mir halfst die enge Schranke brechen,
Kenn ich des Glücks entlegenste Gefilde,
Stärker als je, mehr klug, minder allein.

Vor Reicharabien hat Israel
Bei hellem Tag getaumelt und gesungen.
Wie ist dein Name, Weisheit oder Torheit?
Mein Nam ist Weisheit, von Schönheit bezwungen.

SONETT

Welt, kränkbare, wie gerne hätt ich teil
An deiner tätigen Zusammenkunft,
Doch du schmähst meiner Freude Unvernunft
Und spinnst mir Untergang aus meinem Heil,
Der Liebe, die, so anmaßlich wie du,
Mir aufsagt, wenn ich ihr nicht ganz verfall,
Und hat mich festgebannt in ein Kristall
Zweisamen Glücks und läßt kein Drittes zu.
Die Welt, sie will nicht meine Liebe leiden.
Die Liebe dringt in mich, die Welt zu meiden.
Und so, Freund zweier Feindinnen, die gegen
Mich zürnen, weil sie mich einander neiden,
Bin ich der einen gram, der andern wegen,
Und wünsch die Pest mal der, mal der, mal beiden.

DANSA

Chor: Liebreiz, ach Liebreiz, was fang ich mit dir an,
      Hab einen Mann, den ich nicht leiden kann.
Solo: Sprecht, alte Damen, die ihr einst gern küßtet,
Chor: Liebreiz, ach Liebreiz, was fang ich mit dir an?
Solo: Bin ich mit Amors Waffen nicht gerüstet?
Chor: Liebreiz, ach Liebreiz, was fang ich mit dir an?
Solo: Ists nicht mein Recht, wenn mich nach Kampf gelüstet,
      Ehe mein bißchen Jugend ganz verrann?
Chor: Liebreiz, ach Liebreiz, was fang ich mit dir an,
      Hab einen Mann, den ich nicht leiden kann.

Chor: Liebreiz, ach Liebreiz, was fang ich mit dir an,
      Hab einen Mann, den ich nicht leiden kann.
Solo: Drum will ich meine Ehrbarkeit besiegen.
Chor: Liebreiz, ach Liebreiz, was fang ich mit dir an?
Solo: Schön ist mein Liebster, herzhaft und verschwiegen.
Chor: Liebreiz, ach Liebreiz, was fang ich mit dir an?
Solo: Es liegt bei mir, so will ich bei ihm liegen,
      Ehe mein bißchen Jugend ganz verrann.
Chor: Liebreiz, ach Liebreiz, was anders fang ich an
      Mit einem Mann, den ich nicht leiden kann?

ARIEN UND ENSEMBLES ZU NOCH EINEN LÖFFEL GIFT, LIEBLING?

RENTNERS ABENDLIED

Glücklicher Wandrer, dein Berg ist erstiegen.
Wende den Blick nun ins schimmernde Tal.
Sieh deine Wege hinter dir liegen,
Muster der Mühn im vergoldenden Strahl.
Siehe dein Haus, das für lange erbaute,
Sieh deinen Acker, in Ehren gepflügt.
Stiller das Leben, das vordem so laute,
Seit dir von ferne sein Anblick genügt.

LYDIA

Lydia liebt, da bleibt kein Faden trocken.
Lydias Leib ist wie ein Schlangennest.
Jeden Mann acht ich für unerschrocken,
Der sich gern von Lydia lieben läßt.
Schönen Fleischs verlangende Gebärden
Laden ein zu himmlischem Verderben.
Lydia, ach! von dir gesehen werden
Und dann sterben!
Gipfel der Leidenschaft, Abgrund der Lust,
Selige Tode an Lydias Brust.

MÄNNER, WENN SIE LIEBEN

Ich ging über Land,
Meinen Schatz an der Hand.
Das Körbchen am Arme,
Den Strohhut am Band.
Den Fußweg ich fand
Zu der Klippe am Strand.
Wir blickten aufs Meer, wie
Im Dunst es entschwand.
Und als er am Rand
Hinter mir stand,
Da sah ich ihn plötzlich
Bewegen die Hand.
– Ich hielt nur galant,
In Sorge entbrannt ...
– Du stießest!
– Er stieß!
– Hielt dich fest am Gewand.
– Ich fühlte dich ja schieben.
– Ich hatte solchen Schreck gekriegt.
– Männer, wenn sie lieben,
Sind so entzückend ungeschickt.

Ich starrte gebannt
Auf den gischtigen Sand
Fern unten am Fuße
Der felsigen Wand.
Ich strauchelte ...
Ich schwebte ...
Es fehlte wenig ...
So stürzte ich von großer Höh
Aus Großbritannien in die Silbersee.
– O Gott, wie riskant!
– Und was ich erst empfand!
– Noch bin, mich zu retten,
Ich selber imstand.

Ich ging über Land,
Meinen Schatz an der Hand.
Er hat die Seele,
Ich den Verstand.
Und tot wär ich verblieben,
Hätt ich mich nicht noch umgeblickt.
Männer, wenn sie lieben,
Sind so entzückend ungeschickt.

FREIKÖRPER

Sie betragen sich – von Norwegs Fjorden
Bis nach Elba, Kampen oder Rügen –
So, als wäre nichts verloren worden,
Wenn sie keinen Badeanzug trügen.

Diese Frauen sind so wenig packend
Wie die glatten Steine in den Wogen.
Ohne Scham sind sie, wie Tiere, nackend.
Doch den Menschen lieb ich ausgezogen.

Und ich wate, unversucht von Lüsten,
Trocknen Herzens durch ein Meer von Brüsten.
Mit der Neugier schwindet der Genuß.
Sie sind nicht mehr, was wir so gern wüßten.
Ach, es sind Europas Badeküsten,
Wo Gott Eros Schiffbruch leiden muß.

DIE PORTWEIN-ARIE
DES OBERST BROCKLESBY

Und als ich kam von Afrika
Wohl mit der britischen Armee,
Kam ich vorbei in Portugal,
Da lag der Schmutz wie überall
Im Salzwind von der See.

Ich fuhr hinauf den Dourofluß
Wohl mit der britischen Armee
Und Trauben hingen voller Ruh
Und reiften dem Oktober zu
In Luv und auch in Lee.

Da kauft ich mir für fünfzig Pfund
Wohl mit der britischen Armee
Fünfhundert Gallons besten Port.
Es war ein schöner Urlaubsort,
Wenn ich vom Schmutz abseh.

Heut ist verloren Afrika
Wohl mit der britischen Armee.
Das Pfund ist keinen Schilling wert,
Und nur mein Portwein ist begehrt
Und köstlicher denn je.

BÖSE MENSCHEN SINGEN NICHT

Was ist die Wirkung des Gesanges?
Die Worte einen sich zum Klang,
Bis mittels holden Götterzwanges
Der Sinn sich reinigt im Gesang.
Gutes spricht, wer Schönes spricht.
Böse Menschen singen nicht.
– Und Nero?
– Böse Menschen, Nero einmal ausgenommen,
Singen nicht.

Was ist die Zaubermacht des Tanzes?
Die Schritte fügen sich zum Kranz,
Der Geist wird mit dem Leib ein Ganzes,
Die Glieder seelenvoll im Tanz.
Wohllaut wird verkörperlicht.
Böse Menschen tanzen nicht.
– Nun, indessen Caligula?
– Böse Menschen, den Caligula einmal beiseit gelassen,
Tanzen nicht.

Kunst hat Gewalt, die Welt zu heilen
Von Eigensucht und Vorurteil.
Die Schönes baut aus schlechten Teilen,
Führt den Charakter auch zum Heil.
Einer, der Gesetze bricht,
Geht doch in die Oper nicht.
– Wirklich? Und diese?
– Böse Menschen, hier von allen denen einmal abgesehen,
Gehen in die Oper nicht.

ORIENTALISCHER TANZ

Großer Scheich,
Du bist zu reich
An Frauen weich und engelgleich.
Nichts fehlt an Rarem
Und Wunderbarem
In deinem Harem.
Teilnahmslos
Langst du bloß
Nach den Popos in deinem Schoß.
Dir sind die Schönen
Zum Abgewöhnen.
Bis die Tambourins ertönen.

Wenn tausend Arme dich umfangen,
Dann ist dir alles schon vergangen.
Doch öffnet Fatima ihr Mieder,
Dann kommt dir alles, alles wieder.
Ah ja, der Nabel deiner Fatima,
Das ist die Sonne deiner Freuden.
Ah ja, ah ja!

SEHNSUCHT

Nachts hör ich die Brunnen rauschen,
Wie sie rinnen in dem Gras.
Meine Ruhe muß ich tauschen.
Wenn ich wüßte, gegen was.
Zu dem Anlaß meiner Leiden
Ziehts mich immer wieder hin.
Einer nur liebt von uns beiden.
Und es scheint, daß ich der bin.

Wenn ich ihn liebe, will ich ihn sehen,
Will ihm immer nahe sein.
Wenn ich ihn sehe, will ich ihn halten,
Will ich spüren, er ist mein.
Wenn ich ihn halte, will ich ihn küssen
Mit den Lippen allezeit.
Wenn ich ihn von Herzen küsse
Und in dem Kuß sein Herz vermisse,
Schmeck ich meine Einsamkeit.

UNTERM MOHRENMOND, EIN SOLO-DUETT

Unter maurischem Himmel, südlicher Sternenpracht,
Auf müdem Kamel in der Kälte der Wüstennacht,
Wo feindlich das Land, fern die Oase ist,
Trug ich im Herzen das Bild von einer, die war, wie du bist.
Und sehen Sie, Miss Dodd, ich dachte mir,
Daß wir an dieser Stelle
In ein Duett ausbrechen könnten.

Sie singen: Reiter, wer bist du?
– Brocklesby of Arabia –
Sie fragen: weiter, was suchst du?
– Englands Ruhm und Honoria –
Zusammen: Vorwärts, Soldat,
Sie: Einst wirst du belohnt ...
Ich: Einst werd ich belohnt ...
Wir: Für die einsame Tat
Auf sandigem Pfad
Unterm Mohrenmond.
Und strahlend, zweistimmig natürlich:
Für die einsame Tat
Auf sandigem Pfad
Unterm Mohrenmond.
Und, nicht oft genug:
Für die einsame Tat
Auf sandigem Pfad
Unterm Mohrenmond.

O MR. PERKINS

O Mr. Perkins, wenn ich Sie schaue,
Hört vielleicht der Zufall auf zu gelten,
Ist vielleicht das Dunkel halb besiegt.
Meine Hoffnung sind Sie wie der blaue
Sommerhimmel vor dem All der Welten,
Das bekanntlich arg im Finstern liegt.

Kein augenblickliches,
Wenig erquickliches,
Keinesfalls schickliches
Herzensempfinden,
Sondern ein züchtiges,
Dauerhaft tüchtiges,
Mehr als nur flüchtiges
Hausstandbegründen.
Kein unanständiges,
Allzu lebendiges,
Nicht als inwendiges
Sehnen und Wählen,
Sondern ein haltendes,
Immer erkaltendes,
Stets sich entfaltendes
Treues Vermählen.

O Mr. Perkins, wenn ich auf Sie baue,
Ist vielleicht das Glück nicht mehr so selten,
Und das Angenehme überwiegt.
Meine Freude sind Sie wie der blaue
Sommerhimmel vor dem All der Welten,
Das bekanntlich arg im Finstern liegt.

DIE LIEBE ALS SCHULMEISTER

Was ich nicht fühlte, pflegte ich zu lehren.
Was ich gefühlt, ich konnt es nicht erklären.
O Liebe du in meiner Brust,
Du hast es lang vor mir gewußt.
Als deinen Zögling nun will ich mich preisen,
Will meine Lernbegier verhundertfachen.
Dir, Liebe, bleibt: du mußt nun Schule machen
Und meiner Liebsten Liebe unterweisen.

Ich war im Zweifel, du mit dir im Reinen.
Ich prüfte Gründe, und du brauchtest keinen.
O wohlberatener Instinkt,
Dem mehr als der Vernunft gelingt.
Du gabst das Ziel mir aller meiner Reisen,
Jetzt steht es gut um mich und meine Sachen.
Dir, Liebe, bleibt: du mußt nun Schule machen
Und meiner Liebsten Liebe unterweisen.

LIED ZU NUMA

SATURNO

Vom Lande der Hellenen kam mein Schiff geschwommen.
Mit Freude dank ich denen, die mich aufgenommen.
Man frug in allen Breiten: was sind deine Gaben?
Ich sprach: die goldnen Zeiten, will sie keiner haben?
Coriandoli und Nüsse, Kerzenschein und Lieder.
Empfanget meine Küsse, gebt sie auch mal wieder.
Empfanget meine Liebe, bin da selbst empfänglich.
Was immer von uns bliebe, Liebe ist nicht unvergänglich.

Ich bin die Saat im Winter, die im Dunkel wohnet.
Ihr kommt wohl noch dahinter, daß Erwartung lohnet.
Und lieg ich tief verborgen, bleib ich nicht verschwunden.
Der hoffen kann auf morgen, hat mich schon gefunden.
Coriandoli und Nüsse, Fackelschein und Lieder.
Empfanget meine Küsse, gebt sie auch mal wieder.
Empfanget meine Liebe, bin da selbst empfänglich.
Was immer von uns bliebe, Liebe ist nicht unvergänglich.

ARIEN UND ENSEMBLES ZU OMPHALE

NICHT WEISHEIT MANGELT MIR UND NICHT GEDULD

Nicht Weisheit mangelt mir und nicht Geduld.
Die teilnahmsvolle Brust ist meine Schuld.
Mit Trauer bloß seh ich die Hölle rührig,
Des Angriffs Niedertracht lähmt mein Gelenk.
Nicht, wie ich sollte, Zorn, Scham nur verspür ich,
Wenn ich ins Herz mich solcher Feinde denk.
Wo aber Weisheit scheitert und Geduld,
Dort wird die teilnahmsvolle Brust zur Schuld.

HIER, WO DER TANN HALTMACHT, DIE BUCHE ENDET

Hier, wo der Tann haltmacht, die Buche endet,
Den Wolf der Leu ablöst als mein Begleiter,
Hier auf der Naht, wo Nord von Süd sich reißt,
Flieht selbst die Sonne meine Spur und wendet
In ihren Kreis sich heim. Nur ich muß weiter.
In welcher Richtung such ich, welcher Ferne?
Welcher nun schützt sie dieser fremden Sterne?
Pimplea.
–   Daphnis.
–   Du mein Traumgesicht,
Zag nicht, ich komme.
–   Komm, ich zage nicht.

Meer, sanftes Meer, Gebirge schöngestalte,
Duldsamer Strom, ihr Menschen auch vor allen,
Die sämtlich ihr so groß und edel seid,
Glaubt meinem Lob, laßt euch mein Lob gefallen,
Daß euch nur Artigkeit bei Laune halte.
Von einem Haupt die Übel abzuwehren,
Muß ich die Güte einer Welt vermehren.
Daphnis.
–   Pimplea.
–   Du mein Traumgesicht,
Ich zag nicht, komm.
–   Ich komme. Zage nicht.

Wie schalt ich sonst den schlanken Stamm der Fichte,
Wenn er, für Blicke nur, ihr Bild verstellte,
Den Hügelpfad, der sie mir vorenthielt.
Jetzt ists der ganze Raum, auf den ich schelte,
Der kalten Körper Ausdehnung und Dichte.
Daß Trennung sein darf. Die wir nie verschmelzen,
Warum noch zwischen uns den Erdball wälzen?
Pimplea.
–   Daphnis.
–   Du mein Traumgesicht,
Zag nicht, ich komme.
–   Komm, ich zage nicht.

OB SONNEN STERBEN, MONDE SICH VERSPÄTEN

Ob Sonnen sterben, Monde sich verspäten,
In meiner Liebe kann dir nichts geschehn.
All die Bewohner anderer Kometen,
Laß sie doch kämpfen, auf- und untergehn.
Beim Tun der Menschen bist du nicht erbeten,
Mit dir allein, bist du zu sehr allein.
Ob Sonnen sterben, Monde sich verspäten,
In meiner Liebe darfst du glücklich sein.

O TIEFE NEIGUNG, UNGENAUE KENNTNIS

O tiefe Neigung, ungenaue Kenntnis.
O was ist Zugang, was ist Mißverständnis?
O leicht erschüttert, Liebe, schmale Brücke
Von Herz zu Herz, von Glück zu fremdem Glücke.

VERSCHLOSSEN IST
DES STILLEN GARTENS TOR

Verschlossen ist des stillen Gartens Tor.
Komm, scheue Liebe du, wag dich hervor.
Kein Blatt mehr fällt herein, kein Wind darf wehn.
Die Sonne selbst bleibt auf der Mauer stehn.
Mein Herz, es fand, von Ungeduld genesen,
In diesem abgeschlossnen Garten Ruh.
Wag dich hervor, komm, scheuestes der Wesen,
Störbarer als das Einhorn, Liebe du.

DES FEUERS GLUT, DES WASSERS FEUCHTE KÜHLE

Des Feuers Glut, des Wassers feuchte Kühle
Umarmen sich im goldnen Rebentrank.
Drum lernt vom Wein, ihr streitenden Gefühle.
Ein Tropfen Frohsinn stillet Haß und Zank.
Daß stets von G'müt zu G'müt der Becher wander,
Dies wünscht der Lityerses vom Maiander.

Und hat die Nacht die Sonne ausgetrunken,
Geht desto voller auf der Schoppen Wein.
Zwei Feinde, untern gleichen Tisch gesunken,
Solln mir die liebsten aller Freunde sein.
Geht her, seid nett: zu euch und zu einander.
So meint der Lityerses vom Maiander.

SO, SCHEIDEND VON DER LIEBE LEIDEN

So, scheidend von der Liebe Leiden,
Müssen wir von der Liebe scheiden,
Und Tag und Nacht sind furchtbar gleich.
Der Schmerz wird wie die Lust zu Schatten,
Und selbst die Sehnsucht, die wir hatten,
Erloschen sein in Hades' Reich.

Am Berg das Lämmervolk, wer wird es hüten?
Am Baum der Rosenstock, wer bricht die Blüten?
Aus Aetnas Schnee der Bach im Eichenwald,
Wen, wenn August glüht, labt sein Trunk so kalt?
Der Wiesen Rauch, der Flöte Honighauch ...
Das Glück, es schwand. Nun schwindet Hoffnung auch.

So, scheidend von der Liebe Leiden,
Müssen wir von der Liebe scheiden
In Hades' Reich.

O TOTE WELT. SEHR SCHWEIGEND SIEHST DU ZU

O tote Welt. Sehr schweigend siehst du zu,
Wie Frevel lodert, Heiliges verlischt.
In Recht und Unrecht läßt die Menschheit du
Gespalten sein und bleibst uneingemischt.
Muß ich als einzger denn das Böse hassen?
Im Kriege stets und stets alleingelassen?
So mächtig du, so allgewaltig groß,
O tote Welt. Und Helden waffenlos.

SPROSS DER OLIVE, MORDENDES GERÄT

Sproß der Olive, mordendes Gerät,
Blutiger Schößling, mildem Stamm entsprossen,
Dich pflanz ich in den alten Boden hin,
Auf daß, nach bösem Umweg, neu ersteht
Der reife Baum, langher in dir beschlossen,
Des Landes Schirm, Zier, Müh und Nährerin.

Schlag Wurzeln, Ölbaum, breite deinen Schatten,
Der Sonne Unmaß birg in deinem Laub,
Bis schöne Gärten wir und grüne Matten
Entschwellen sehn dem neu belebten Staub.
Wachse mit unserm Wuchs, nehmend und gebend,
Uns immer dienend, immer widerstrebend.
Es schaff der Irdischen Lust und Beschwerde
Eine geheure Erde.

LIEDER ZU DAS JAHRMARKTSFEST ZU PLUNDERSWEILERN

WANN GEHT ENDLICH DIE MUSIK LOS?

Wann,
Wann,
Wann,
Wann,
Wann geht endlich die Musik los?
Haben uns in sauren Stunden
Ohnverdrossen abgeschunden,
Weil ein Anfang seinen Schluß,
Dachten wir, doch haben muß.
Wann, wann, wann, wann,
Wann, wann, wann, wann,
Wann geht endlich die Musik los?
Fertig sind die Musici,
Instrumente gleich zu Hauf,
Auch die Pauke steht allhie,
Warum haut der Mann nicht drauf?

Wann,
Wann,
Wann,
Wann,
Wann geht endlich die Musik los?
Sitzt sich hier auf harten Bänken
Nicht so weich, als manche denken.
Wenn man so geduldig schwieg,
War es wegen der Musik.
Wann, wann, wann, wann,
Wann, wann, wann, wann,
Wann geht endlich die Musik los?

Prellt man uns um Ohrenlohn?
Das Entree war doch nicht klein?
Musici, den ersten Ton,
Denn sonst fliegt der erste Stein.

MALBROUGH

Malbrough der zog zu Felde,
Mironton ton ton, mirontaine,
Malbrough der zog zu Felde
Mit Eisenhut und -schuh.
– Adieu, Lady Malbrough.
Ich bin zurück im Nu.

Zu Ostern nehm ich Brüssel,
Mironton ton ton, mirontaine,
Zu Ostern nehm ich Brüssel,
Zu Pfingsten nehm ich Brest.
Das schwör ich Ihnen fest,
Falls es sich machen läßt.

Dann fing der Held zu streiten,
Mironton ton ton, mirontaine,
Dann fing der Held zu streiten
Und sie zu warten an.
Ein halbes Jahr verrann.
Wer nicht kam, war ihr Mann.

Ach, es sprengt ein müder Reiter,
Mironton ton ton, mirontaine,
Ach, es sprengt ein müder Reiter
Ins Schloß ums Abendrot.
– Mein Gatte, ist er tot?
– Nein, Madam, keine Not.

Eine Bombe der Franzosen,
Mironton ton ton, mirontaine,
Eine Bombe der Franzosen,
Wie ich selbst gesehen hab,
Verfehlt den Herzog knapp.
Und nur der Schwanz ist ab.

– Geblieben, ach! im Kriege,
Mironton ton ton, mirontaine,
– Geblieben, ach! im Kriege
Mein Tröster in der Nacht.
Was hat man nach der Schlacht
Mit Churchills Schwanz gemacht?

– Sein Schwanz, ich sah begraben,
Mironton ton ton, mirontaine,
– Sein Schwanz, ich sah begraben,
Was an ihm sterblich war.
Die ganze Heeresschar
Bot den Salut ihm dar.

Er lag auf Englands Fahne,
Mironton ton ton, mirontaine,
Er lag auf Englands Fahne,
Ums Haupt den Lorbeerkranz.
Vier bleiche Leutenants,
Sie trugen Churchills Schwanz.

Und dumpf die Trommeln schlugen,
Mironton ton ton, mirontaine,
Und dumpf die Trommeln schlugen
Den Trauermarsch dazu.
So ging zur letzten Ruh
Das Glied vom Stamm Malbrough.

DIE MÄDCHEN AUS ROCHELLE

Fünfzig Mädchen aus Rochelle
Machten einst ein Schlachtschiff klar.
Hatten Schenkel, weiß und schnelle,
Unterm Hemd noch kaum ein Haar.
Ah, la feuille, s'en vole, s'en vole,
Ah, la feuille, s'en vole au vent.
Als am Quai die Wogen verebbten,
Stach in See die muntre Schar.
Eine wählten sie zum Käptn,
Eine, die schon fünfzehn war.

Wir, so haben sie gesprochen,
Sind zufrieden ohne Mann.
Doch bereits nach sieben Wochen
Fing ihr Arsch zu kochen an.
Ah, la feuille, s'en vole, s'en vole,
Ah, la feuille, s'en vole au vent.
Endlich kam die Straße gefahren
Eine Karavelle dann
Voll der reizendsten Korsaren,
Die ein Mensch sich denken kann.

Auf dem Schlachtschiff aus Rochelle
Ward zum Entern gleich geflaggt.
Jede hat sich auf der Stelle
Einen süßen Feind gepackt.
Ah, la feuille, s'en vole, s'en vole,
Ah, la feuille, s'en vole au vent.
Bei des Vollmonds silbernem Scheinen
Lagen sie, so jung und nackt,
Und mit weitgespreizten Beinen
Fühlten sie den Rudertakt.

Diese Nacht ward nicht gesegelt,
Diese Nacht ward nicht gefischt,
Diese Nacht ward nur gevögelt,
Manns und Weibes Fleisch vermischt.
Ah, la feuille, s'en vole, s'en vole
Ah, la feuille, s'en vole au vent.
Morgens dann setzt die Karavelle
Ihren Weg fort durch den Gischt
Und die Mädchen aus Rochelle
Sangen, wunderbar erfrischt:

Kam die Unschuld mir abhanden,
Mitten auf dem Weltenmeer,
Dreh dich, Wind, und laß mich landen,
Ob der Freund mir wiederkehr.

AUSFLUG MIT APHRODITE

Pirol läßt sein Lied ertönen,
Und ich gehe mit der schönen
Aphrodite, ihre Hand
In der meinen, über Land.
Weg und Flur im Morgenscheine.
Vor uns her am Ackerraine
Wandelt eine Wachtel, die
Man nicht sieht, doch hört man sie.

Und der Wiesen Dunst verschwindet,
Wie die Sonne sich entzündet.
Mir auch, Göttliche, sodann
Fang ich zu erzählen an,
Mir auch in der weiten Ferne
Seufzt ein Herz und hat mich gerne.
Und sie nickt und lächelt leis,
Wie als wenn sie es nicht weiß.

Erntewagen, vollbeladen.
Roten Mohn und lila Raden
Hat das Roggenfeld im Haar.
Und sie steckt sich auch ein paar.
Celsius' Säule steht auf dreißig.
Landmann, sei doch nicht so fleißig.
Komm in meine Arme her,
Küß mich, Mitarkadier!

Ah! die Brust schwillt vor Vergnügen.
Schwieg ich jetzt, es wäre Lügen.
Und an einem Rosenzaun
Muß ich ihr was anvertraun:
Himmlisch ist, von treuem Sehnen
Sich zu Recht umfaßt zu wähnen.
Und sie nickt und lächelt leis,
Wie als wenn sie es nicht weiß.

Hesperos hebt seine Kerze
Über Berg und Waldesschwärze,
Hinter ihm ein Schimmer zeigt,
Wo Selene aufwärts steigt.
Abend fächelt. Und ich fühle
Seine höchst erwünschte Kühle,
Daß vor plötzlichem Genuß
Ich tief Atem holen muß.

Glücklich, spreche ich, ist jeder,
Den der Tod noch nicht am Leder
Hat und mit Gesetzes Kraft
Vor den Rhadamantys schafft.
Doch die Welt als Sitz der Wonnen
Kennt nur, wem du wohlgesonnen.
Darum will ich nie allein,
Stets von dir begleitet sein.

VERNUNFTREICHE GARTENENTZÜCKUNG

Die Kartoffel auch ist eine Blume.
Und mit gelben Federn blüht der Mais.
Und gereicht es nicht dem Dill zum Ruhme,
Wie er zierlich Frucht zu tragen weiß?
Ihr in eurem Prunk und Wohlgeruche,
Stolze Rosen, bleiche Lilien,
Ließet nagen uns am Hungertuche.
Nur was nützet, ist vollkommen schön.

LIEDER ZU DIE VÖGEL

ATHEN

Du, hinter mir gelegen,
O Vaterstadt Athen,
Auf allen meinen Wegen
Dich will ich nimmer sehn.
In deinen Marmortoren
Wird auch der Mensch ein Stein.
Ich muß in dir geboren,
Doch nicht gestorben sein.

Ihr, hinter mir geblieben,
Ihr Frauen von Athen,
Bei allem meinem Lieben
Euch will ich stets verschmähn.
Du rosige Gemeinde,
Geh, spiel dein Spiel allein.
Ihr solltet süße Feinde,
Nicht Mörderinnen sein.

In eines Faulbaums Krone
Da bau ich mir mein Nest,
Wo es sich ziemlich ohne
Beschwerden leben läßt.
Und ob der Ast auch schwanke,
Wenn rauhe Winde wehn,
Mich tröstet der Gedanke:
Ich bin nicht in Athen.

AN DIE NACHTIGALL

Wache auf, Gespielin mein,
Liebste mir von allen.
In des Mondes Silberschein
Mische du dein Dunkel ein.
Mir zur Gunst,
Mir zum Gefallen
Lasse dein Lied nun erschallen.
Wache auf, ich wache auch
In den Schattenhallen.
Füll mit Tönen Baum und Strauch.
Reiner Wonne Götterhauch
Laß schallen, laß schallen ...

RUF DER NACHTIGALL

Aus stiller Gärten rankendem Efeulaub,
Umgrüntem Weiher, porigem Felsgestein,
Herbei, was Krallen trägt und Federn.
Itutu itutu itu itu.

Ihr Sänger all des atmenden Ährenfelds,
Des würdgen Hains, des regeren Fliederbuschs,
Versammelt, Kundge, euch des Wohllauts.
Itutu, itutu itu itu.

Hornlippige, den flaumigen Busen euch
Beknabbernde, ich rufe, wer irgend rührt
Vom langgehalsten Stamm der Vögel.
Itutu itutu itu itu.

DAS LUSTIGE VÖGELEIN

Ein uralter Griesgram
Ging ich schlafen zur Nacht.
Als ein lustiges Vöglein
Bin ich wieder erwacht.
Tirili tirili
Tirila.

Jetzt kann ich fliegen, wohin ich mag,
Bis nach Gomorrha, der Stadt,
Da wohnt mein herzlieber Bruder,
Der mich verraten hat.
Er sitzt mit meinem Herrn Henker
Beim roten Wein zuhaus.
Da pick ich lustiges Vöglein
Ihnen die Augen aus.
    Wer lebt leichter, wer lebt froher als ein Vögelein?
    Nichts ist besser, nichts vergnügter als geflügelt sein.

Ich fliege zu meiner Schön-Hannchen,
Die denkt mein in Begier.
Und wenn Schön-Hannchen mir treulos war,
Flieg ich ins Fensterlein ihr.
Sie liegt mit mei'm herzlieben Bruder
Und Bein mit Bein verschränkt.
Da stehl ich ihr die goldne Uhr,
Die ich ihr gestern geschenkt.
    Wer lebt leichter, wer lebt froher als ein Vögelein?
    Nichts ist besser, nichts vergnügter als geflügelt sein.

TRAUMSTADT

Baut eine Stadt, wo keine Pflicht noch Plage drückt,
Ein Dach der Muse, Heimstatt allem Heiteren,
Wo unbefragt ihr wandelt nach Woher, Wohin
Und euch das Schicksal immerwährend Körner streut.

Baut eine Stadt, in deren knospendem Gebälk
Die Liebe wehet wie in einem Blütenzweig,
Wo Herz zu Herzen still wie Ros zu Rose schwebt,
Vom Wind der reinen Neigung einzig hingelenkt.

Baut eine Stadt, erbaut sie nach der Träume Schnur,
Vom Stoff der Kühnheit, auf Entschlusses Fundament,
Wo ihr euch selbst begegnet, eurer Wirklichkeit,
Denn wie ihr leben wolltet, lebtet ihr ja nicht.

CHOR DER BAUARBEITER

Aus den Schwaden bereits raget das Baugeschehn,
Wächst die Rundung des Walls, türme- und torereich.
Alles schafft, was das Leere
Zu durchmessen befitticht ist.

Erst des starken Geästs tragendes Grobgeflecht,
Dann das kleine Gestrüpp, Zweiglein und Blätterchen,
Bis aus Laub, Moos und Hälmlein
Steht im heimischen Stil das Werk.

Durch den dünneren Dunst steigend zum dünnesten,
Stellen, heilig erregt, mitten ins Blaue wir
Wolkenkuckucksheims Feste,
Die dem Luftreich gebietende.

SCHLIMME LIEBE

Wie fand ich sie so rein und klar.
Sie sagte, sie sei schlecht.
Ach, sie war so schlecht, wie sie sprach, daß sie war.
Und ich ward ihrer Bosheit Knecht.
Ich begehrte ihr rein und klares Gesicht,
Wie einer den Himmel begehrt.
Ich liebte sie, und sie liebte mich nicht,
Und sie war meiner Liebe nicht wert.

Wie gab ich ihr mit biederm Sinn,
Was immer ich besaß.
Ach, ich gab ihr mein Herz, das sie irgendwohin
Fortlegte und vergaß.
Sie sagte: wer nie zu lieben verspricht,
Wird nie von Tadel beschwert.
Du liebst mich, schöner Freund, ich liebe dich nicht,
Und ich bin deiner Liebe nicht wert.

Als ich mein Herz zu lösen ging
Aus seiner großen Pein,
Geschah, daß es an, sich zu sträuben, fing,
Wollt nicht erlöset sein.
Und jeder Tag, wohl bis es mir bricht,
Hat nur sein Leiden vermehrt.
Ich liebe sie, und sie liebt mich nicht,
Und sie ist meiner Liebe nicht wert.

PHILOMELE

Zu des Himmels Feuersaume,
Zu des Dunstes blauem Runde,
Zu der Sterne Kuppelraume
Send ich meiner Liebe Kunde.
Wag es, Herz, durchbrich die Hülle,
Die dich noch befangen hält.
Eines Busens Überfülle
Füllet eine ganze Welt.

Von des Hains erwärmter Kühle
Zum Gewölk, dem schluchtenreichen,
Alles fühlet, wie ich fühle,
Alles will dem Glücke gleichen.
Wag es, Herz, dann tönt die Stille,
Singt der Felsen auf dem Feld.
Eines Busens Überfülle
Füllet eine ganze Welt.

CHOR DER VÖGEL IM REGEN

Wehe, es regnet. Erbarmen, es nahet die schlechte Zeit.
Ach, des Busches bewegliches Haus, erbauet für freundliche
   Tage,
Hält da nicht stand. Auf der Vielzahl der Dächer
Steigt das Unglück zu uns wie auf Treppen herab.
Durch die Wände, leider wie Türen jetzt, in die Kammer
Dringt es mitten herein, die einst heitre. All unser Treiben,
Ach, auf freundliche Tage berechnet, hält nicht stand.
Unser Gefieder, wärmend in freundlichen Tagen,
Ist durchnäßt. Wir schüttelns aus in der Nässe.
Pochen sieht man unsre fröstelnden Herzen nun.
Regen kühlt die Beeren, die roten der Berberitze
Und die schwarzen des Faulbaums, und machet Wasser uns
   kauen,
Mehr als uns lieb ist. Unsre Lieder mit
Klebenden Federn, erdacht für freundliche Tage,
Schwingen sich nimmer empor. Ach, vertrieben
Aus der schweigenden Welt das Summen des Essenswerten.
   Wehe, es regnet.
Mißgestimmt sind wir, nimmer in uns beruhigt Vögel mehr.

DUETT DES HERAKLES

Alles wollte ich vollbringen.
Wenig habe ich vollbracht.
Fuhr zum Licht mit Adlers Schwingen.
Sank hinab in Hades' Nacht.
Sehnsuchtsvoll in Sternenmatten,
Sehnsuchtsvoll im Pflichtentrott,
Such ich Herakles, den Schatten,
Such ich Herakles, den Gott.

An dem Gifte meiner Siege
Starb ich, meinen Zwecken fremd,
Ach, sie legens in der Wiege
Uns schon an, das Nessoshemd.
Lang bevor ich auf den Latten
Meines Scheiterhaufens sott:
Herakles, ein armer Schatten,
Herakles, ein armer Gott.

Wer bewegt des Weltalls Angel,
Wer bewirkt, daß es nicht bleibt,
Als die Unrast, die den Mangel
Zum ergänzenden Mangel treibt.
Jener Nu, da wir uns hatten,
Macht der Trennung Qual zum Spott.
Geh denn, Herakles, mein Schatten.
Geh denn, Herakles, mein Gott.

LIED ZU MARIES BABY

DIE VIERTE EKLOGE DES VERGIL

Laßt uns etwas Hohes singen
Für den König, unser Kind,
Von den neuen Zeitendingen,
Von dem Weltjahr, das beginnt.
Winter schleicht sich aus den Zedern,
Frühling kommt mit goldnen Rädern,
Rädern, die wie Sonnen sind.

Keine Armut drückt den Knaben,
Keine Furcht sein Herz ergrimmt.
Strauch und Wiese läßt ihn haben,
Was er in die Hände nimmt.
Nüsse, Zweige, Efeuranken,
All die kleinen Erdgedanken
Sind zum Spielzeug ihm bestimmt.

An dem Dornbusch hängt die Traube.
Honig aus dem Eichbaum träuft.
Flor entwindet sich dem Staube,
Bis sich Blüt an Blüte häuft.
Und die Ziege ohne Scheuen
Weidet mit dem Riesenleuen.
Lämmlein an der Wölfin säuft.

Friedlich geht des Schiffes Wandel.
Friedlich geht des Pfluges Spur.
Enden werden Trug und Handel.
Eins wird Arbeit und Natur.
Alles jauchzet frohverwundert

Dem erscheinenden Jahrhundert.
Frieden tränkt als Au als Flur.

Lächle du. Die Lippen schürze
Du zum Lächeln, kleiner Mann.
Wer bei solcher Daseinskürze
Schon den Eltern lächeln kann,
Wird mit Göttern Umgang pflegen,
Wird zu Göttinnen sich legen,
Kommt auch gut bei Dichtern an.

LIEDER AUS ORPHEUS IN DER UNTERWELT

COUPLETS VOM SCHÖNEN SCHÄFER

In unsrer Stadt vor der Mauer
Mit seiner Lämmlein Schar
Bietet sich seit geraumer Dauer
Ein schöner Schäfer dar.
Seit der Knab das Feld durchschlendert
Im bebänderten Hut,
Ist mein Fühlen ganz verändert.
Anders pocht mein Blut.
Für wen, für wen?
Ich habe mich an ihm versehn.
Ich kann dem Drang nicht widerstehn,
Nach ihm zu spähn.

Mein guter Mann tut im Tempel
Als Geiger seine Pflicht.
Er ist ein Vorbild und Exempel.
Ein Labsal ist er nicht.
Meine Glut ist schwer entfachbar,
Unbescholten bin ich noch,
Doch ein intressanter Nachbar
Reizt die Neugier doch.
Auf wen, auf wen?
Was träumt mein Herz, was ist geschehn?
Ich liebe den fast mehr als den.
Wie wird das gehn?

COUPLETS VON DER KLEINEN MEIEREI

Bin Aristeus genannt, ein Hirt aus alten Zeiten.
Verehrte gnädige Frau, Sie müssen mich begleiten.
Es liegt mein Meierhof in einem stillen Tal.
Es erwarten Sie dort Vergnügen sonder Zahl.

Heu, das ich zum Lager häufel,
Dienet uns zur Ruh.
Froh träller ich wie der Teufel
Uns ein Lied dazu.
Hörn Sie auf mein starkes Werben,
Liebe Seele, hin.
Sie sollen sehn und sterben,
Wo ich Meier bin, Meier bin,
Wo ich Meier bin.
    Wir leben reich dort,
    Wir liegen weich dort,
    Wir atmen so frei:
    In meiner kleinen,
    Meiner kleinen
    Meierei.

Kein Rindvieh geht ungemolken,
Keines ohne Joch.
Mir tragen der Immen Wolken
Honig noch und noch.
Kein Ferkel bleibt ungeschlachtet,
Keines ungesengt,
Kein Flurstück unverpachtet,
Hier wird nichts verschenkt, nichts verschenkt,
Hier wird nichts verschenkt.
    Wir leben reich dort,
    Wir liegen weich dort,
    Wir atmen so frei:
    In meiner kleinen,
    Meiner kleinen
    Meierei.

LÄNDLICHES BALLETT

Weich und wollig, lieb und drollig
Hüpfen wir im Klee,
Lämmelchen und Hämmelchen
Und Eurydike.

Schäfchen bockig, Schäfchen flockig
Auf gestrecktem Zeh,
Beinchen hebend, Ärmchen schwebend,
Und Eurydike.

Sprecht, ihr werten Spielgefährten,
Was tut wohl, was weh?
Liebt mich einer, liebt mich keiner?
Bäh bäh bäh bäh bäh.

LIED AUF DER VERSENKUNG

Es soll der Mensch sein Schicksal ehren.
Das Schicksal nimmt ihn bei der Hand.
Er kann die Leiden nur vermehren
Durch eignen Sinn und Widerstand.
Wenn ich in dieser großen Not bin,
Entscheid ich mich doch für die Not.
Hinab! da ich nun einmal tot bin,
So wähl ich freudig meinen Tod.

CHOR DER SCHLAFENDEN GÖTTER UND COUPLETS DER NACHTSCHWÄRMER

Wie angenehm, im Bett übernachten
Bis hoch in den Mittag hinan.
Denn für die Welt, selbst wenn wir auch wachten,
Wäre noch gar nichts getan.

Cupido bin ich, wie ihr seht,
Und hier zur Zeit der einzig Wache.
Ob man mich früh nennt oder spät,
Ist eine reine Standpunktsache.
Doch genug geschwärmt,
Brauch ein Bett, das wärmt.
Ich im Bett allein,
Das muß himmlisch sein.
– Allein, das muß himmlisch sein.

Venus bin ich, meine Haut
Ist rot geschminkt und weiß gepudert.
Die Stunden, bis der Morgen graut,
Hab ich durchsoffen und durchludert.
Doch genug geschwärmt,
Brauch ein Bett, das wärmt.
Ich im Bett allein,
Das muß himmlisch sein.
– Allein, das muß himmlisch sein.

MERKURS BERICHT

Held Orpheus nennt ein Weib sein Eigen,
Reizend von Wuchs und Angesicht.
Er liebt es sehr, ihr vorzugeigen,
Sie hört ihm zu, ob gern, ob nicht.

Doch gestern um die Abendstunden
Schaut sich der Orpheus blöde um.
Eurydike ist ihm entschwunden,
Entschwunden ihm sein Publikum.

Während wir Götter stehn und zanken,
Eben schon naht sich unser Mann,
Erklimmend des Olympos' Flanken.
Er klopft demnächst wohl bei uns an.

COUPLETS VON JUPITERS MASKERADEN

Der lüsternen Alkmene nahten
Sie als der eigne Ehemann.
Die schärfsten Denker sieht man raten,
Wie eine Frau das mögen kann.
Gottchen ja.
Oh là là.
Bei dem anderen Geschlecht
Sind Ihnen alle Mittel recht.

Der badenden Europa ferner,
Sie nahten schnaubend ihr als Stier.
Sie trugen schon des Fräuleins Hörner
Und hatten gar noch nichts mit ihr.
Gottchen ja.
Oh là là.
Bei dem anderen Geschlecht
Sind Ihnen alle Mittel recht.

Prinzessin Danae, die holde,
Sie ließen sie im Regen stehn.
Der Regen freilich war von Golde.
Sie war bereit, es einzusehn.
Gottchen ja.
Oh là là.
Bei dem anderen Geschlecht
Sind Ihnen alle Mittel recht.

Die Leda, weiß und schönbehügelt,
Die haben Sie als Schwan umstrickt.
Sie haben sie recht matt umflügelt.
Sie haben sie recht kurz gepickt.
Gottchen ja.
Oh là là.
Bei dem anderen Geschlecht
Sind Ihnen alle Mittel recht.

All die burlesken Maskeraden
Vom Vogel Schwan bis hin zum Rind
Verraten nur den einen Schaden:
Daß Sie als Mann zu garstig sind.
Na, na, na.
Ja, ja, ja.
Göttervater, gibt dich drein,
Du wirst nie ein Adonis sein.

COUPLETS VON PLUTOS MASKERADEN

Er liebte einst die Nymphe Minze.
Ich schuf sie um zu einem Kraut.
Die kleine Närrin, was gewinnt sie?
Sie wird als Kaugummi gekaut.
Na, na, na.
Ja, ja, ja.
Wenn der Teufel Hochzeit macht,
Dann gibt es eine kalte Nacht.

Hiernach bekam er einen Rappel
Nach einem Kind, das Leuke hieß.
Ich schuf sie um in eine Pappel,
Woran er sich den Piephahn stieß.
Na, na, na.
Ja, ja, ja.
Wenn der Teufel Hochzeit macht,
Dann gibt es eine kalte Nacht.

Die Hexe Hekate zu haschen,
Mit der ich gut befreundet bin,
Will er im Bett sie überraschen.
Doch leider lag schon ich mit drin.
Na, na, na.
Ja, Ja, Ja.
Wenn der Teufel Hochzeit macht,
Dann gibt es eine kalte Nacht.

Der Eva flüsterte als Schlange
Er Zoten zu im Paradies.
Erst wurde ihr so süß, so bange.
Dann wars der Adam, den sie ließ.
Na, na, na.
Ja, ja, ja.
Wenn der Teufel Hochzeit macht,
Dann gibt es eine kalte Nacht.

Ein Nönnlein hat er auch erobert.
Die Sache steht bei Meyerbeer.
Er tut ihr Zwang. Der Sohn heißt Robert.
Ein dummer Teufel, grad wie er.
Na, na, na.
Ja, ja, ja.
Wenn der Teufel Hochzeit macht,
Dann gibt es eine kalte Nacht.

LIED VON DEN FOLGEN DER SÜNDE

Hier drunten im Schlund aller Schlünde
Hier gähn ich nun gegen die Wand.
Ach, glaubt mir, die Folgen der Sünde
Sind überaus unamusant.
Von hier kann mich keiner erlösen.
Ich sitz auf dem Lotterbett fest
Im Nachthemd mit schwarzen Pleureusen
In Plutos Liebesnest.

Ihr solltet nicht allzusehr staunen,
Wenn ihr in der Gosse mich trefft.
Die reizenden weiblichen Launen
Sind selten ein gutes Geschäft.
In Stumpfsinn wohl werd ich verdösen
Der Tage abscheulichen Rest
Im Nachthemd mit schwarzen Pleureusen
In Plutos Liebesnest.

COUPLETS DES PRINZEN VON ARKADIEN

Ich war ein Prinz einst von Arkadien,
Begabt mit Reichtum, Glanz und Pracht.
Doch wollt der Tod mich nicht begnadigen
Und hat mich meuchlings umgebracht.
Inzwischen ist mir nichts geblieben
Als eine letzte Leidenschaft.
Madame, ich muß Sie immer lieben,
Wenn auch ein wenig schattenhaft.
– Ich war ein Prinz einst von Arkadien.

Nun bin ich aller Lust enthoben,
Der Heimat fern, dem Vaterland.
Ich wünscht, ich wäre wieder oben,
Wo ich mich so bequem befand.
Hinabgebrannt ist meine Kerze,
Wie man im Bild zu sagen pflegt,
Und unerloschen nur mein Herze,
Das Ihnen heiß entgegenschlägt.
– Das Herz des Prinzen von Arkadien.

COUPLETS DER VERDAMMTEN KÖNIGE

Ich war ein König auch von Polen,
Hab keine Freude je vermißt.
Doch seit mich tat der Teufel holen,
Blieb nichts, wie es gewesen ist.
Mit goldnem Zepter, goldner Krone
Ließ ich mich in den Straßen sehn.
Und doch, ich ginge gerne ohne,
Könnt ich nur noch durch Polen gehn.
– Ich war ein König auch von Polen.

Ich war ein König auch von Ungarn.
Ich hab bei Gundel oft gespeist.
Jetzt läßt der Teufel mich verhungern.
Wär ich nur nie hier hergereist.
Muß todeslänglich übernachten
Bei schwerer Arbeit, schmalem Lohn.
Viel lieber, als im Joch zu schmachten,
Säß ich in Pest auf meinem Thron.
– Ich war ein König auch von Ungarn.

Ich war ein König auch von Preußen.
Ich hatte nie zu klagen Grund.
Jetzt muß ich in die Kette beißen
Als Plutos räudger Karrenhund.
Ihr lieben mitverdammten Seelen,
An Mitleid nicht, noch Beifall spart.
Euch kann der Orkus nicht so quälen,
Weil ihr nie selber König wart.
– Ich war ein König auch von Preußen.

Drum lasset alle Hoffnung fahren,
Die ihr hier eingegangen seid.
Hier wird nichts besser mit den Jahren,
Es wird nur schlimmer mit der Zeit.
Allein der Unsinn hat hier Dauer.
Erholung findet nie mehr statt.
Die Hölle ist das Reich der Trauer,
Die Welt, die keine Zukunft hat.
– Drum lasset alle Hoffnung fahren.

VERSÖHNUNGSCHOR

Die Hölle ist ein schöner Ort.
Grad wie im Himmel lebt man dort.
Nach heutiger Erkenntnis
Wars nur ein Mißverständnis
Was bisher uns entzweit.
Nur Laune herrscht und Frieden
Dort oben und hienieden.
Wir sind nicht mehr verschieden.
O brave neue Zeit.
Freundschaft.
Die Hölle ist ein schöner Ort.
Grad wie im Himmel lebt man dort.

HYMNE AN BACCHUS

Ich sah, o Sohn des Monds,
Auf dem Tiger dich reiten,
Das goldne Hörnerpaar
Mit Efeu umrankt,
Sah gegen Könige,
Gegen Riesen dich streiten.
Dir sei, Bacchus, gedankt.
    Evoe, dir tönt die Feier,
    Evoe, aus voller Brust.
    Evoe, mein Held, mein Freier.
    Evoe, mein Gott der Lust.

Laß mich ein Ruhmeslied,
Mich ein Loblied dir singen,
Uns Menschen labtest du
Mit Honig und Wein.
Du kamst, die Traurigkeit
Dieser Welt zu bezwingen,
Ihr Erlöser zu sein.
    Evoe, dir tönt die Feier,
    Evoe, aus voller Brust.
    Evoe, mein Held, mein Freier.
    Evoe, mein Gott der Lust.

TANZ DER FURIEN

Mädels, zeigt die Ärsche her,
Man tanzt heut keine Märsche mehr.
Hosen runter, Röcke hoch.
Feuer brennt im Höllenloch.
Feuer brennt im Höllenofen.
Dieses Lied hat viele Strophen;
Denn wir wollen weiterschwofen.

COUPLETS DES CUPIDO

Findet er zu dieser Stelle,
Zur geliebten Vaterstadt?
Entreißt die Gattin er der Hölle,
Die keinen hergibt, den sie hat?
Ich steh und warte ganz geduldig.
Daß Orpheus siegt, bin ich mir schuldig.
Es wird gut,
Weil die Liebe Wunder tut,
Die Liebe Wunder tut.

Ha, erstaunlich, beide steigen
Aus dem Untergrund empor!
Man sieht ihn schreiten, hört ihn geigen.
Eurydike ist nichts als Ohr.
Wer sich Cupidos Schutz empfohlen,
Kann jedes Glück sich wiederholen.
Es ward gut,
Weil die Liebe Wunder tut,
Die Liebe Wunder tut.

GALOPP

Galopp!
Menschen, Tiere, Bäume,
Götter, Felsen, Träume,
Alles rührt sich
Lustig, lustig, lustig,
Hopp und hopp.
Daß zum guten Ende
Sich das Märchen wende,
Tanzt man den Galopp,
Und ob, und ob!

Galopp!
So siegt Gattenliebe
Über Schattentriebe,
Alles geht jetzt
Glücklich, glücklich, glücklich,
Hopp und hopp.
In der Operette,
Auf dem Weltparkette,
Immer im Galopp,
Und ob, und ob.

GESELLSCHAFTSVERSE

KUNSTFORMEN DER GESCHICHTE

DIE ÄLTESTE GESCHICHTE DER WELT

Tiamat, ein alter Wasserdrachen,
Dessen Leib von Niedertracht geschwellt war,
Suhlte sich, dies war, bevor die Welt war,
Urallein im grenzenlosen Flachen.
Einst als sie, denn sie war weiblich, da
Warm umspült im Modder saß, geschah,
Daß ihr ungewollt mit einem Stoße
Ein paar Götter fielen aus dem Schoße.

Jener Götter schaffensdurstgem Sinne
Kam natürlich ein, die Welt zu ahnen.
Einer, Anu, sprach: Ich muß was planen.
Und ein andrer, Enki: Ich beginne.
Doch der jüngste, Marduk, wandte ein:
Mutter, fürchte ich, wird böse sein.
Aus des Chaos dunstverhülltem Rande
Braust bereits der Herrin Schlägerbande.

Elfe sinds. Mit aufgerissnem Kiefer,
Gelbe Augen über wulstigen Lippen,
Schuppen schlammfarb auf gedrungenen Rippen,
Elf Stück Wasserungeziefer,
Weil das Ungewordne keinen Schritt
Kampflos ab von seinem Throne tritt.
Rauchend, geifernd durch das Urgekräusel
Wälzet Scheusal sich heran an Scheusal:

Der Skorpionenmensch, ein Mann mit einem Dorn,
Der feuerrote Hund, den Rachen tief gespalten,
Der krause Widderkopf, ein Fisch mit einem Horn,
Der tolle Fischkentaur, ein Tier von zwei Gestalten,
Der Riesenbasilisk, den Leib voll Gift statt Blut,
Der Hyder Siebenhaupt mit Galle in den Venen.
Die Karpfenziege zeigt entschlossnen Kampfesmut.
Der Tiefseemarder dräut mit messerscharfen Zähnen.
Der Stachelflosser naht und wühlt den Gischt zu Schaum.
Die Drachenquappe auch erscheint und peitscht die Wogen.
Der hohe Seefürst füllt so Meers als Himmels Raum.
So, Zornmut schnaubend, kommt das Geisterheer gezogen.

Alle Götter zittern und verzagen.
Keine Bange kennt allein der junge
Riese, Gott und Held. Mit einem Sprunge
Steht er auf der Sturmflut Siegeswagen,
Trifft die Teufel, fällt sie nah und weit,
Und er tritt sie mit dem Hacken breit.
Und sie treiben auf des Urmeers Welle,
Schleimig zuckend, tote Fischabfälle.

Der Skorpionenmensch, wie kraftlos hängt sein Dorn.
Der feuerrote Hund kann nicht sein Wasser halten.
Der krause Widderkopf, zerbrochen klafft sein Horn.
Der tolle Fischkentaur zerbirst in zwei Gestalten.
Der Riesenbasilisk verströmt sein gärend Blut.
Der Hyder siebenfach quillt Schwärze aus den Venen.
Der Karpfenziege ist absonderlich zu Mut.
Dem Tiefseemarder ganz gebricht es nun an Zähnen.
Der Stachelflosser mischt sein Leben in den Schaum.
Die Drachenquappe schwappt wie Unrat in den Wogen.
Der hohe Seefürst füllt zerstückt den Meeresraum.
Der Geister stolzes Heer ist wie zu Nichts verflogen.

Rache fauchend und in Hasses Eile
Hebt nun Tiamat den Leib, den grauen.
Marduk hat sie mit dem Schwert durchhauen.
Marduk haut ihr Innres in zwei Teile.
Aus dem Unterteil der Erde Grund,
Aus dem Rückenteil des Himmels Rund
Schuf er. Und das Jahr, den Mond, die Leute.
Die er schuf, die Welt, gefällt bis heute.

Marduk war der babylonische Zeus. Der Verfasser entschuldigt sich bei den Leserinnen für die Partei, die er nimmt. Tiamat, wenn sie zwar die erste Frau war, aber sie war häßlich.

DAVID, JUNGE!

Ein König war in Israel,
Von allem Volk der längste.
Streng war sein Sinn, hart sein Befehl.
Doch plagten ihn die Ängste.
Es rasete in ihm, zumeist
Vorm Schlafengehn, ein böser Geist.
Da kam ein Knab im Schäferhut,
Der schlug die Harfe stark und gut,
Und wie er her die Harfe nimmt,
Da rief der Geist ganz mißgestimmt:

Laß ruhn, laß ruhn dein Saitenspiel,
David, Junge!
– Ich spiel, ich spiel, so viel ich will,
Böser Geist.
– Ich mag nicht raus aus meinem Haus,
David, Junge!
– Aus deinem Haus spiel ich dich raus,
Böser Geist.
– Mein Haus ist morsch, mein Haus ist faul.
– Dein Haus, das ist mein König Saul.
– Und heilst du ihn, dann hängt er dich.
– Eh er mich hängt, verdrück ich mich.
– Ach, du blöder David-Junge!
– Ach, du blöder böser Geist.

Da wich der Geist von Saul geschwind.
Still ward sein Haupt, sein krankes.
Dem Knaben gab sein Königskind
Zur Frau er voll des Dankes.
Und übte noch denselben Tag
Auf David einen Mordanschlag.
Da leckt der böse Geist sein Maul,
Da zog er wieder rein in Saul,

Da schrie der Saul nach David dann,
Da fing das Lied von vorne an.

– Laß ruhn, laß ruhn dein Saitenspiel,
David, Junge!
– Ich spiel, ich spiel, so viel ich will,
Böser Geist.
– Er jagt dich wieder, du wirst sehn,
David, Junge!
– Kann wieder in die Berge gehn,
Böser Geist.
– Und wenn du erbst sein Königreich?
– Sing ich ein Klaglied ihm sogleich.
– Und wenn du König bist wie er?
– Dann plagt mich kein Gewissen mehr.
– Ach, du blöder David-Junge!
– Ach, du blöder böser Geist.

Eine Versifikation von 1. Samuel 9. bis 31. und 2. Samuel 1.

DIE DREISSIG TYRANNEN

Leute gabs und gibt es heute,
Die im Dünkel abseits stehn.
Schwache Leute, eitle Leute
Gabs auch in der Stadt Athen.
Damals warens ihrer dreißig,
Die vom Ausland her gewühlt
Oder in der Heimat fleißig
Ihren Sonderwert gefühlt.

Als dann an den Ziegenflüssen
Sparta seinen Krieg gewann,
Fing, wie wir uns denken müssen,
Für Athen das Elend an.
Ach, die schöne lange Mauer
Legte der Besatzer platt,
Die geschützt für ewige Dauer
Glück und Wohlfahrt in der Stadt.

An die dreißig Obgenannten
Aber ging der Ruf hinaus,
An die trüben Emigranten,
An die Nörgler von Zuhaus.
Als Tyrannen miteinander
Hob man flugs sie auf den Thron.
Dies schrieb Spartas Fürst Lysander
In die Kapitulation.

Und sie füllten alle Plätze,
Wo man Weiber hat und Wein,
Und sie führten die Gesetze
Von ganz früher wieder ein,
Stahlen auch mit langen Fingern
Land und Häuser, Vieh und Brei,
Und ein Heer von Peitschenschwingern
Brachte uns Gehorsam bei.

Wer getragen einst die Kosten
Hatt von Spartas Waffentat,
War das Riesenreich im Osten,
Der famose Perserstaat.
Jetzt nun fand schon nach fünf Jahren
Persien neu zu denken Grund.
Spartas Zuwachs barg Gefahren.
Persien änderte den Bund.

Und in dem Zusammenhange
Kauft es den Athenern glatt
Eine neue schöne lange,
Eine Mauer um die Stadt.
Die Tyrannen Stück für Stück
Kehrten still und ohne Ruhm
Wieder ins Exil zurück
Oder in das Nörglertum.

Jene dreißig Bösewichte,
Jeder hörts und jeder siehts,
Warn im Buche der Geschichte
Nichts als eine Fußnotiz.
Oder weniger. Vielleicht nur
Ein verworrenes kleines Lied,
Das an uns vorüberstreicht nur
Und im Weltgebraus entflieht.

Die Liste der Tyrannen, obgleich nicht länger als 30 Namen lang, ist nicht überliefert. Cheftyrann und oberster Totmacher der Junta war Platons Cousin Kritias, ein Mann von hoher Geburt, soll heißen Eigentümer von zehn Silberbergwerken, Freund des Alkibiades sowie auch sophistischer Philosoph und Witzbold von Graden. Platon selbst, wenn man seinem eigenen geschraubten Ja glaubt, gehörte wohl zur Gruppe. Was den Sokrates betrifft, so ist immer die blaß und rührende Parteianekdote über ihn im Umlauf, derzufolge er einmal ein Ansinnen der Tyrannen, einen Ausländer namens Leon zu ermorden, unterlassen habe auszuführen; er sei vor dem Mord nach Hause gegangen und habe die Tat anderen überlassen, und es seien die Tyrannen ihm hierfür richtig böse geworden. Diese Opferlegende wird gleichlautend kolportiert in Platons »Verteidigung des Sokrates« (32 CD) wie in seinem 7. Brief, ferner im 4. Kapitel des 4. Buches von Xenophons Erinnerungen wie in seiner »Griechischen Geschichte« II-5 und keineswegs minder beim Diogenes Laërtius im 2. Band. Mit nicht mehr Zeugnissen als diesem fünf Mal aufgetischten einzigen kann ich nicht umhin, mich für die stattgehabte Mitgliedschaft auch des Sokrates bei den 30 auszusprechen. Es fällt auf, daß die Athener, als sie ihn endlich hinrichten durften, sich nicht die geringste Mühe gaben, das Urteil gegen den weltberühmten Mann zu begründen. Daß er nicht eben ein Demokrat war, war ja nun in seinem siebzigsten Jahr keine Überraschung mehr.

DIE GALLIER IN ROM

Vor zwei, drei tausend Jahren, als zu großen Kriegen
Die gallischen Barbaren von den Bergen stiegen,
Da haben, wird berichtet, die senonischen Gallier
Das Römerheer vernichtet an dem Flüßchen Allia.

Es waren nun schon Wochen, daß in Rom sie lagen.
Das Forum dumpft zerbrochen, Vieh und Mensch erschlagen,
Die Väter Senatoren blutig bis zur Sohle,
Die Burg nur unverloren auf dem Kapitole.

Da mit dem Herrn der Horden trifft Sulpiz zusammen,
Der Kriegstribun. Es morden Schwerter rings und Flammen.
Uns zwingt, uns zu vergleichen, Pein in den Gekrösen,
Was etwa würde reichen, um uns auszulösen?

Der Brenn steht der Senonen, rot bezopft, ein Hüne.
Das Leben euch zu schonen, fordert hohe Sühne.
Den Schnurrbart streicht vom Munde nieder er zum Kinne:
An Gold wohl tausend Pfunde rühren mich im Sinne.

Das wird ein saurer Frieden, denkt Sulpiz verzweifelt.
Die Barden und Druiden heulen ganz verteufelt.
Kampfhunde, kaum zu zähmen, jaulen, knurren, prahlen.
Der Brenn spricht: Wir vernehmen. Der Tribun: Wir zahlen.

Die Wage kommt mit Knarren, daß man ehrlich zahle,
Der Bleigewichte Barren in der einen Schale.
Nun in die andre legten sie des Staates Kasse.
Die Münzen, sie bewegten nicht der Barren Masse.

Der Staatsschatz sollte langen! – Der wird euch nicht retten.
Abtaten sie die Spangen, Fibeln, Ringe, Ketten.
Sie häuften die Geschmeide seufzend auf die Waage.
Die Schalen blieben beide in derselben Lage.

Das hat mit Recht und Milde nimmermehr zu schaffen!
Das Recht, versetzt der Wilde, ist nur in den Waffen.
Die Schwere zeigt im Bilde falsch sich des Metalles!
Gehören, so der Wilde, muß dem Tapfern alles.

Sein Schwert, das kolossale, leicht wog es mitnichten,
Er warfs noch in die Schale, die mit den Gewichten.
Schafft Gold, sonst setzt es Schläge. Auf die Römer quiekten.
Der Brenn bemerkte träge: Wehe den Besiegten.

Ein Brenn ist ein gallischer Kriegskönig; die Angelegenheit, falls sie vorfiel, fiel im Jahr 390 vor.

SCIPIO

Ach! die Republik, der Staat der Meisten,
Ist, bei aller Tugend, hochgebrechlich.
Dauernd kommen welche, die was leisten
Und daraus ein Vorrecht ziehn. Tatsächlich
Ist die Furcht, daß Könige entständen,
Nur in Monarchien abzuwenden.

* * *

Einmal auf Liternums Gutsgelände
Ritt ein niegesehner Gast durchs Tor,
Der Besitzer, sprang vom Pferd behende,
Fordert Bett und Essen und verlor
Kein Wort drüber, blieb. Ein Kerl aus Eisen,
Traf er nie mehr Anstalt abzureisen.

Nein, er freute, wandelnd durch das Weingut,
Sich der herbstlich tiefen Blätterfarben,
Trank auch was aus einem Krug von Steingut
Oder zeigt der Sonne seine Narben.
Scipio war es, den Italien pries
Und voll Dank den Afrikaner hieß.

Jener, der im strahlendsten der Züge
Den Trickgeneral und Schlachtendieb,
Das Geschöpf der Wüste und der Lüge,
Von Roms Pforten in sein Sandland trieb.
Aber als er heimkam von der Tat,
Gab es ein paar Fragen im Senat.

Gut, der Krieg Karthagos ist beendet!
Aber hat er auch die Stadt zertrümmert?
Hat er Puniens Handel abgewendet?
Hat er sich um Abrechnung gekümmert?
Zwar, er hat den Hannibal geschlagen,
Doch verweigert uns die Unterlagen!

Als dem Triumphator nach Minuten
Endlich aufging, was man von ihm wolle,
Da, als träfe man sein Herz mit Ruten,
Stand er sprachlos, wandte sich im Grolle,
Und für ewig floh er aus den Mauern,
Die er rettete, zu seinen Bauern.

Unter einer Gruppe von Platanen
Ließ er sich ein Grab errichten. Hier?
Rief der Grabmetz, fern von Ihren Ahnen?
Richtig, sagte Scipio, doch bei mir.
Und er sprach, befragt, wie er das meine:
Diesem Vaterland nicht meine Beine.

* * *

Ähnlich wieder ein gewisser H.
Eines Tags aus irgendeinem Grund
Legte er den Stift weg, saß nur da,
Fing mit großer Sorgfalt Fliegen und
Sprach, auf neue Werke angesprochen:
Diesem Vaterland nicht meine Knochen.

Publius Cornelius Scipio Africanus major. Er besiegte 202 a.n. Hannibal bei Zama und emigrierte anschließend.

MNESTER

Goebbels sprach zu Hitler das:
Auf die Künste ist Verlaß.
Für den Schmuck der Olympiade
War kein Meister sich zu schade,
Dieses Sportfest lehrt zugleich,
Die Kultur gehört dem Reich.
Josef Thoraks Kriegsbekenner,
Arno Brekers Muskelmänner.
Auch erwies sich Georg Kolbe
Angetan von unsrer Vollbe-
schäftigung. Und gegen Kasse
Zeigten Kolbes Puppen Rasse.
Gret Palucca, Mary Wigman
Folgten braunen Paradigmen,
Harald Kreutzberg gab sich ganz
Nordisch steil im Schwertertanz.
Werner Egk sowie Carl Orff
Hallten durchs Olympiadorf.
Selbst der Nestor Richard Strauss
Fertigte den Festchor aus,
Schlug höchstselber, weiß befrackt,
Zu dem Hochgesang den Takt.
Deutsche Sänger hymnisch brausend
Und nicht weniger als tausend.
Alle dienten unsren Plänen.
Droht uns was, dann nicht von denen.
Soweit also Goebbels. Wir
Wiederum entsinnen hier
Uns des römischen Mimen Mnester,
Der bei Hof wie im Orchester
Den maßgebenden Personen,
Ohne jemals sich zu schonen,
Teils mit Schönheit, teils mit Kraft,
Wohlsein und Genuß verschafft.

I

Meine junge Frau Gemahlin,
Fast ein Kind noch, Messalina
Führt vor meinem Throne Klage,
Daß Sie zögern, sie zu ficken.

So der Kaiser Claudius
Zu dem Bühnenkünstler Mnester.
Majestät, erwidert jener,
Wäre das nicht unanständig?

– Unanständig! Sah nicht Rom,
Wie mein Vorgänger, der Gott
Gajus Caesar, ohne Hemmung
Sie umarmte im Theater,

Wie er, die zehn Finger Ihnen
In den Hintern eingegraben,
Ihnen tief dabei die Zunge
Saugend umgewälzt im Munde?

Unter unverhüllter Sonne
Tat ers und vor allem Volke.
Der Caligula, sagt Mnester,
Das war wenigstens ein Mann.

Ah, Sie ekelt leicht. Der Kaiser
Winkt. Auftritt ein Centurione.
Mit der Geißel kerbt er blutig
Claudius' Wunsch in Mnesters Rücken.

– Auf mein Weib zurückzukommen,
Finden Sie sie noch zu weiblich?
– Majestät, ich liebe sie,
Wie als wenn ein Mann sie wäre.

2

Mnester sind und Messalina,
Messalina sind und Mnester
Das gefeiertste der Paare
Auf den Orgien im Palaste.

Mnester singt und spricht und plaudert,
Rollen tanzt er, komisch, tragisch,
Scherzend duldet sie, daß scherzend
Er die weiße Brust ihr knetet.

Doch im Bett ist Mnester faul,
Ohne Schwung, oft unvermögend.
Messalina spürt, wie oft er
Sich für das und dies entschuldigt.

Und den Kinderliebreiz traurig
Bald verschwendet sie an andre,
Gladiatoren, Kutscher, Taucher,
Rennfahrer und Bärenführer.

Ja, im Hurenhaus sogar
Zahlt sie einen hohen Eintritt,
Um sich unerkannt dem ärmsten
Dort der Sklaven hinzugeben.

Dann, erlösend, der Gedanke:
Einen Ehemann jetzt nehm ich,
Einen zweiten neben meinem
Kaiserlichen Claudius,

Cajus Silius. Diese Heirat
Wird die Ausschweifung des Jahres.
Lieber Freund, Sie kommen doch?
Tief verbeugt sich Mnester, schweigend.

3

Lustlos in der Kaiserkammer,
Im Cubiculum des Princeps
Leitet Claudius die Verhöre
Wegen Unzucht mit dem Adel.

Messalina ist gerichtet,
Cajus Silius, all die andren.
Wieder trifft, zum zweiten Male,
Der Theaterfreund den Mnester.

Sie auch bei den Hochverrätern,
Bei der Hochzeit meiner Gattin!
– Ich war da, Sire, doch gezwungen.
– Was, von wem schon? – Sire, von Ihnen.

Und er läßt den Mantel fallen,
Zeigt das Muster auf dem Rücken.
Jede, sagt er, dieser Striemen
Ist ein Schriftzug, klar besagend:

Was du, Mnester, tust, das tue
Nach dem Willen Messalinas.
Gut betont er. Manche meinen,
Irgendwas kann an dem dran sein.

Aber Claudius spricht verdrießlich:
Ob gezwungen oder frei!
So viel Ehrenmänner schickten
Heute wir bereits dem Henker,

Albern und der Welt ein Ärger,
Dünkt mich, wäre, ausgerechnet
Einen Künstler nicht zu hängen,
Bloß weil er nicht schuldig ist.

Goebbels, J., Hitler, A., Politiker und Sponsoren. Beide verstarben während des Frühjahrs 1945.

DAS LEICHENKONZIL

Der Beklagte sah nicht wohl aus. Zwar auf seinem Haupt, dem bleichen,
Trug er noch die Bändermütze, jenes höchste Würdenzeichen,
Doch im Saale der Konzilien, wo man ihm so oft gehuldigt,
Saß er jetzt, der Papst Formosus, schlimmer Dinge angeschuldigt.
Neben ihm ein Diakon, ihm als Beistand wohlvereidigt;
Denn die heilge Kirche richtet keinen, den sie nicht verteidigt.
Einen starken Duft verbreitend, struppgen Kinns, die Wangen knöchern,
Starrt der Papst auf die Versammlung, starrt aus hohlen Augenlöchern
Auf die Farbenpracht der Stolen, das Gewog der Kuttenträger,
Auf den sechsten Stephan endlich, seinen Folgepapst und Kläger.
Freilich eine ganze Reihe Kirchenfürsten, unter ihnen
Alle Formosianer, waren Krankheits halber nicht erschienen.

Sprach Papst Stephan: Der du führest Stab und Ring nach deinem Amte,
Weil die heilge Kirche keinen ohne Prüfung je verdammte,
Gibst du zu, daß du entgegen der kanonischen Bestimmung
Deinen Bischofssitz verließest für des Petersstuhls Erklimmung?
– Mein Mandant hat nicht verstanden! rief der biedre Diakon.
Doch Papst Stephan lächelt milde: Bruder, er versteht mich schon.
Hier erhob sich zwischendringend Lambert, Kaiser von Italien:
Welch gelehrte Kleinigkeiten, was für kindische Lappalien,
Warum fragst du nicht den Argen nach der ärgsten seiner Taten,
Wie er Rom, die hohe Feste, an die Deutschen hat verraten?
Scharf sprach Stephan: Im Konzile, wo sich Gott geruht zu zeigen,
Hat die Klugheit dieser Welt, hat der Kaiser selbst zu schweigen.

Und so fuhr er zum Formosus fort mit ruhigem Gebaren:
Ist es wahr, daß du als Hirte der barbarischen Bulgaren
Dieses Land der schlechtbelehrten heidengläubig dumpfen Toren
An die spalterischen Teufel Method und Kyrill verloren?
– Mein Mandant versteht auch diesen Punkt nicht. So der Diakon.
Und Papst Stephan lächelt milde: Bruder, er versteht mich schon.
Und aufsprang zum andern Male Kaiser Lambert von dem Sitze,
Seine braunen Adern schwollen, seine Augen schossen Blitze:
Warum fragst du den Verruchten, statt nach Schul- und Pfaffensünden,
Warum fragst du nicht, weshalb er aus tiroler Alpenschlünden
Jenen kärntnerischen Arnulf ränkevoll gerufen hat
Zu Gemeng und Mauerkampfe in die eigne Vaterstadt?
– Ich ersuche, sagte Stephan, mit Ereifrung aufzuhören
Und den ordentlichen Fortgang des Konziles nicht zu stören.
Aber Lambert schwieg nicht stille. Römer, Konsuln, Senatoren,
Unsrer Erde alte Mitte, unser Rom wird neu geboren,
Wenn im Bunde mit Italien es sich dehnt zum Kaiserreiche,
Daß an Ruhm es dem der Franken oder der Teutonen gleiche.
Wohin ist es durch Formosus mit dem stolzen Rom gekommen?
In die Mörderhand der Deutschen, in den Würgegriff der Frommen!
Hat der Widerstand der Bürger Arnulfs Horden auch vertrieben,
Ist doch des Formosus Anhang und Gesindel hiergeblieben,
Und es schleichen deutsche Spitzel in dem Schatten von Sankt Peter,
Unabsetzbar, heiligmäßig, lauter fromme Hochverräter! –

Schnaufend setzte sich der Kaiser. Sprach sehr ernst Papst
   Stephan: Hier
Fragt allein die Kirche, jedes weitre Wort verbitt ich mir.

Und sehr gütig zum Formosus: Nicht doch länger, Mensch,
   verhehle,
Daß du ein Erzketzer seiest, denk an deine ewge Seele,
Sag, wie du dem Satan dienest, sag, wie du den Schöpfer
   schmähest,
Gleißend ein Gefäß der Lüge, so, du schweigest und
   gestehest,
Wohl so seien Ring und Krummstab abgetan dir Kirchen-
   schänder
Und die scheußlich angemaßten, die Pontifikalgewänder,
Und drei Finger abgehauen von der Hand mit einem Beile,
Daß kein Höllenabgesandter Gottes Segen mehr erteile,
Und wer je von dir geweiht ward oder von von dir Geweihten,
Hab durchaus verloren seine priesterlichen Eigenheiten,
Außer er erhält sie wieder von uns selbst nach hohem Wissen,
Doch dein Leichnam, in die Tiber sei der stinkende
   geschmissen. –
Heilger Vater, sagte Lambert, Sie verzeihn, daß ich
   geschäftig
Ihnen in den Text gefallen, ich bin wirklich schrecklich heftig.
Drauf der Anwalt. Des Formosi Unrecht; rief er, sei erwiesen,
Aber mancher Umstand wieder spräche lebhaft auch für
   diesen;
Er beschrieb des Teufels Arglist in Zitaten und in Bildern,
Wohlgeeignet, wie er vortrug, auch die schwerste Schuld zu
   mildern.
Und das allerletzte Wort hatte nun die Vollversammlung.
Endlos tagte im Geheimen bei der Pforten Vollverrammlung
Das Konzil. Die Kardinäle, Presbyter und Ordensbrüder,
Sie bewegten, von Gebeten krafterfüllt, das Für und Wider.
Aber dann mit einer Stimme und in Würdigung der Lage
Billigt man des Papstes Gründe und verfuhr nach seiner Klage.

Eins vielleicht noch nachzutragen wäre hier zu dem Verfahren:
Nämlich daß Formosus tot war, etwa seit dreiviertel Jahren.
Aufgegangen war der Deckel von des Papstes Sarkophage
Lange, eh er sichs versehen, lange vor dem jüngsten Tage,
Und entstiegen war der Leichnam blinzelnd den Gewölbe-
    stufen,
Nicht von seinem Heiland, bloß von Polizisten aufgerufen.
Der Prozeß lief, wie Prozesse immer laufen, nach der Norm.
Eben nur des Täters Zustand bleibt ein Fehler in der Form.
Höchst erfolgreich war der Ausgang, etwas drastisch war das
    Mittel.
Manchmal in der Rechtsgeschichte fehlt das fragliche Kapitel.

Der Papst Formosus starb 896, er wurde vor Gericht gestellt und verurteilt 897. – Die Herausbildung von Nationalstaaten in Europa entschied sich in hohem Maße während des 10. Jahrhunderts, und tatsächlich gab es, ungefähr seit dem Jahr 900, sogar eine Reihe von Päpsten, welche bereit waren, vaterländische Rücksichten über die vatikanischen zu stellen. Sie begann mit dem Papst Stephan Vl und seinem Freund und Nachfolger Sergius III, und sie endete mit Johann XII (963). Das sogenannte »Leichenkonzil« war die Eröffnung dieser, wenn man will prae-guelfischen Politik, welche mit einem kirchengeschichtlichen Fachwort als die »Herrschaft der Schweinerei« bezeichnet wird.

RINALDOS HOCHZEIT

Es schweigen rings der Araber Metalle.
Von Syrern und Dämonen liegt befreit
Jerusalem. Und hin zur Gnadenhalle
Bewegt sich froh gemessen ein Geleit.
Rinaldo, daß er zur Vermählung walle,
Führt er Armida bräutlich sich zur Seit.
Da dröhnt ein Halt! Dem Zug wehrt ein bizarrer
Kanonikus, ein zauberischer Pfarrer.

– Vor einem Hohlraum dieser Stadt beisammen
Traf ich drei Teufel, schwarz an Haut und Haar.
Schriftstücke übergaben sie den Flammen.
Doch an mich bracht ich dieses Formular,
Des glühnde Lettern deine Braut verdammen,
Daß sie entsandt zu dir vom Satan war.
Sieh selbst! Die Christenritter alle schauens
Mit stierem Blick, das Dokument des Grauens.

Vater, versetzt der Neffe drauf des Guelfen,
Sie sahen nicht, wie ohne Schutz und Rat
Und dem gehauchten Flehen, ihr zu helfen,
Die Mohrenbürtge dem Goffredo naht,
Wie sie erzielt, die rührendste der Elfen,
Daß keinen Kriegsmann sie vergebens bat,
Sie von der Wut der Feinde zu erlösen ...
Wars, so der Greis sofort, im Dienst des Bösen.

Und, fuhr Rinaldo fort, wie an des stillen
Kristallnen Ozeanes Blumenstrand
Im weißen Inselschloß auf den Antillen
Sie meinem Kuß nicht ferner widerstand
Und mir die Mädchenreinheit gab zu Willen
Und höchste Lust zugleich mit mir empfand ...
– Die Zärtlichkeit, o Knabe, war vermeintlich.
Die Liebe war von Pluto, also feindlich.

Und wie, als ich, im Wahne, daß ich müßte,
Dem rohen Krieg zuliebe sie verließ,
Im Flügelwagen sie von jener Küste
Mir nachflog und zum Schwertkampf niederstieß
Und ihrem Harnisch dann die schönsten Brüste
Entquollen, nimmer, Vater, sahn Sie dies!
– Der Schenkel festes Fleisch, die Brust, die nackte,
Sind Höllenwerk. Steht alles in der Akte.

Zumeist ja im Geheimen west das Schlechte,
Unspürbar übt die Nacht ihr Regiment.
Damen aus Nebel, zweifelhafte Mächte,
Kaum einer heißt, wie er sich selber nennt.
Verborgne Schnüre ziehn vermummte Knechte.
Der Tag ist klar, doch schattig der Agent.
Des Abgrunds altes Handwerk heißt Verstellung,
Und nur von Christus hoffen wir Erhellung.

Des Jünglings Auge haftet auf Armiden,
Als hätt er sie zum ersten Mal erblickt:
Die Jungfrau, so höchst vorteilhaft verschieden
Von allen, die der Teufel nicht geschickt.
Du einzig schenkst Rinaldos Herzen Frieden.
Was kümmert mich der Pfaff und sein Verdikt?
Komm, Kind, wir gehn. – Sie fliehen Zions Feste
Und gründen überm Meer das Haus von Este.

Diese Ballade ist wirklich nicht viel mehr als eine Abbreviatur des Tasso, in der Griesschen Übersetzung, versteht sich.

DIE GOLDNE LAUS ZU BISMARK

Die Bürger von Bismark, die saßen beim Bier
In bitterer Weltbetrachtung:
Wir haben das Stadtrecht. Eine Stadt, das sind wir.
Und doch schenkt uns keiner Beachtung.
Was fehlt? Eine Kirche! Die zeigt unsern Rang!
Beschlossen, verkündet. Der Anfang gelang.
Und die Grube ward geschippt
Und das Fundament gekippt,
Schon die Quadern karrt man her,
Und dann war der Säckel leer.

Da kam aus Ülzen des Weges gerollt
Eine Kutsche mit feurigen Speichen.
Ein Fremder stieg aus: Ich leih euch das Gold,
Ihr könnt es später begleichen.
Die Bürger von Bismark nahmens so gern
Und erkannten in ihm den Engel des Herrn.
Ziegel wölbt und Terrakott
Brausend sich empor zu Gott.
Einen Dom, frech wie den,
Hat die Altmark nie gesehn.

Und wie sie zum Hochamt wandeln, voran
Der Propst mit dem räuchernden Fasse,
Da lehnt im Domtor der fremde Mann
Und spricht: Ich bitte zur Kasse.
Und da wurde natürlich allen klar,
Daß der aus der Kutsche der Teufel war.
Nämlich heutzutage Geld
Hat nur mehr die Unterwelt.
Leider dann mit Schnelligkeit
Folgt der Tag der Fälligkeit.

Ich seh schon, sprach jener, ich habe kein Glück
Ihr seid pleite, da hilft ja kein Sülzen.
Doch von Gold eine Laus, die laß ich zurück.
Tats, und entfernt sich gen Ülzen.
Und die Laus und die rennt und mit scharrendem Bein
Ins geheiligte Dämmer der Kirche hinein.
Mitten jetzt in Gottes Haus
Steckt die goldne Teufelslaus,
Und was Wunder, daß man mit
Bangigkeit zum Opfer schritt.

Der Propst dem Heiland das Stichwort gibt.
Da seltsam auf dem Brokate,
Da kommt die Laus gekrabbelt und nippt
Vom Wein und bepißt die Oblate.
Und was sie pißte, das stank so,
Daß die Gemeinde voll Grausen floh.
Und die Kirche stand und stank,
Bis sie ganz in Trümmer sank.
Nur ein Turm mit einem Sprung
Steht noch zur Besichtigung:

Die goldne Laus zu Bismark.

Bismark suche man in der Gegend von Stendal.

DAS MUTTERGOTTESBILD

An Papst Pii Heiligkeit
Vom geringsten seiner Diener,
Frommerbötig allezeit,
Cosimo, dem Florentiner.
– Lieber Piccolomini,
's ist nur eines Possens wegen,
Doch dem Bankhaus Medici
Ist ein wenig dran gelegen.

Es betrifft den Buhlverkehr
Einer Ordensfrau aus Prato
Mit dem Künstler Lippi, der
Auch ihr Prior war bis dato.
Jener Lippi nämlich ist
Karmeliter, ein beschuhter,
Kaum empfehlenswert als Christ,
Doch als Maler ein sehr guter.

Zum Fall selbst. Die Nonnengild
Von der Santa Margherita
Ordert ein Marienbild
Bei besagtem Karmeliter,
Und die jüngste hat er schnell
Und die allerschönste Nonne
Ausbedungen zum Modell
Für die liebliche Madonne.

Großer Gott! im zartsten Lenz
Mußt man ihn ins Kloster schieben,
Anders wäre in Florenz
Keine Unschuld heilgeblieben.
Dieser, mein Filippo, nun
Steckt mit der in einer Zelle,
Und schon macht er sich zu tun
An dem himmlischen Modelle.

Heute zählt Anatomie
Jeder zu den Kunstgeboten.
Aufhebt und bis übers Knie
Er den Saum, den blau und roten.
Und wie er so aufhebt, jäh
Strömt ein Duft aus ihrem Fleische,
Jener so geschlechtliche
Und noch so liebkindlich keusche.

Als er sahe, was er roch,
Überbraust ihn das Verlangen.
Ists dem Hl. Geiste doch
Nicht viel anders einst gegangen.
Ruchbar wird auch, ganz wie in
Nazareth, der Jungfrau Wehstand;
Mein Filippo immerhin
Zeigt sich voll bereit zum Ehstand.

Mein Eneo Silvio!
Klugheit und ein Meer von Gründen
Raten, die verfluchten zwo
Der Gelübde zu entbinden,
Und gerettet ist das Paar
Und das Bild. Von Lippis Werken
Fast das beste ists und gar
Dienlich, Gottes Ruhm zu stärken.

Denn der Glauben, Heiligkeit,
Und die Kunst, sie sind nur scheinbar
Eins, doch in der Wirklichkeit
Sind sie häufig schwer vereinbar.
Und ich denke mit Vergunst,
Tun wir Lippi nichts zu Leide:
Denn den Glauben und die Kunst,
Beide wollen wir doch beide.

Die Briefpartner sind Eneo Silvio Piccolomini (der Papst Pius II) und Cosimo Medici (der Vater des Vaterlandes). Das Modell war die Nonne Lucretia Buti. Der Vorfall ereignete sich in Lippis fünfzigstem Lebensjahr, kurz nach Mitte des Quattrocento, und hatte den Filippino Lippi zur Folge, welcher ebenfalls gut malte. – Die beschuhten Karmeliter sind die duldsamere Richtung jenes ursprünglich sehr strengen Bettelordens; sie tragen schwarze Kutten und weiße Hüte.

JOHANNES TETZEL

Wache auf, mein süßer Hirt,
Sprach die Tochter von dem Wirt,
Weil der Mensch nach Trunk und Kuß
Einmal an die Arbeit muß.
Auf dem Markt von Jüterbog
Wartet schon der Opferstock,
Denn im kleinen Grenzverkehr
Fegt er Sachsens Taschen leer.
    Wie? mein Ablaß dünkt euch teuer?
    Sitzt erst ihr im Fegefeuer,
    Gebt ihr eine Million
    Gern für fünf Minuten schon!

Aus dem päpstlichen Tresor
Kramt er Gnad um Gnade vor.
Aber weh, was ist geschehn?
Kaum ein Kunde läßt sich sehn.
Quäkt ein Weib aus Wittenberg:
Bei uns ist ein Mönch am Werk,
Der verkündet kurz und knapp:
Lasset von dem Ablaß ab!
    – Ab vom Ablaß! Gute Werke
    Sind das Maß der Glaubensstärke,
    Denn Gott stellt dem Adam frei,
    Ob er fromm, ob sündig sei.

Brennt den Doktor! Hört auf mich,
Der als Ketzerrichter ich
Zwar ein Kerl von schlichtem Sinn,
Doch ein Mann des Volkes bin.
Füchse, weiß ich, wild und rot,
Schlägt man, wenn sie jung sind, tot!
So hat Tetzel laut geschrien.
Ach, man hörte nicht auf ihn.

Und ein wahres Rufgemetzel,
Wo er geht, umbrandet Tetzel,
Bis nach Leipzig er, der Stadt,
Selber sich verkrochen hat.

Endlich ist mit Dulden Schluß,
Denn nun kommt der Nuntius.
– Ei, Ihr überklugen Herrn,
Konntet Ihr nicht auf mich hörn?
Damals ging es kinderleicht
Mit dem Teufel. Heute reicht
Nur noch Strenge, blind und roh!
– Auch die Kirche sieht das so. –
Tetzel kam auf Lebensdauer
Hinter eine Klostermauer,
Wohin Luther ihm sehr lieb,
Daß er ihm verzeihe, schrieb.

Der Nuntius, welcher Tetzel für das Verbrechen, den päpstlichen Nutzen früher als der Papst verfolgt zu haben, im Jahr 1519 mit lebenslänglicher Einsperrung bestrafte, war Karl von Miltiz.

DIE KÖNIGIN CHRISTINE

Fliegt eine Gans gen Süden
Über den Mälarsee.
Die Königin von Schweden
Liegt auf dem Kanapee.
Im Arm die Ebba Sparre,
Ihr Schatz und Bettgenoss.
Ebba und Christine
In Schwedens Königsschloß.

Der Axel Oxenstierna,
Der hochberühmte Greis,
Nun tritt er ein zur Türe,
Der Bart so lang und weiß.
Sie ließen mich befehlen,
Ich finde treu mich ein.
Ich will, mein lieber Kanzler,
Nicht länger König sein.

Madame, die Gräfin Sparre
Ist hier wohl fehl am Platz.
Die Belle ist meine Freundin,
Mein Bettgenoss und Schatz.
Sie kraut sie in dem Nacken.
Die wirft sich her und hin
Und schmiegt die Glieder schlängelnd
An ihre Königin.

Abdankung, nicht schon wieder!
Kein Wort von Amtsverzicht!
Für Gustav Adolfs Tochter
Stellt dreifach sich die Pflicht.
Sie führt das Reich im Kriege.
Sie wahrt die Religion.
Sie schenket dem Karl Gustav
Den Prinzen für den Thron.

Ich kann im Krieg nicht führen,
Mich mopst der Waffen Ruhm.
Ich liebe nur die Kunst und
Mithin das Altertum.
Ich liebe auch die Tinte
Und die Gelehrsamkeit.
Ich liebe das Vergnügen,
Doch nicht den Völkerstreit.

Ich kann ganz schlecht bewahren
Den Väterglauben hier.
Wollt ich den Glauben schützen,
Ich müßt es ja vor mir.
Ich hab den Lukrez gelesen.
Ich glaube nicht an Gott.
Ich bin schon halb katholisch.
Der Papst ist im Komplott.

Ich kann keinen Prinzen schenken,
Das ist unzweifelhaft.
Versagt blieb meinem Schoße
Das Glück der Mutterschaft.
Ich habe meine Belle
So oft im Bett gehabt.
Sie hat sich so gemühet,
Und es hat nie geschnappt.

Sie spitzt die Unterlippe
Nach diesem dreisten Wort.
Der schwere Mann, ihn grauset.
Er stürzt zur Treppe fort.
Aus Rom zwei Jesuiten
Kommen mit einem Brief,
Sie treten beiseit und ziehen
Die Krempenhüte tief.

Christine nach ihrem Übertritt zum römisch-katholischen Bekenntnis: »Meine Religion ist die Religion der Philosophen, die ich allen anderen vorziehe. Sie ist von Lucretius in seinen Büchern De Natura Rerum sehr gut umschrieben; sie nur anerkenne ich«.

AUBERI
ODER
DIE GERECHTEN ANSPRÜCHE DER KÖNIGE
VON FRANKREICH AUF DAS KAISERREICH

Die Zwingburg steht umwallt vom Nebel aus der Seine.
Die große Stadt Paris vernimmt die ersten Hähne.
Ein Herr in Lockenpracht kommt aus dem Schatten vor.
Er trippelt, naht, er klopft an der Bastille Tor.
Sind Sie's, Herr Hofjurist? Der Ausgang wohlgelungen?
Die Fackel wird gereckt, der Flügel aufgeschwungen.
Der Invaliden Korps, der Schweizer Kompagnie,
Sie rufen: Er kam heim, der Staatsfeind Auberi.

Zu Ihrem neuen Buch, spricht König Ludwig heiter,
»Gerechte Ansprüche, die Frankreich und so weiter«
Nach Gottes weisem Plan und der Geschichte Schluß
Auf unsern Kontinent erheben kann und muß.
Die Allmacht fließt von Karls des Großen Kaiserkrone
Auf seinen Sohn und ruht auf wieder dessen Sohne,
Das sagen Sie doch dort? – Nein, Sire, das sagen Sie.
– Mag sein, doch druck ichs nicht, mein lieber Auberi.

Sie werden, fährt er fort, mir jetzt nichts übelnehmen.
Der dicke Kurfürst tut von Brandenburg mich grämen.
Er zeigt Ihr Buch herum, er redet sich in Wut,
Er schreit, er schickt sich nicht in meine Servitut.
Mein Einmarsch neulich wird in Spaniens Niederlanden
Dem Buch zufolg als Schritt zur Weltherrschaft verstanden.
Der Schaden ist nicht klein für meine Monarchie.
– Sie setzen mich in Haft? – Was sonst, Herr Auberi?

Wo Fürsten auf dem Thron sich mit Gedanken tragen,
Ist höchster Hochverrat, dasselbe auch zu sagen.
Wer die Geheimnisse, die die Regierung denkt,
Veröffentlicht und lobt, gehört am Hals gehenkt.
Das war so, und das ist. Nur milder als die neue
Strafte die alte Zeit ein Übermaß an Treue.
Zum Ausgang Nacht für Nacht verläßt er sein Logis.
Von goldnen Tellern speist der Staatsfeind Auberi.

Auberis Einkerkerung auf fünf Monate erfolgte 1667.

DER KURFÜRST UND SEIN LIEDERMACHER

Der große Kurfürst hielt im Schloß
Zu Kleve Rat, und ihn verdroß,
Was er vernahm, gar balde.
Am Sprengel von Sankt Nikolai
Ein Liedermacher tätig sei,
Gerhardt aus Mittenwalde.

Ein Calvinist das ist kein Christ,
Und wenn er selbst ein Kurfürst ist!
So lehrt der seine Frommen.
– Entlassen wird der Diakon.
Was kann aus Mittenwalde schon
Begrüßenswertes kommen?

Entlassen, ha! Ein Meer von Weh
Gießt sich herüber von der Spree,
Ein Ozean von Nücken.
Der harte Mann, der Erztyrann,
Jetzt faßt er unsern Gerhardt an,
Will uns Berliner drücken.

Der Kurfürst schickt in seine Stadt,
Wie sehr man ihn mißdeutet hat.
Die Sache ist erledigt.
Ich will doch nur, potz sapperment,
Daß er mich keinen Unchrist nennt,
Besonders in der Predigt.

Kein Unchrist, ha! Der Landesherr
Verbietet einen Lyriker,
Den Gerhardt tut er knechten.
Es tiriliert so hell und frei
Die Lerche von Sankt Nikolai
In Unschuld und in Prächten.

Mit Lichtern in dem Kirchentor
Tritt Hand in Hand der Pöbel vor,
Die Stände und Gewerke.
Sie wachen, mahnen. Ihnen droht
Fast ganz gewiß der Martertod.
Doch Gott gibt ihnen Stärke.

– Was schiert mich, was die Lerche girrt?
Nur das Gezänk der Kanzel wird
Er müssen lassen bleiben.
Ob reformiert, ob lutherisch,
Wir speisen all an Jesu Tisch,
Das soll er unterschreiben.

Der Gerhardt sendet das Papier
An Universitäten vier,
Ganz Deutschland muß mitreden,
Ob, wer desgleichen unterschreibt,
Noch in dem Stand der Gnade bleibt.
Anheben schrill die Fehden.

Sehr rasch erscheint ein Sekretär:
Der Kurfürst ist besänftigt, er
Läßt volle Gnade walten.
Er hofft auch ohne Unterschrift,
Daß Sie vielleicht, was das betrifft,
Ein wenig stiller halten.

Stillhalten, ha! Der Gerhardt tunkt
Die Feder ein. An diesem Punkt
Tritt er, schreibt er, zurücke.
Erkennen möge der Despot,
Daß sich ein Christ in Seelennot
Vor keinem Teufel bücke.

Er schlurft noch lange durch Berlin.
Er lallt uns seine Melodien,
Die wir nach Freiheit dürsten,
Vom guten und gerechten Gott,
Von seiner Widersacher Rott,
Vom Zorn der großen Fürsten.

Die Abdankung Paul Gerhardts aus Protest gegen Friedrich Wilhelms Toleranzpatent erfolgte ebenfalls 1667.

ENGLISCHE ERÖFFNUNG

An einem Juninebeltag
Sind über die Atlantikwogen
Bei sanftem Wind und Wellenschlag
Mit Kurs Quebec dahingezogen
Drei gut französische Fregatten,
Die ihr Geschwader verloren hatten.

Dann teilt die Trübe sich. Es bricht
Der Nebel auf wie in zwei Wände.
Es öffnet strahlend sich die Sicht
Aufs ozeanische Gelände.
Und plötzlich liegt ganz klar und nah
Die ganze englische Flotte da.

Nun ja, man trifft sich nicht nur gern.
Denn George und Louis zeigen gleiche
Besitzbegier nach jenem fern
Und rauhen Vizekönigreiche.
Man grüßt knapp nach den Anstandsregeln
Und will ansonst vorübersegeln.

Da – Linienschiff für Linienschiff
Dreht bei und zeigt die breite Seite,
Als ob ein Artillerieangriff
Im Todesernst sich vorbereite.
Der Kapitän von der »Alcide«
Er denkt: Ich denke, es herrscht Friede.

Doch es ist wahr: geraume Zeit
Sind wir auf See, fast vierzehn Wochen,
Am Ende ist Feindseligkeit
Zu Haus inzwischen ausgebrochen.
– Er greift zum Sprachrohr: Haben wir
Krieg oder Frieden, Kavalier?

Dort, achtern auf der »Dunkirk«, steht
Der Kapitän auf seinem Flecke,
Schreit: Frieden, Frieden, Sir! und dreht
Den Trichter zum Kanonendecke
Und fügt in echt altenglischer Ruh
Das Kommando: Feuer! hinzu.

Der Krieg, der siebenjährige,
So ging er an, von diesem Platze.
Und jeglicher seitherige
Eröffnet mit demselben Satze.
Man lädt. Und einer brüllt vom Steuer:
Frieden, Frieden – Feuer!

Fand statt im Juni 1755. Die drei französischen Kauffahrer hießen die »Alcide«, die »Lys« und die »Royal Dauphin«.

MOZART AUF DER REISE NACH PARIS

Lieber Mozart, ich bin froh,
Etwas für Sie tun zu können,
Die Duchesse will von Chabot
Ihnen einen Abend gönnen.
Sie ist klug und hat ein Ohr,
Spieln Sie ihr was Schönes vor.
    Die Chabot, sagte Grimm,
    Sie ist wirklich nicht so schlimm
    Wie die andern reichen Krähen,
    Die so gar nichts von Musik verstehen.

Ach, ich ginge gar nicht hin,
Wäre nicht der Scheiß der Schulden.
Wer ist diese Herzogin?
Der Fiaker nimmt vier Gulden.
Und man spielt sich dumm und tot
Für ein kaltes Abendbrot.
    Aber gut, lieber Grimm,
    Wenn dir einer gibt, dann nimm.
    Gut, gut, gut, wir werden sehen,
    Was Frau Durchlaucht von Musik verstehen.

Von perlmuttnen Brüsten her
Sprühte Diamantenfeuer.
Leider, der Kamin war leer,
Auch der Flügel war kein neuer.
Schrecklich knarrte das Pedal
In dem ungeheizten Saal.
    – Sähen Sie, lieber Grimm,
    Diese nackten Weiber im
    Kreise um den Whisttisch thronen,
    Spieln mal Sie die Fischer-Variationen!

Hams kein besseres Klavier?
No, dann spiel i eben hier.
Hams net zwoa, drei Buchenscheiter?
No, dann spiel i eben weiter.
Meine Finger san so klamm
Krieg kaum a Oktavn zsamm.
    Glaubn das Sie, lieber Grimm,
    Daß i hier den Ruhm erklimm?
    Und der Dank für die Tortur?
    Eine goldne Taschenuhr.

Dieser Motzert oder so,
Der, den Sie mir neulich schickten,
Der gehört, sprach die Chabot,
Wieder zu den ganz Verrückten.
Er ist fabelhaft begabt,
Aber hat den Bock gehabt.
    Kunst ist Kunst, lieber Grimm,
    Doch die Künstler, die sind schlimm,
    Die den Preis von einer Uhr nicht sehen
    Und so gar nichts von dem Publikum verstehen.

Die Rede ist vom Abend des 1. Mai 1778.

DER WASSERLEICHNAM VON NEAPEL

Der Krüppel Nelson fuchtelt mit dem einen
Arm, den er hat. Sein eines Auge droht.
Sie nahmen teil am Aufruhr der Gemeinen,
Sie sind ein Hochverräter, also tot.
– Mein Lord, Sie sind zu rasch. Ein Staatsvertrag
Ist abgeschlossen, ein Zweiländerschreiben:
Freies Geleit für den, der gehen mag,
Und vollen Straferlaß für die, die bleiben.
– Die Souveräne, Herr, paktieren nicht
Mit Untertanen. Ab vors Kriegsgericht.

Desselben Tags in den Nachmittagsstunden
Wird Fürst Franz Caracciolo, wohlverschnürt
Und eine Kugel um den Fuß gebunden,
Mit einem Flaschenzug hinaufgeführt
Zur Fockrah der Minerva, seiner Brigg.
Noch will er stolz das bleiche Antlitz heben.
Dann sinkt sein Haupt. Das Tau brach sein Genick.
Das Schiff, die Bucht, die Stadt, sie sehn ihn schweben.
Am Abend schneidet man ihn los vom Galgen.
Das Eisen zieht ihn nieder zu den Algen.

Doch droben auf dem Marktplatz leiden jetzt,
Von Sbirren hergeschleppt, die Patrioten.
Das Herz wird ihnen aus der Brust gefetzt.
Zerstückte Kinder wirft man zu den Toten.
Menschliche Arme brät und frißt
Der Erzpriester Rinaldi, Gott zum Wohle,
Vor Augen Englands, das zugegen ist
Mit achtzehn Linienschiffen vor der Mole.
So übt des Königtums verlorne Sache
Am Fleisch des Volkes greisenhafte Rache.

Drei Wochen später zeigt vor Nelsons Rohre,
Auf bis zum Gürtel tauchend aus den Wellen,
Im Meer sich der erwürgte Kommodore.
Die Augen furchtbar aus den Höhlen quellen.
Es treibt der Wasserleichnam wie ein Blatt
Im Wind von See her, schwankt, wippt, trudelt, fällt
Und steht doch auf und geht zu seiner Stadt.
Die Kugel ist es, die ihn lotrecht hält.
Der Lord, verdutzt, kann nicht umhin zu denken:
Was, wenn die wiederkämen, die wir henken?

Lord Horatio Nelson, die Königin Maria Karolina und Sir William Hamilton, diese drei blutrünstigsten Scheusale der anglo-neapolitanischen Konterrevolution, haben merkwürdigerweise das gemeinsam, daß sie sämtlich mit der Schönheitstänzerin Emma Hamilton den Beischlaf ausübten oder doch zumindest mit ihr verheiratet waren. Diese Anmerkung beweist nichts, und soll nichts beweisen.

DER SALUT VON MEMEL

– Luise, liebes Kind, ich muß ...
– Wohin, wohin, wohin?
– Nach Tilsit fort zum Friedensschluß,
Weil ich geschlagen bin. –
Der König geht. Der König spricht:
Die Ruhe ist die erste Pflicht,
Drum reize mir den Kaiser nicht,
Das hat jetzt keinen Sinn.

Luise wollte tanzen gehn,
Wohin, wohin, wohin?
Zu einem Britenkapitän,
Der kam bei Tagbeginn.
Schon hüpft sie fröhlich in das Boot,
Der Busen weiß, die Wangen rot,
Ein alter Maat von echtem Schrot,
Der roch nach Teer und Gin.

Luise an der Bordwand schwebt,
Wohin, wohin, wohin?
An schwankem Seil ein Kran sie hebt,
Daß sie das Deck gewinn.
Ein Hochruf donnert von den Rahn,
Im Seewind knattert Englands Fahn,
Luise hängt an ihrem Kran,
Es knarrt die Ruderpinn.

Luise steigt der Magenbrei,
Wohin, wohin, wohin?
Aus Mund und Nase ein Gespei,
Es schießt ihr übers Kinn.
Das schöne Kleid aus Musselin,
Das hat sie völlig vollgespien.
Luise speit wie ein Delphin
Und wünscht sich sonstwohin.

Kanonen feuern den Salut.
Wohin, wohin, wohin?
Sie feuern gut, sie treffen gut,
Es warn noch Kugeln drin.
Halb Memel lag in Schutt im Nu.
Napoleon murmelt: Quel dégoût.
Der Wilhelm schreit: Verdammte Kuh.
Gott schütz die Königin!

Die ausführlichste Nachricht über den mißglückten Ausflug zu der Fregatte Astraea am 1. Juli 1807 hat die Nachwelt von dem Ruppiner Landrat Friedrich Christian Ludwig Emilius v. Zieten aus Wustrau; die Nachricht von dieser Nachricht aber dankt der Verfasser seinem Freund Gotthold Gloger, der ihm den Stoff in selbstloser Kollegialität zur Verfügung überließ. – Die Königin befand sich im vierten Monat. Der Vorwurf, falls Dichtung Vorwürfe erhebt, gilt nicht ihrem Magen.

INFAMIE

Der Nordwind bläst den Kaffee kalt,
Wie heiß das Stövchen brennt.
Es sitzt der Marschall Macdonald,
Der Herzog von Tarent.
– Es liegt des Kaisers große Armee,
Es liegt das Zarenheer
Begraben unterm gleichen Schnee.
Und übrig ich und er.
    Nur wir: das zehnte verbündete Korps.
    Es ist mir ein Rätsel, wie ich ihn verlor.
    Er steht ja ganz nah, weshalb bleibt er fort?
    Ein Brief, Marion? Endlich! Fast dacht ich das Wort
    Infamie. –

Herr Marschall! glatt sind Weg und Steg,
Der Schnee fällt höh'r und höh'r.
Wenn ich mich Richtung Memel leg,
Ists reine force majeure.
Man hat schon einen Wolf gesehn.
Ich trag ja auch die Sorg
Um meine Männer. Tauroggen, den
30.12. Yorck.
    – Abfiel der Bube, lief über zum Feind,
    Viel hat er geschworen und wenig gemeint.
    Ach, ich und der Yorck, das war Frieden und Sieg.
    Doch Yorck mit Rußland bedeutet den Krieg.
    Infamie.

Getroffen ist ins tiefste Mark
Der Freiheit edle Idee.
Ob ich mein schönes Schloß und Park
Noch einmal wiederseh?
Das engelländsche Silberpfund
Erstickt die Völkertat,

Die spanischen Kapläne und
Der preußische Verrat.
    Sie kochen mit Mehl, und sie lieben im Hemd,
    Und die Kunst des Verrats ist ihnen nicht fremd.
Zugunsten der Knute hat unverzagt
Der Korporalstock den Aufstand gewagt.
Infamie.

Man melde meine Hochachtung
Dem Herrn Genralleutnant,
Vielleicht bei mildrer Witterung
Käm noch der Treff zustand.
Doch wirds ein Treff zum Waffentanz,
Dann, Herr, auf möglichst bald.
Tilsit, 30.12. Ganz
Ergebenst, Macdonald.
    Das ist die Sprache der Konvention.
    Die Sprache des Herzens hat andern Ton.
    Wer Marschall, König und Kaiser verrät,
    Dem folgt ein Wort, wo immer er geht:
Infamie.

Der Überbringer von Yorcks Brief, Marion, war Macdonalds Adjutant. Der Inhalt beider Briefe ist ungeändert.

DER STERBENDE SÄNGER

Als Preußen, Rußland und Österreich
Gegen Frankreich und Deutschland stritten,
Da ist ein Jüngling, schwarzlockig und bleich,
Mit in den Tod geritten.
Laßt Mutter, Braut und Geliebte zurück! –
So hatte er gedichtet
Im »Josef Heydrich«. Ein schönes Stück
Und stark gegen Frankreich gerichtet.

Und wie er lag ins Moos gerafft,
Da traten starr und geisterhaft
Vors Aug ihm hin, das brechende,
Drei Frauen, sichtbar sprechende.

Die Mutter sprach: O Theodor,
In dir wuchs uns ein Gott empor.
Der Vater zahlte die Verleger.
Was willst du bloß als Schwarzer Jäger?
Nichts ist, das dich zu Preußen zwingt,
Du bist ein Wiener aus Dresden.
Man tut nicht alles, was man singt.
Der Tod, der tut am wehsten.

Die Zeit war knapp, das Bild entschwand,
Die Braut Antonie vor ihm stand.

Die Toni sprach, die schöne Braut:
Noch ist nicht unser Haus gebaut,
Fort aus der Ringstraße in Wien
Kann nur ein Narr zum Lützow fliehn.
Bleib, mein Verlobter. Bleib und schreib
Mir weiter schöne Rollen,
Ich spiel dir jedes Heldenweib
Auch vor der Burg, der vollen.

Dann gab mit einem Bühnenfluche
Sie Platz dem dritten Nachtbesuche.

Die Frau Bankier Pereira sprach:
Napoleon, das ist die Schmach.
Der Völkervogt, es hassen ihn
Die Israelitinnen von Wien.
Die Fanny Arnstein spendet Geld,
Die Rahel hat sich beigesellt.
Wir sind nicht blond, doch blond und licht
Sind unsre Seelen. Unsre Pflicht
Ist euer Mut. So fühlen es
Sogar die Damen Eskeles.
Drum wenn du mich liebst wie ich dich,
Sei tapfer und verlasse mich.
Nimm dieses Buch zum Liebespfand.
Die Leier stickt mit eigner Hand
Ich in die grüne Seide. Du
Zieh hin und füg das Schwert hinzu.

Sie sprach noch viel im selben Ton,
Die zarte Henriette.
Des Sängers Geist war längst entflohn,
Da stand die Halluzination
Noch redend an der Stätte.

Von Gadebusch zog gen Schwerin
Ein Sarg unter Trommelschlägen.
Zwei Eichen rauschen bei Wöbbelin,
Dort ist sein Grab gelegen.
Ihr schönen Wiener Jüdinnen,
Ihr ließt ihm keine Ruh.
Und hätt doch können werden
Ein zweiter Kotzebue.

Der kaiserlich-königliche Hoftheaterdichter Theodor Körner kam am 26. August 1813 ums Leben. Das Zitat heißt wörtlich: »Laßt Vater und Mutter, Weib und Kind, Freund und Geliebte entschlossen zurück«. – Arnstein, Pereira, Eskeles: Wiener Bankiers. Damen spielten im Kampf gegen Napoleon eine große Rolle; gegenbonapartistische Propagandanester europäischen Ausmaßes waren die Salons der Germaine Staël in Coppet, der Luise Radziwill in Berlin und der Franziska Arnstein in Wien.

DER GEISTERGEBURTSTAG

Vorm Bühneneingang her und hin
Bin ich einmal gegangen,
Man soll von einer Künstlerin
Nicht Pünktlichkeit verlangen.
Ich schlenderte und roch mit Lust
Den mitternächtlichen August
Und kam im Unversehen
Vor einem Haus zu stehen.

Ein schönes Haus, so klassisch treu
So einfältig erlesen,
Es ist gewiß wohl einmal neu
Und dennoch schön gewesen.
Die Tür war auf. Der Hausflur klang
Durchtönt von Männerchorgesang,
Ein Herr hat mich gebeten,
Gefälligst einzutreten.

– Wer ist, der hier noch singt so spat,
Der Kreis fidel und kregel?
– Wir feiern den Geburtstag grad
Von dem Professor Hegel.
Ich bin der Dichter Raupach. Ich
Vernehm ja, daß Sie über mich
Sehr nett geschrieben haben.
Salut am Kupfergraben.

Doch still, der Alte! – (Ich berichts,
Weil es nicht ohne Reiz war):
Er selbst, sprach Hegel, geh ins Nichts,
Die Jugend folg. Es sei zwar
Die heutge Jugend blöd wie nie,
Doch sei, daß ausgerechnet die
Des Fortschritts Werk verrichte,
Der Witz der Weltgeschichte.

Da schlug es zwölf. Und stracks erhob
Die Runde sich, die frohe.
Jetzt fordert, rief man, unser Lob
Der andre Zeitheroe.
Am Rand jetzt zwischen Tag und Tag
Begehen wir auf einen Schlag
Die göttergleich Erhöhten,
Hegeln zugleich mit Goethen.

Ich auch trank auf den Anlaß viel,
Ein volles Glas Burgunder,
Und sprach zu Raupach: Mein Vergil,
Sprach ich, es nimmt mich wunder,
Daß Sie nach all den Jahren hier
Bei Scherz und Lied, bei Punsch und Bier
Als Gaukelwerk sich regen. –
Er sprach: Unter Kollegen,

Uns wieder wundert, daß Sie, ein
Lebendger, uns beehren,
Wir glaubten, daß nur wir allein
Der Nachricht teilhaft wären,
Wer, seit man teutsche Männer findt,
Von denen die zwei größten sind,
Wer erst kommt und wer dann kommt,
Kurzum, auf wen es ankommt.

Der FW III zum Beispiel hat
In ziemlich rüden Noten
Der Presse die Berichterstat-
tung über uns verboten.
Auch in der Macht ja wohnt Idee,
Wir übersehn nicht, daß die Spree,
Die hier so still vorbeifließt,
In Richtung Stadtvogtei fließt.

Daher, solang nicht breit genug
Geteilt wird unser Denken,
Muß sich auf balladesken Spuk
Die Weltvernunft beschränken.
Und bis er sich nicht frisch erweist
Im Volksgemüt, behält der Geist
Etwas Gespensterhaftes.
Ich hoff, die Menschheit schafft es.

Drauf ich: Ich seh die Sache doch
Nicht so durchaus verpfuscht noch,
Die Zeitung zwar schweigt immer noch,
Und meine Liebste duscht noch,
Doch grade von dem Goethe wie
Sogar vom Hegel heget sie
Als geistige Erscheinung
Die allerhöchste Meinung.

So zählten wir schon zwei bereits;
Will mich auch gern verbinden,
Der großen Wahrheit meinerseits
Noch Anhänger zu finden.
Doch es wird eins und für Sie Zeit,
Ich danke für die Gastlichkeit. –
Der Raupach sagte bieder:
Erwähnen Sie mich wieder.

Hegel wohnte Am Kupfergraben 4a. Hegels Geburtstag war der 27. August, Goethes der 28. August. Die »Zusammenfeier« beider Ehrentage wurde von Hegel und seinen Freunden am 27. August 1826 veranstaltet – übrigens, wie hier zum entschiedenen Nachteil der Wirklichkeit festgestellt werden muß, nicht in Hegels Wohnung, sondern in den Beyermannschen Festsälen Unter den Linden. Hegels Rede ist treu wiedergegeben. FW III ist Friedrich Wilhelm der Dritte. Das Berichterstattungsverbot an die Oberzensurbehörde erging in Wahrheit erst nach dem Ereignis, auf Grund des Berichts der Vossischen Zeitung über dasselbe. – Stadtvogtei: das Gefängnis. »Salut«, gesprochen »Salüh«.

»NEUE GEDICHTE«

Wie es bei den Poeten Brauch,
Hat sich für Heinrich Heine auch
Ein Mal in seinem Erdenleben
Ein Treffen mit seiner Muse ergeben.

Ein milder Vorfrühlingsabend wars.
Im gleißenden Gaslicht des Boulevards
Enthüllten Damen von äußerster Süße
Ihre rosigen Strümpfe und niedlichen Füße.

Die Muse, sie trippelt so her und hin
Am Café de Paris als Nachtschwärmerin
Auf silbernen Atlasstiefelettchen.
War noch nicht lange aus dem Bettchen.

Mein schönes Kind, sprach der kecke Flaneur,
Wie viel darf ich Ihnen als Douceur
Mit allem Respekt ins Strumpfband schieben?
Ich bin entschlossen, Sie zu lieben.

Mein schöner Herr, sprach die Muse sehr fein,
Von Geld zwischen uns muß die Rede nicht sein.
– Zu gütig, doch kann ich, das ist das Fatale,
Nicht lieben, wo ich nicht bezahle.

– So schüchtern? Dann seis. Wen für Gold ich beglück,
Der gibt für gewöhnlich ein Zwanzigfrankstück.
– Das ist kein Betrag für ein einziges Küßchen.
Aber hören Sie zu, ich bin blank just ein bißchen.

Doch die zwanzig leih ich mir noch heut Nacht.
Herr Musset hat das schnell ins Reine gebracht.
Auch an Herrn Sue und Herrn Liszt ja wäre
Zu denken oder Herrn Dumas Père.

Sind verläßliche Freunde. Oder käms
Zum Schlimmsten, bleibt mir der Baron James.
Find ich Sie dann an diesem Orte?
– Mein reizender Dichter, wir sind im Worte.

Er küßt ihr zum Abschied das Handgelenk
Überm Handschuh, es klimpert ihr Armgehenk.
Noch nie entschwebte ein apartres
Gesäß im Dämmer des Montmartres.

* * *

Wir wissen nicht zu bezeugen, ob sie
Sich wiedersahn am Café de Paris.
Doch neun Monde später in einem Bette
Des Viertels Notre-Dame de Lorette

Ist eine Person, ledig, ohne Erwerb,
Eine sichre Mademoiselle Euterpe,
Eines kräftigen Bands von vier Büchern genesen.
Das ist im Herbst 44 gewesen.

Der Baron James ist Rothschild.

LOLA UND LUDWIG

Sie saß auf seinem Lederknie
Und spielte ihm im Barte,
Die Oberlippe wölbte sie,
Die maurisch leicht behaarte,
Zum sanften Kusse ihm hinan,
Ihr Aug, das irisch blaue,
Es sprach: Du bist der erste Mann,
Dem ich mein Herz vertraue.

Da klirrts, da splitterts. Ein Rumor
Von außerhalb des Tores.
– Mein liebster Ludwig, was geht vor?
– Das Schicksal zürnt, Dolores.
Das Schicksal zürnt. Es murrt und knurrt
Und wirft mir ein die Scheiben.
Erfüllung, die dem Alter wurd,
Hat wohl kein Recht zu bleiben.

Ja, ich bin alt, und du bist kalt,
Uns peinigt kein Verlangen.
Der Erdenmensch kann dergestalt
Schon Himmelsglück empfangen.
Die Liebe edlerer Natur,
Vom Drang erlöst der Sinnen,
Man findet sie bei Greisen nur
Und bei Tänzerinnen.

– Wer aber wirft die Scheiben ein?
– Ach, Kind, man kann nur raten.
Es können die Jesuiten sein,
Doch auch die Demokraten.
Die Roten und die Schwarzen sind
Sich eins zum jetzgen Zeitpunkt,
Denn über dich und mich, mein Kind,
Besteht ja gar kein Streitpunkt.

Sie lieben selbst wie Hund und Sau,
Die Weiber, die sie haben,
Sind ungewaschen, und picklig rauh
Die Hintern der Meßknaben.
Die Roten oder Schwarzen sinds,
Die uns die Wonne neiden.
's gilt nicht der Kunst, 's gilt nicht dem Prinz,
Es gilt gewiß uns beiden. –

Sie hielten sich erschrocken fest
Und saßen Haupt an Haupt gepreßt
Und saßen stumm und lange,
Die schöne Frau, der alte Mann,
Und eine welke Träne rann
Über ihre rote Wange.

Das Volk der Baiern trennte voll Hohn
Das keusche Seelenerlebnis.
So blieb die deutsche Revolution
Doch nicht ganz ohne Ergebnis.

Also Maria Dolores Elisa Rosina Guilbert, genannt Lola Montez, und König Ludwig I von Bayern. – Die Februarrevolution in Paris und die Schließung der Münchener Universität wegen jesuitischer Studentenumtriebe führten zu Emeuten im Februar 1848 und zu Ludwigs Abdankung im März.

1866 ODER: SAGEN SIE MAL WAS GEGEN BISMARCK

– Bismarck, was hör ich, ein Krieg ist in Sicht?
Wer ist denn hier der König, den führ ich Ihnen nicht.

– Wenn es um Rußland geht: der Zar
Ist mir gewogen ganz und gar.
Hinsichtlich jeder Zeiterscheinung
Sind er und ich stets einer Meinung.
Denn rechts des Niemen und rechts der Elbe
Das Dorfsystem ist fast dasselbe,
Der Barin zahlt wie der Baron
Viel lieber Prügel aus als Lohn,
(Nur sollen mir die leibeignen Seelen
Dereinst auch noch den Reichstag wählen).
Wir fühlen: jede Obrigkeit
Ist eine Gottgegebenheit,
Kurz, im Erhalten und Bewahren
Akkordier ich völlig mit dem Zaren.
Er hat mir versprochen, beim Kriegsgeschehn
Stillzuhalten und zuzusehn.

– Famos, lieber Graf. Famos, famos.
Doch bin ich noch die Skrupel nicht los,
Womit ich mich seit Tagen quäl.

– Wegen Viktor Emanuel?
Aber grad der hat als Genossen
Mich ins demokratische Herz geschlossen.
Ich bin der letztverbliebne Sohn
Der europäischen Revolution.
Die alten Reichsverfassungsstänker
Waren edle und tiefe Denker,
Haben nur das eine nicht bedacht,
Daß man Umsturz nicht in Kirchen macht.
Der König liebt mich. Er hat seine

Fürsten beseitigt, wie ich meine,
Und böse sind wir im gleichen Grad
Mit dem Papst und seinem Staat.
Ich hab ihm Venetien angetragen.
Er wird sich tapfer mit uns schlagen.

– Sie haben noch immer nicht kapiert ...

– Majestät fürchten, Frankreich marschiert?
Doch nicht Napoleon. Bei dem Mann
Lernte ich alles, was ich kann:
Von Parlamenten und Parteien,
Nicht hinzuhören, was sie schreien,
Die Kunst des Staatsstreichs, des Volksbegehrens
Und des vom Volk die Straße Leerens;
Denn nur eine Kostenrechnung des Blutes
Verhindert Schlimmes und tut Gutes.
Wie alle Erfinder ist Bonaparte
In seinen Nachahmer vernarrt.
Er traut mir völlig. Ich bin da kühler.
Er ahnt nicht, daß am besten Schüler
Der beste Lehrer wird zuschanden.
Er ist vollkommen einverstanden.

– Nein, Bismarck, Sie sind ein Genie.
Ich weiß ja, sowas können Sie.
Ich wollte sagen: Mich verdrießt,
Wenn der Deutsche so auf den Deutschen schießt.

– Ach so, gottlob, ein Mißverständnis.
Deutsche sind nach meiner Kenntnis
Ganz unbetroffen. Mein Eisen fressen
Sollen Nassauer, Hannoveraner, Hessen,
Auch Leute aus Württemberg oder Baden
Kämen allenfalls zu leichtem Schaden,
Doch sind sie geschossen nach Deutschland hinein
Dann mögen sie ganz ruhig sein.

Ein Roland stell, in Erz gegossen,
Ich mich vor Reich und Kaiser hin.
Auf Deutsche, Sire, wird nicht geschossen,
Solange ich der Kanzler bin.

»Barin« ist soviel wie Gutsherr. Mit den Kirchen, in denen man keinen Umsturz macht, meint Bismarck die Paulskirche. »Kostenrechnung des Blutes« ist eine Übersetzung von économie du sang.

DIE VATERMÖRDERIN

Wir entsteigen der Kalesche.
Unter einer Traueresche
Ruhn drei Gräber in dem Grund.
Wagner ruht, es ruht die Gattin
Dort in Wahnfrieds grünem Schatten,
Und auch Molly ruht, der Hund.
Doch ein weitres Ziel verblieb
Dem Gemeindekurbetrieb:
Auf dem Friedhof, dem bayreuther,
Ruht Franz Liszt und zählt die Kräuter.

Cosima schrieb ihrem Vater:
Wir eröffnen das Theater,
Aber Richard ist nicht mehr,
Und es kommen nicht so viele
Zu dem Bühnenweihfestspiele,
Wie zum Zweck erfordert wär.
Und der alte kranke Liszt,
Wie das so mit Vätern ist,
Er verfügt sich ohne Schwanken
In die Eisenbahn nach Franken.

Zitternd mit dem Knöchel pocht er
An die Pforte seiner Tochter,
Die Soutane schweißdurchweicht.
– Sieche darf und Katholiken
Man in Wahnfried nicht erblicken;
Nebenan bei Schmidt vielleicht.
In Bayreuth, der Markgrafschaft,
Ist der Juli ekelhaft.
Per Depesche ruft er Line.
Line wirft sich auf die Schiene.

Kaum ins schmale Bett gesunken,
Wird er wieder rausgewunken.
Heute nacht, im Frack, bei mir.
Unsre Wirtschaftskapitäne,
Wagnerfreunde und Mäzene,
Alle rechnen sie mit dir.
Hustend schleppt sich der Abbé
Zur Sponsorensoiree,
Bricht zusammen, voll mit Mosel,
Keinen Arzt, entscheidet Cosel.

Und schon naht im Semperhause,
Sieben Stunden ohne Pause,
Gnadenlos der Parsifal.
Liszt, von harten Bretterbänken
Wird er sich ins Koma senken.
Ein verwünschter Zwischenfall.
Insgeheim schafft Cosima
In sein Stübchen den Papa.
Line wartet auf dem Flure.
Aus der Stadt die Priesterhure!

Hier auf seiner Lebensbühne,
Schrieb die Fürstin Carolyne,
Schlummre Franzens Erdenrest.
Auch sein Orden will ihn betten,
Weimar bietet Marmorstätten
Und die Tonanstalt in Pest.
– Nichts von dem kommt in Betracht.
Ich nur hab ihn umgebracht.
Ich nur werde ihn begraben,
Und kein Fremder soll ihn haben.

1886. Ein vergleichsweise zeitiges Beispiel für die Untrennbarkeit von Opernkunst und PR-Geschäft; es gab nach Wagner keine Oper mehr ohne die Medien. Line: Lina Schmalhausen, eine von Liszts hinterlassenen Geliebten.

STEINER BEI NIETZSCHE IN NAUMBURG

Gesünder nicht, nicht kränker,
Nicht lebend und nicht tot,
So lag der große Denker,
Ein sabbernder Idiot.
Den dürren Leib umwallten
Hochpriesterliche Falten.
Der junge Pilger rief:
Wie sank der Mann so tief?

Herr Dr. Rudolf Steiner,
Sprach Frau Elisabeth,
Ein Schritt vielleicht, ein kleiner,
Von seiner Leidensstätt.
Sie werden es erfahren.
Es dringt zwar schon seit Jahren
Kein Wort in ihn herein,
Doch soll man taktvoll sein.

Ich war als Kind schon mütterlich
Und Fritz schon Philosoph.
Ich weint um ihn gar bitterlich
Auf manchem Pfarrgutshof.
Ja, glücklich sind die Knaben,
Die eine Schwester haben,
Uns Schwestern gönnt Natur
Oft einen Bruder nur.

Zu lüsternem Gestreichel,
Wann immer ich ihn fand,
Nahm er die eigne Eichel
Wohl in die eigne Hand.
Des Tages mehre Male
Griff Fritz zum Genitale.
Das männliche Geschlecht
Tut äußerst ungern Recht.

Ich hab ihm angekündigt
Die Zukunft, die ihm winkt.
An dem, der sich versündigt
Und nie den Trieb bezwingt,
Wird sich der Körper rächen
Durch grausige Gebrechen,
Dies ist unzweifelhaft
Zufolg der Wissenschaft.

Der Darm, er wird ihn drücken.
Sein Schlaf bleibt ohne Lust.
Ihm wächst ein krummer Rücken
Und eine enge Brust.
Die sittliche Verödung
Führt sicher zur Verblödung.
Ich bitte dich: Hör auf,
Der Fluch nimmt seinen Lauf.

Vom Ruhesofa tönen
Aus dem gewölbten Bart
Hört man ein rauhes Stöhnen.
Das ist, was aus ihm ward.
Ich hab umsonst gebeten,
Nun ist es eingetreten.
Mit einmal stand der Gast
Ganz sonderbar erblaßt.

Steiners erster Besuch bei Nietzsche erfolgte 1895.

DIE FLUCHT NACH ASTAPOWO

Rüstig, rüstig, Väterchen,
Durch die Scheiben graut das Frühlicht,
Hoch vom Strohsack, Kopf in Eimer,
Blankgefegt die Birkendielen,
Holz zum Hauklotz, Holz gespaltet,
Angefacht den Eisenofen,
Angelegt den groben Kittel
Und die groben Pluderhosen
Und die Stiefel, selbstgenäht
Von den Sohlen zu den Schäften.
Auf dem Bord das Schusterwerkzeug,
Schusterahle, Pech und Heftzwirn.

Doch wie er nun stapft ins Nebenzimmer,
Verdrießt ein Anblick ihn, ein schlimmer:

Kandelaberglanz bestrahlte
Brustgeschmeid und Ordensstern,
Damen sprachen, schön bemalte,
Mit Majors und Kammerherrn.
Schon halb satt von dem Geschwafel
Rückt er mürrisch an die Tafel,
Und es sprach der Cheflakai:
Befiehlt Herr Graf den Hirsebrei?

* * *

Spute, spute, Väterchen,
Hustend, fiebernd, ohne Handschuh,
Aber frei. Aus Herrenknechtschaft
Endlich fort trägt dich der Dampfzug,
Trägt dich fort nach Astapowo,
Wo der Vorstand von dem Bahnhof
Dich in seiner Hütte aufnimmt,
Ist gottlob ein Tolstojaner.

Auf dem Strohsack endlich ruhst du
Aus, die hippokratschen Hände
Überm Kräuselbart gefaltet.
Einsam, einsam bist du endlich.

Doch draußen vor dem Siechenzimmer
Da ging das Leben fort wie immer:

Gräfin Sonja war der Reise
Eilig hinterher gehetzt,
Wartend auf dem Abstellgleise
Stand ihr Sonderwagen jetzt.
Am Piano bange Nächte
Denkt sie der Autorenrechte,
Auch die Söhne waren mit,
Mit denen sie ums Erbe stritt.

Eingetroffen war Herr Mayer
Aus der großen Stadt Paris,
Den Pathé, der Filmverleiher,
Was sich regte, drehen ließ.
Und die internationale
Presse haust im Wartesaale
Und erörtert am Buffet,
Ob es nicht bald zu Ende geh.

Ferner hastig abgeschickte
Gendarmrie entstieg der Bahn,
Auch der stark beunruhigte
Gouverneur von Riasan.
Selbst aus Petersburg im Norden
War ein Herr entsandt geworden,
Der im Teehaus Schmetterling
Subjekte in Zivil empfing.

Auch der Staretz Warsonofij
Mit dem Morgenzug erschien,
Es erwartet halbbesoffen
Nicolaus, der Pope, ihn.
– Rasch zum Grafen! dem Synode
Liegt an einem frommen Tode.
– Damit sieht es trübe aus,
Versetzt der Pope Nicolaus.

In dem Dorf für ihren Rubel
Müht sich redlich eine Hur,
Die bei Tolstojs Sterbetrubel
Einen Sack voll Gold einfuhr.
Bis an ihren Lebensabend
Blieb sie wohl- und würdehabend,
Unter keinem Umstand mehr
Beging sie den Geschlechtsverkehr.

Leo Nikolajewitsch Graf Tolstoj verschied am 28. Oktober 1910. Der Bahnvorsteher hieß Osolin. Der Herr aus Petersburg war der stellvertretende Polizeiminister. Der Ortspope hieß Nikolaus Gratzianski. Sonderwaggons waren wirklich mit Klavieren ausgestattet.

DIE DATSCHE IN PEREDELKINO

– Genosse Berija, nicht zum ersten Male
Betracht ich meine Generale.
Sie haben ernstlich zu glauben begonnen,
Sie hätten mir den Krieg gewonnen,
Und seit der Frieden nun nicht mehr klappt,
Sind sie vollends übergeschnappt.
Am gefährlichsten scheinen mir die begabten
Und dann, nächst denen, die unbegabten.
Und weil ich drauf komme. Mir mißfällt
Der alte Gaulschreck und Steppenheld
Budjonny. Was ist denn ein Kavallerist
Als ein quadrupedischer Anarchist?
– Wird veranlaßt.

In der Laube schnarchend liegt der
Siebzigjährige. Sein Prachtbart
Wie zwei Engelssilberschwingen
Wärmt ihm die gegerbte Wange.
Manche Nächte, wenn er schlecht schläft,
Träumt er den Ukrainefeldzug.
Diesmal schläft er gut. Er träumt von
1921.

* * *

– Aufwachen, Väterchen! Der Feind!
– Was sagt das Wort?
                    – Was es meint.
Drei unbeleuchtete Limousinen
Stehn vor der Basilika. Aus ihnen,
Wie ich durchs Duster späh, entfalten
Sich ganz eigene Gestalten.
Sie kennen die Sorte. So Kerle mit
Chromlederstiefeln und Bürstenschnitt.

– Wie gehen sie vor?
                         – Vom Friedhof her.
– Pfuscher. Es gibt keine Taktik mehr.
Dann mal los, Iwan. Du machst den Tee
Und ich mich oben ans MG.
Schlau, daß ich das Ding aufhob.

Auf das Dach steigt er bedächtig,
Putzt bedächtig blank die Brille,
Setzt sie sich vors Adlerauge,
Legt sich hinter die Maschine.
Die Erfindung war von Maxim,
Das Schießpulver war von Nobel
Und der Gußstahl von Putilow,
Gute alte Friedensware.

* * *

– Jossip Wissarionowitsch?
Hier spricht Semen Michailowitsch.
Melde fernmündlich, daß ich in
Kampfhandlungen begriffen bin
Mit einer von diesen Banditenbanden.
Erbitte Entsatz.
                  – Meldung verstanden.
Ihre Stellung befindet sich wo?
– Im Gartenverein Peredelkino.
– Sie sind bewaffnet?
                         – Selbstverständlich.
– Mit Munition versehen?
                         – Unendlich.
– Besatzung?
               – Klein, aber treu. Iwan
Heißt der Lümmel, stammt aus Astrachan.
– Halten Sie durch, Marschall!

Auf den Maitribünenstufen
Schreiten die Sowjetmarschälle,
Vor der Gruppe her Budjonny
Als der älteste im Range.
Stalin packt ihn um die Schulter,
Küßt ihn zärtlich, drückt ihn an die
Weiße Brust. Das Volk bejubelt
Zwei bewährte Kampfgefährten.

Semen Michailowitsch Budjonny, Marschall der Sowjetunion. 1919 bis 1921 Befehlshaber der 1. Reiterarmee, 1939 bis 1941 stellvertretender Verteidigungskommissar. – »Quadrupedisch« heißt vierfüßig.

TOD LUMUMBAS

Am Kongo steht ein Bastbaum rot.
Patrice Lumumba, der Held, ist tot.

Lumumba liegt mit blutiger Brust,
Weil er vertraut, wo er kämpfen mußt.

Der König viel von Freiheit log.
Sein Heer da schon gen Mittag flog.

Lumumba sprach: den Krieg ich meid,
Mir tun die toten Soldaten leid.

Er rief die Freunde von überm Meer,
Sie sollten stellen die Ruhe her.

Sie hielten ihm den Mund zu.
Da gab es eine große Ruh.

Lumumba durch den Urwald floh
Mit Okito und M'Polo.

Im Urwald wurden sie gefangen.
Der König hat seine Hochzeit begangen.

Doch als Lumumba im Kerker stak,
Da hat das Volk nach ihm gefragt.

Für vierzigtausend Pfund Silbers Lohn
Verkaufen sie ihn der Minen-Union.

Bist du zum Sterben schon bereit?
Ich bin zum Sterben nicht bereit.

Da schossen sie ihn durch die Brust,
Weil er vertraut, wo er kämpfen mußt.

Patrice Lumumba, Premierminister der Republik Kongo, wurde vom Generalsekretär der Vereinten Nationen Dag Hammarskjöld ermordet am oder vor dem 12.2.1961; die »Blauhelme« waren schon damals die Fremdenlegion der USA. An Lumumbas Stelle eingesetzt wurde der Oberst Joseph Désiré Mobutu.

DER FLUCH

Als das Pack mal wieder nach ihm langte,
Schlug er zu wie immer. Doch die Klaue,
Plötzlich, riß nicht mehr. Er wars, der wankte.
Und der Schlag verlief ins Ungenaue.
Fast belustigt da ward der Erkrankte
Seiner Ohnmacht inne, hob die Braue,
Und indem versagte sein vergreistes
Hirn die Gegenwart des mächtgen Geistes.

Und da hatten sie ihn denn. Ihr schlechter
Stil empfahl, daß man Humor benütze.
Kein Geschrei sein sollt er, ein Gelächter,
Clown, nicht Opfer. Eine Zipfelmütze
Ward ihm angetan, ein maßgerechter
Schlafrock, der die Taperglieder schütze,
Und so ward er in die sanfte Kuhle
Eingepaßt von einem Sorgenstuhle.

Wie er endlich saß, so hergerichtet,
Wagten sie sich kühn in seine Nähe.
Auch ein Photokünstler war verpflichtet,
Daß sein Zeugnis an die Presse gehe
Und die Menge, kenntlich abgelichtet,
Wie sie ihn besichtigten, besähe.
Doch der Oberste der Dilettanten
Machte sich zum Festtagsgratulanten.

Und er sah das Glück in ihren Mienen.
Schafsgesichter sah er, siegessatte,
Und er sah sie in die Linse grienen,
(Denn sie wollten alle auf die Platte),
Und er kannte jedes doch von ihnen,
Weil er jedes oft gedroschen hatte.
Aus dem Ekel da vor dem Besuche
Formte heimlich sichs in ihm zum Fluche.

– Oh, mein Bau steht fest, hat Dach und Wände.
Kein bestauntes oder schnelles Ende
Hab ich deiner Wut vorherzusagen.
Selbst ein Narr braucht Zeit, den abzutragen.
Zehn, zwölf Jahre geb ich dir, ein langes
Durcherleiden deines Niederganges.
Gönner, der du bist, von Sklavenseelen,
Soll es ewig dir an Menschen fehlen.
Kein Begriff erhelle deine Welten,
Keine Gutschrift soll, kein Eid soll gelten
Und berichtet sein in ungelesnen
Zeitungen von Dingen, nie gewesnen.
Keine Straße soll dein Land verbinden,
Keine Post soll den Empfänger finden,
Und nichts soll in deinen Telephonen
Als ein Brausen und ein Grausen wohnen.
Rost wird ganze Industrieanlagen,
Weil ein Zahnrad mangelt, niedernagen,
Während ab die Blätter, die entfärbten,
Von den Bäumen gehn, den schmutzverderbten.
Gräßlich hören in den Meiereien
Wird das Volk das Vieh nach Futter schreien
Oder, unterm Dung verborgen, kleine
Ferkel finden, kleine tote Schweine.
Also zwischen Abfällen und Müllen
Soll sich deine Jammerzeit erfüllen.
Aber dann, am Rande der Vernichtung,
Folgt des Vaterlandes Neuerrichtung
Ruhmumglänzt auf meinen unzertrennten
Unerschütterbaren Fundamenten. –

Keine Silbe sprach er. Doch verstanden
Alle sie den Inhalt seines Schweigens.
Und sie wünschten dringend sich abhanden
Aus dem Gruppenbilde, das sie eigens
Angeordnet hatten, und verschwanden
Rasch und äußerst müde des Sichzeigens.

Doch in ihren Herzen blieb ein Beben.
Denn ein Fachmann flucht nicht leicht daneben.

Das Politbureau der SED vollzog Ulbrichts Sturz, an welchem Erich Honecker und Leonid Breshnew seit 1964 gearbeitet hatten, auf der Tagung vom 27.4.1971. Die Ballade wurde verfaßt 1983, spätestens am 17. März.

DAS KIND AM ALEXANDERPLATZ

– Armes Kind, was weinest du?
– Hab mein Streichhölzlein verloren.
– Ei, wer wird denn gar so schrein
Wegen einem Streichhölzlein!

– Reibeflächlein hab ich schon,
Schwefelfädlein hab ich schon,
Bömbchen liegt schon unterm Alex,
Fehlt mir nur das Streichhölzlein.

Eine mythische Fabel ist eine Fabel, welche keine Anmerkung ermöglicht.

MEIN REIM AUF DIE WELT

DIE ELBE

An kalten Kühn, die sich die Mäuler wischen,
An grauen Laken, die der Nebel spoon,
Entlang, kurzum, an Deutschland, wälzt sich zwischen
Dömitz und Boizenburg der Acheron.
Die schwarzen Wasser säumt ein Hain von Rüben.
Und drüben, was ist dort? Es gibt kein Drüben.

Denn wohl hat eigne Sitte jedes Land
Als Muster sich des eignen Zwecks gegeben,
Doch endet hier an dem geböschten Rand
Gesittung selbst. Diesseits nur geht zu leben.
Und mit mehr Wohllaut knarren hier die Kröten,
Als überm Fluß die Nachtigallen flöten.

Dort, rauchend in unabsehbarer Länge,
Dehnt sich das asphodelische Gefild.
Von laschen Leuten lustlos ein Gedränge.
Und welche Leere doch in all der Enge.
Der Lärm, der wie von Fledermäusen schrillt,
Enthält nichts Herzliches und nichts, was gilt.

Bei den Dionysos geweihten Spielen,
Wo drei Poeten, höchste Mittel wählend,
Drei volle Tage nach der Palme zielen,
Ist ein Tag leer und ist ein Dichter fehlend.
Er wiegt nicht mehr seit seinem Übergange
Ins Schattenreich, der schön beredte 𝔏𝔞𝔫𝔤𝔢.

Warum, o Freund, hat Charon, dessen Geiz
Ganz Frankfurt kennt, dich nie nach Lohn gefragt
Und doch so willig dir den Kahn gestakt
Nach jenem wesenlosen Andrerseits,
Von wo du, dir die Rückkehr zu erringen,
Schon Herakles sein mußt, nicht nur ihn singen?

Ach, Söhne ihr des Vaterlandes! Immer
Umhegt, betreut, geschützt vor allem Rauhen,
Zu spät entwöhnt, zu selten was zu kauen,
Und stets der Kachelofen in dem Zimmer –
So dämmert ihr heran im Warmen, Stillen,
Gleich weit entfernt von Schuld wie von Bazillen.

Dann kommt, und läßt euch für den Vorschuß büßen,
Da ihr noch bärtig an der Amme hangt,
Der Sturm, der etwas Festigkeit verlangt.
Dann steht ihr da auf unversuchten Füßen.
Ein leichter West bereits fällt solche Knaben,
Insonders wenn sie große Ohren haben.

Ja, dieser kleine, segelohrige Dieb,
Der keine Lehre annimmt, aber jeden
Gedanken klaut, der Schulden zahlt mit Reden
Und hat nur den, den er belöffelt, lieb,
Der größte Hätschelhans in deutschen Landen,
Das Großmaul Lange hat sehr kurz gestanden.

Im Abend sah er die Paläste ragen
Des Hades, wo Geld vorgibt, Geld zu hecken.
Der scheußlichste, rief er entzückt, der Schrecken
Ist auch der ehrlichste! – Tor, laß dir sagen:
Ein Weilchen nur bleib bei Geduld und häuslich.
Es braucht nicht viel, dann ist es hier auch scheußlich.

Wenn erst die Anspruchslosen jeder Richtung,
Das Zwergenmaß in Wirtschaft und Partei,
Mit einem einzig letzten Feind, der Dichtung,
Sich einig werden, wie zu leben sei,
Entsteht bei uns, auf andre Art, dasselbe
Zweckmäßig triste Reich wie links der Elbe.

Starrsinn machet den Dichter. Seinem Munde
Ist das allein, was er im Tiefsten glaubt,
In eigner Form zu sagen nur erlaubt.
Die Tugend Starrsinn richtet ihn zugrunde.
Denn nicht muß wahr sein, was verboten wird,
Und auch Bekenner haben sich geirrt.

Weh, daß du, Genius, den Auserwählten,
Den du berührst, nur am Talent erhöhst!
Dichter und Mensch: ein Zufall, doppelt selten.
Meist hat, was hochfliegt, sich vom Rest gelöst.
Und unhinlänglich, dünkt mich, ist verwandelt,
Der wie Apoll fühlt und wie 𝔏𝔞𝔫𝔤𝔢 handelt.

Ihr aber, die ihr froh seid, ihn zu missen,
Wollet nicht irren. Dieser Wichtigmacher
War wichtiger als seine Widersacher.
Was dieser Schwätzer wußte, lohnt zu wissen.
Musen, hochortliche, begreift und jammert.
Die Wunde schwärt. Der Schnitt wird nie geklammert.

Des Gottes dritter Tag bleibt unbespielt,
Die Szene ärmer und die Sprache kleiner.
Der Narr, der sich für unersetzlich hielt,
Hat nur in Wahrheit seinen Wert gefühlt:
Er ists. Doch ja, ihr Biedern. Manchmal einer
Ist unersetzlich. Unentbehrlich keiner.

SCHWABING 1950

Der Wasserdampf und die Bonmots
Rinnen von den Wänden.
Die Kerzen blaken. Der Zulauf ist groß
An allen Wochenenden.

Der ganze Keller steckt gedrängt
Voll von Persönlichkeiten,
Die, wenn man ihnen ein Glas Wein schenkt,
Sich über Fragen streiten.

Also über Zen. Oder die Existenz.
Sie haben sehr schmutzige Kragen.
Wer, meine Herrn, stellt Ihnen, wenns
Erlaubt ist, diese Fragen?

Am Tisch sitzt auch mein schönes Weib,
Sie gähnt fast ohne Pause.
Ich fasse sie um ihren Leib
Und gehe mit ihr nach Hause.

Der Rest bleibt sitzen und kann kein Geld
Verdienen und keins borgen.
Nicht jeder, der mal Zeche prellt,
Ist schon ein Mensch von morgen.

MEIN DÖRFCHEN

Mein Dörfchen, das heißt DDR,
Hier kennt jeder jeden.
Wenn Sie in Rostock flüstern, Herr,
Hört Leipzig, was Sie reden.

Das Mädchen, das zu lieben lohnt,
Kennt auch Ihr Freund genauer.
Es gibt nichts Neues unterm Mond,
Nicht dieserseits der Mauer.

PROLOG ZUR WIEDERERÖFFNUNG DES DEUTSCHEN THEATERS

I

Die auf den Märkten, unsre Vorgänger,
Die schlugen, hörn wir, ihre rohen Bohlen
Über acht Fässer, und der Glanz der Mimen,
Der Wurf des Dichters und die Einbildung
Des leicht erhitzten Publikums, sie schufen
Auf dem Gerüste sich den Schein der Fülle.
Wir Neuen hörns, bewunderns und verleugnens;
Denn nicht die Armut macht die Künste menschlich.
Wir brauchen mehr, um unsre Kunst zu zeigen:
Die Werke all der Optik, der Mechanik.
Und nicht, weil unsre Kunst schwach sei. Nein, so
Mächtig beschwingt ist unsre Phantasie,
Daß sie den ungefügen Apparat
Mit in die freien Lüfte ihres Spiels hebt.
Und Technik wandelt sich in Reichtum, wenn
Sie reicher Geist an Reichtum übertrifft.
So haben wir Ihrer Geduld vertraut
Und unser Haus drei Jahr lang umgebaut.

II

Wir bitten Sie nun nicht zu uns herein,
Um zu erleben, was Sie draußen auch
Erleben können. Was Sie bei uns sehn,
Sehn Sie nicht in der Tramway, und Sie lesens
Nicht im Journal. Nämlich wir haben hier
Die allbekannte Wirklichkeit verändert
Durch Beimischung von Schönem, Wunderbarem
Und Unwirklichem, dergestalt, daß sie
Erhöhten Wert und Wichtigkeit gewinnt
Und mächtig wieder die Empfindung anzieht.
Das Bild der Welt, durch Abstumpfung entleert,
Erscheint bei uns aufs neu begehrenswert.

III
Die Gabe aber, machtvoll nachzuahmen,
Haben wir beschlossen, zu vergeuden nicht
Auf Kleinigkeiten. Nicht dem kurzen Irrtum,
Der wohlfeiln Mode, öffnen wir die Tore.
Wir wolln aufs Ganze und aufs Innerste.
Von Kontinent zu Kontinent hin wechselt
Der Szene Schritt. Gebirg und Ozean
Schrecken uns nicht. Den Finger hebend, lassen
Des Erdballs erste Reiche wir versinken
Und Throne stürzen; letztres gar nicht ungern.
Denn lang und breit ist die Geschichte. Tief
Sind ihre Faltungen, und groß sind ihre
Umstülpungen. Und hochbedeutend groß
Sei unser Held auch: groß genug, zu fassen
In der geräumgen Brust die Sonnen und
Gewitter unsres östlichen Jahrhunderts.
Die weite Form, der fühlend tiefe Held,
Sie stehen nie für weniger als die Welt.

IV
Der Mond, der schimmernd weiß und grün, wie's der
Beleuchter will, in unserm Himmel hängt,
Ist schöner als der draußen. Künstler haben,
Nicht plumpen Zufalls Kräfte, ihn entworfen
Und machen ihn leicht auf- und untergehn
Nach ihrer höchst willkürlichen Physik.
So kann man sagen, vor den Raumfahrern
Haben wir den Mond erobert. Unser Kosmos
Ist ganz von Menschen, ist ganz menschenmäßig
Und drum so ähnlich jener Welt von morgen,
Die unterm Augenkreis der Zeit noch einhält,
Aber mit deren aufgefangnen Strahlen
Die Künstler alle ihre Werke malen.

V

Die Welt von morgen: grad in diesen unsern
Beglückten Tagen, scheints, steigt sie empor,
Und überm dunstigen Rand des Blutmeers wähnen
Die schönen Gipfel ihrer Palmen wir
Schon zu erspähn: o Welt endlich des Friedens.
Frieden ist mehr als bloß, daß da kein Krieg ist;
Frieden, das meint, daß alle Mühn der nicht
In sich noch unter sich geteilten Völker
Gerichtet sind aufs Gute nur und Würdige;
Im Frieden erst tritt, seiner Fesseln ledig,
Der mehr als vielgewaltge Riese Menschheit
Den Dienst bei seinem Herrn, dem Menschen, an.
Indem wir solche Welt mit unsrer schwachen
Kraft andeuten, helfen wir sie vollbringen,
Und unsrer Bilder Wirkung ruft sie näher.
So weit demnach, als unsre Sprache reicht,
Reicht unser Soll. Und des gehälfteten Lands
Entferntem Teil den Frieden anzusagen,
Mahnt das Wort deutsch, das wir im Namen tragen.

VI

Mensch sein ist viel. Mensch sein ist Ursach sein.
Der Mensch, als einziges von den Wesen, schafft
Sich selbst die Welt und nicht die Welt sich ihn.
Und was ins Sein zu setzen, was vorher
Abwesend war, Gedanken oder Sachen,
Gelingt ihm als sein Äußerstes und Höchstes.
Die großen Urheber nun des Theaters,
Aischylos, Shakespeare, Goethe, grüßen heut
In unserm Haus als neue, liebste Gäste
Die andern Urheber, die Arbeiter,
Welche die Welt, die tot und lebende,
Nach ihrem innern Muster produzieren,
So wie die Welt der Träume wir nach unserm.
Sie lieben Tatsachen, und sie verbessern
Das, was sie lieben. Von den Elementen

Das fünfte ist ihr Element: das Neue.
Und duldend nichts, verbreiten sie um sich
Änderns Gewohnheit und Hervorbringens.
Wen wundert, daß der Dichter – seit jeher
Gefunden an der Seit der Ungeduldgen –
Sich fest an ihrer starken Seite findet?
Der Werkzeug fertigt und der Stücke schreibt,
Sie beide sorgen, daß, was ist, nicht bleibt.

VII
So sehn das Reich der Kunst wir und des Stoffs
Innig verknüpft in einem Streit der Liebe.
Aus Phantasie wird Wirklichkeit. Aus neuer
Wirklichkeit blühen kühnre Phantasien.
Und wenn die Kunst, um Kunst zu sein, die Erde
Verlassen muß, zur Erde kehrt sie wieder,
Und unser Tun, Freunde, eint sich dem Ihren.
Das Leben machen wir zur Kunst und schließens
Ins heitre Reich des Schaffens und Genießens.

PROLOG DER MÜNCHNER KAMMERSPIELE ZUR SPIELZEITERÖFFNUNG 1973/74

Mit tiefem Mißtraun treffen wir uns denn,
Wir, die Erfreuer, und Sie, die Erfreuten.
Die Bretter, die die Welt bedeuteten,
Nun heißt es, daß sie gar nichts mehr bedeuten.
Wir fangen an. Und just im Publikum
Spricht sich der Untergang der Kunst herum.

Ach, Jugend, wenn du kannst, verzeih dem Alter:
Es geht bei dir so ungern in die Lehre.
Ein Untergang? Wir sahen deren mehre.
Wir schwärmen kaum für öde Kassenschalter.
Wolln auch nicht vorlaut sein, wenn wir erwähnen:
Schon Goethe mußte bei den Schlegels gähnen.

Kurzum, wir halten zu den alten Moden,
Das Wahre und das Schöne vorzuführen.
In unserem, mag sein, verstaubten Boden
Hängt eine Weltgeschichte an den Schnüren.
Die tut uns not: zum Leben wie zum Dichten.
Nur wer Geschichte hat, hat noch Geschichten.

Und wenn demnach den großen Mehrwerträubern
Mit bösem Stift wir die Bilanzen schreiben,
Sind wir doch willens, gleich der braven Neubern,
Auch die Hanswurste aus dem Haus zu treiben,
Als welche mit absonderlichen Sprüngen
Dem Shakespeare helfen und den Marx verjüngen.

Sind wir denn ganz vortrefflich? Weit entfernt.
Wenn was an uns Verdienst ist, ists die Müh.
Ein Trupp, der spät, doch, sorg ich, noch zu früh,
Das ihm Gemäße überdenken lernt.
Am Ende zwar bekäme es den meisten,
Wenn sie mehr nachdächten und weniger reisten.

Wir wünschen, falls dies irgend ginge, auch
Die deutsche Sprache wieder anzuwenden,
Die so vollendet war, die zu vollenden
Ein höchstes Ziel schien, bis sie außer Brauch
Geriet und tausend Tode sterben mußte,
Weil sie in »Bild« stehn oder werben mußte.

Bestimmt und ahnungsvoll, grob und geschmeidig,
Wie sie zu ernstem Sinn und hübscher Art
Mit aufgeklärtem Fleiß erzogen ward –
Wenn sie verkümmerte, das wär doch leidig.
Zumal sie uns mit edlem Undank dankt,
Indem sie uns das Schwerste abverlangt.

Die Baukunst, ach, liegt minder nicht im Kargen.
Wo Häuser standen, stehen Mietbehälter.
Sie bergen nicht mehr, wie die Häuser bargen,
Und werden schnell und ohne Würde älter.
Wir hoffen, an so kahlbebauten Plätzen
Durch Sprache das Behaustsein zu ersetzen.

Von dem, was ist, was nicht ist und zu sein
Vielleicht verdiente, liefern wir die Bilder.
Wir greifen schon einmal zum Pflasterstein.
Im Regelfall sind unsre Mittel milder.
Die Zeit, so dünkt uns, hochverehrte Gäste,
Ist Zeit für Arbeit, nicht für Manifeste.

Mit tiefem Mißtraun also. Man wird sehn.
Noch sind Sie unten, und noch sind wir oben.
Doch gilt dies nur, solange Sie uns loben,
Und gilt Ihr Lob nur, wenn Sie uns verstehn.
Vom Vorrat auszuteilen der Gesittung
Ist unsre Schuld. Ihr Beifall unsre Quittung.

EPILOG ZUM
PROLOG DER MÜNCHNER KAMMERSPIELE

Ein deutscher Intendant, ein sichrer Müller,
Bat mich um diesen Dienst. Ich ließ mich bitten.
Er war nicht eben ein Vertragserfüller
Und hat noch lang ums Honorar gestritten.
Und was die Absicht angeht des Gedichts –
Man las es vor. Und weiter? Weiter nichts.

THEATERREDE

Gesindel, Henkers Brüder und Abdeckers,
Die stets ihr Iffland gebt, wo ein Schiller schreibt,
Die den Corneille ihr damals verbessertet
Durch hergezeigte Ärsche wie heut den Shaw
Durch Liedeinlagen; Künstler, vor deren Kunst
Goethe, als gings um Wäsche, den Faust wegschloß,
Verdrückt euch, laßt mich, Schaustellerpöbel, stellt
Zur Schau, was eurer Art ist. Wer lacht denn noch
Bei Clowns? Wer, hat er Lust auf den Shakespeare, geht
Denn noch in eure marmornen Buden? Wird
Vom dürftigsten Personenverzeichnis nicht
Des Königs Truppe gegen die Wand gespielt?
– Ich wäre streng? Gern nehm ichs zurück, sobald
Ich Näheres von euren Verdiensten in
Erfahrung bringe. Leider bis dahin bleibt,
Daß den Theatern Deutschlands, entscheidend noch
Bei mir sich durchzusetzen, mißlungen ist.

VIEHAUSTRIEB

Ich fuhr, und ohne Trauer,
Zu der hin, die ich lieb.
Da plötzlich: eine Mauer
Von Ärschen. Viehaustrieb.
Das Auto darf nicht rollen.
Sie drücken es entzwei.
Eine Herde Rindvieh
Läßt keinen vorbei.

Sie hören auf kein Zeichen,
Sie haben Dreck im Ohr,
Als wär man ihresgleichen
Und drängelte sich vor.
Der stinkenden Kuhmagd
Gilts auch einerlei.
Eine Herde Rindvieh
Läßt keinen vorbei.

Ich bin der besten einer
Der Köpfe unterm Mond.
Ich weiß, sonst weiß es keiner,
Wo Deutschlands Muse wohnt.
Wir lägen längst zu Bette
In holder Schwärmerei.
Ich will mich nicht wiederholen.
Die Fahrbahn ist nicht frei.

ZWISCHEN DEN STÜHLEN

Allerdings: zwischen vielen Stühlen sitz ich
Fest auf der Erde. Es haben sich
Auf wackligen Stühlen schon welche
Zu Tode gesetzt. Ganze Kasten starben
Bei Stuhlbeben.

DIE LERCHE

Du singst ja noch für uns, mein Tier.
Und wirst von uns nicht mehr besungen?
Nein, nimm dies Blatt von mir.
Von unser beider starken Zungen
Wird Wald und Feld, und was nicht hören will, durchdrungen,
Wir wissen, Vogel, du und ich, wie fest
Es sich, ein Punkt im Leeren, stehen läßt.

Ihr, gelbe Kiefern, auch, ihr zeigt uns doch
Die Echsenschönheit eurer Borke noch,
Der krummen Zweige alten Eigensinn.
Mir scheint, als ob ich euch zu sehen übrig bin.
Die Dichtung schaut so wenig hin,
Als ob es leicht wär, sich in nichts als Sand zu krallen
Und beim Getos des Süd nicht umzufallen.

Ich sag euch, was es ist: ihr seid zu stolz für die,
Wie ihr, bei Erden Ungunst, aufwärts strebt.
Was man am Menschen schilt, mag man an euch nicht leiden.
Ihr überlebtet viel. Ihr überlebt
Am Ende wohl die neueste Poesie.
Wollt euch indes mit meinem Gruß bescheiden.

KARTOFFELFRAUEN

Der Dichter hat sich früh erhoben.
Er will in einer kleinen Schrift
Das Glück des Sozialismus loben,
Das viele, doch kaum ihn, betrifft.
Da sieht er unterm Morgengrauen
Im Herbstfeld die Kartoffelfrauen.
Sie rutschen fröstelnd auf dem Bauch.
Er blickt sie an und seufzt: ihr auch?

AM ZIEL

Voll mit Orden hängt und Wappen
Mein Portrait an jeder Wand.
Die auf Fehlern mich ertappen,
Bleiben lieber ungenannt.

Alle Erd- und Meeresteile
Gossen sich in meine Truhn.
Nichts gebricht mir mittlerweile.
Was ich wollte, hab ich nun.

Neckermann und Intourist
Schleusen Gruppen durch mein Haus.
Feine alte Fräuleins führen
Rangpersonen ein und aus.

Drinnen meine Werke haben
Kaum noch Stellplatz. Reih an Reih
Stehen sie in Prachtausgaben
Und vollkommen fehlerfrei.

Ruhm und Glanz sind mir gegeben.
Staunen brandet zu mir hin.
Teufel auch, das wird ein Leben,
Wenn ich erst gestorben bin.

DER DICHTER,
EINEM SCHWANZE VERGLICHEN

Er wird die Gesetze
Der Welt nicht sprengen.
Erst muß er stehen,
Dann muß er hängen.

PARK IM FRÜHLING

Nicht bläst der Wind den ungemeinen Ärger
Aus meinem Schädel fort. Die Barometer
Und das Niveau des Denkens fallen seit Jahrzehnten.
Die Pappelblätter sind, schon wenn sie jung sind, gelb.
Erdfarbne Vögel rennen auf den Steinen.
Ein Rehpinscher vertritt das Edle noch.

Wann werd ich es so satt sein,
Daß ich es satt bin aufzuschreiben, wie
Satt ich es bin?

NEUJAHRSWUNSCH

Vor Luschen und Tüten
Soll Gott uns behüten.

SHIMMY IN GRÜN

Die Menschen sind lustige Leute.
Wenn ihnen das Fell ausfällt,
Dann tragen sie Hüte und Häute
Und verlassen die äffische Welt.
    Die Eiszeit geschieht
    Und schmilzt wieder weg.
    Das Ende vom Lied:
    They ever come back.

Sie werden von Winden zerschlagen
Und von Vesuven zerkaut
Und wie die Ratten im Magen
Der Ozeane verdaut.
    Und weich ist ihr Knie,
    Und dünn ist ihr Speck,
    Und, frag mich nicht, wie,
    They ever come back.

Sie wissen zu gut, was ein Rum ist.
Sie fülln ihre Lungen mit Teer.
Und wenn das Sündenjahr um ist,
Sinds wieder ne Million mehr.
    Sie sind nicht gesund,
    Und heißt es: verreck,
    Verrecken sie, und
    They ever come back.

Und eh sie die Erde zersprengen,
Wandern zur Venus sie aus
Und sind um beträchtliche Längen
Ihrem eigenen Selbstmord voraus.
    Du kriegst sie nicht klein.
    Es hat keinen Zweck.
    Sie müssen wohl sein.
    They ever come back.

WECHSEL

Zwischen den Äckern im Sommer der räderzerrüttete Sandpfad.
Aber wie anders im Herbst. Eingebracht ist das Korn,
Und es belebt die gewaltsam umbrochne staubige Fläche
Nur des geduldeten Pfads halmreich befestigte Spur.
Viele Jahrzeiten nämlich – ich kann sie alle nicht leiden –
Bilden das volle Jahr, jede mit einigem Recht,
Und man bequeme sich also, dem Wetter entsprechend zu hoffen.
Manchmal grünet das Ziel, manchmal dann wieder der Weg.

DER TRAUM VOM UMWELTSCHUTZ

Jüngst, so habe ich geträumt,
War die Erde aufgeräumt.
Nur Erkenntnis und Natur
Walteten an Rhein und Ruhr.
Abgezogen war der Dunst,
Den die bürgerliche Kunst
Wie ein Krater seinen Gischt
In das deutsche Klima mischt.
(Durch das Auge und das Ohr
Dringt er zum Gehirne vor,
Lähmt es und erzeugt darin
Einen Stumpf- und Freiheitssinn).
Dieser Nebel war wie fort
Jetzt gefegt. Mit einem Wort:
Durch das Industriegeschehn
War schon wieder durchzusehn.
Nichts mehr sonderte sich ab,
Was die Umwelt macht zum Grab.
Kein Kriegsfahrzeug oder Tank
Dröhnte uns die Nerven krank
Und zerwühlte den Asphalt,
Und kein Überknall erschallt.
Die Chausseen still und leer
Dienten wieder dem Verkehr.
Im kristallnen Strome schwamm
Lediglich ein Wahlprogramm;
Seit es sich darin befand,
Hob sich auch der Fischbestand.
Und ich saß – in jenem Traum –
Unter einem Ahornbaum.
Golden schien sein Astgeflecht,
Ich erwähne es trotz Brecht,
Und die milde Luft, es war
Im September, äußerst klar.
Bis zum fernen Waldbeginn

Zog sich eine Wiese hin.
Auf der Wiese ging ein Faun
Und mit zweien seiner Fraun,
Und er sprach zu ihnen: seht,
Unser Bruder, der Poet.
An dem Himmel aber stand, –
Ach, wir hattens nie gekannt –
Majestätisch, nackt und wild
Ein erhabnes Flammenbild.
Und es lächelte, als wärs
Jene Sonne noch Homers.

FRIEDEN

Die Brötchen kosten drei Pfennig.
Der Brötchenmann wirft sie morgens in den Beutel
An meiner Tür. Eine Preissenkung
Ist in Aussicht.

HERODOT

Herodot schon kennt die erstaunenswerte
Vielfalt der Gebräuche. In meinem Land ist
Es erlaubt, eine Negerin als Gattin
Heimzuführen, doch streng ist mir verwehrt, das
Staatsoberhaupt zu töten. In den Staaten
Ist es wieder andersherum. So ging es
Zu, daß J. F. K. hinterlassen mußte:
Eine schöne Witfrau dem Herrn Onassis,
Einen schönen Krieg dem Herrn Johnson. Ist schon
Edel, wer von Schurken gekillt ist? Morden
Mörder nicht Mörder? Auf die Tat nicht schließet
Nach dem Täter. Der verrückte Columbus,
Machte den Erdteil aufgehn, der gescheite
Kennedy läßt jetzt ihn versinken. (Und im
Gleichen Irrtum: Er, wie jener, hielt Kuba
Für zum Festland gehörig). Seine Locke
Fand fast allgemein Beistimmung, sie wurde
Häufig nachgeahmt. Ein Imperialist mit
Einer hübschen Locke. Da er bei uns war,
Schieden viele Menschen von uns in Vietnam,
Da er schied, ward großes Weinen gehört in
Ost und West der saumnachschleppenden Weiber.

DIE HYDRA

Der Trick, der mit den Köpfen, der ist gut.
Je mehr du abhaust, desto mehr entspringen,
Wo einer schon genügt, dich zu verschlingen.
Von Schlappe schwillt zu Schlappe ihr der Mut.

Das findet Zulauf, dehnt sich, zischt und bellt,
Das knospt und sprießt in unbegrenzter Reihe.
Für einen toten Dummkopf treten zweie.
So steht sie längst als Gleichnis für die Welt.

Zwei sagenhaften Männern fiel das Amt,
Sie zu erlegen, zu, ungleichen Brüdern,
Gleich schnaufend jetzt, gleich blutig, gleich verschlammt.
Es ist ein alter Ärger mit den Hydern.
Obsiegen aber wird der Heldenzwilling.
Das ist mein Wahrspruch. Sei er selffulfilling.

DEIANEIRA

Sie hat sich, und auf fast erlaubte Weise,
In seine Dinge etwas eingemengt.
Er war entgleist. Sie hat ihn still gelenkt
Und vorwurflos aufs alte Ruhmgeleise.
Er hat geliebt, wo er nicht hätte sollen.
Sie hat ihn nur zur Klarheit bringen wollen.

Das alles geht ganz fürchterlich dann aus,
Auch wenn noch falsche Boten Gutes melden.
Die Gattin hängt und Mörderin des Helden
Sich, was nichts quittmacht, auf im Wäschehaus,
Indes er schreiend wegschmort in dem Hemde,
Das sie ihm anzog, die zu wenig Fremde.

Den Mann, so wird gezeigt, läßt Gott den Nöten
Entrinnen, die ihm zugemessen scheinen.
Doch kehrt ins Sippenhaus er zu den Seinen
Nach Trachis wieder, satt vom Feindetöten,
Dann kleiden sie ihn dort in Feuerwesten:
Weil sie ihn lieben und zu seinem Besten.

VANITAS

Habichtschatten überm Hühnerstalle.
Das Gemälde ist von Hondecoeter.
Ja, so schweben sie, die Sterbegötter,
Unerraten bis zum Niederfalle.

Manchmal vor durchsonntem Blau
Ahnt man ihre bösen Silhouetten.
Eines Tags dann sieht man sie genau.
Aber dann ist wenig mehr zu retten.

Eitel, spricht die Weisheit im Barocke,
Ist das Leben und vom Tod gerändert.
Auch bei uns hat sich das kaum geändert.
Nur wir hängens nicht mehr an die Glocke.

IM ZWIEBELBEET

Man hört so vieles Häßliche erwähnen.
Mal schlägt es diesen, und mal trifft es jenen.
Wer leugnets denn? Es kann auch uns erwischen.
Der Tätige beschäftigt sich inzwischen.

Doch ward es Brauch, mit Greinen und mit Keifen
Dem ungewissen Unheil vorzugreifen.
Verwünschter Zeitgeschmack. Ich seh sie dauernd,
Als ob die Welt nicht schlimm genug wär, trauernd.

Das gibt sich lustvoll auf und gern verloren.
Das hält nur Aussichtslosestes für wahr.
Das wär am allerliebsten nicht geboren.
Ich mags nicht einsehn. Schon im dritten Jahr
Sitz ich in meinem Garten mit Behagen
Im Zwiebelbeet. Und sollte mich beklagen?

IM PROSPEKT STEHT

Im Prospekt steht, der See ist hell, die Lüfte
Mild bei langen Tagen und schön die Böschung
Zu begehn auf Wegen mit birknen Bänken,
Aufgestellt von der Kurverwaltung. Wenn du,
Von Gelebtem matt und Böses verlassend,
Aus der Bahn steigst, an jetzt falln dich die Schwärme
Menschenfressender Fliegen. Fäulnis brütend
Ist der Grund und kein Fortkommen. Herab von
Schwarzen Bäumen – aber wartend beisammen
Unterm zottigen Astwerk stehn die Mücken –
Rinnt besudeltes Wasser. Staunend äußerst
Du zu dir: natürlich lügen sie. Aber
Daß sie so lügen!

TAGTRAUM

Ich möchte gern ein Holperstein
In einer Pflasterstraße sein.

Ich stell mir vor, ich läge dort
Jahrhunderte am selben Ort,
Und einer von den Kunsteunuchen
Aus Medien und Kritik
Käm beispielsweise Hacks besuchen
Und bräch sich das Genick.

ZEITGEDICHT

Gerecht zu sein, die Zeiten sind nicht schlecht.
Doch wer nur Dresche kriegt, ist manchmal nicht gerecht.
Sie haben so viel Steine in die Leier mir geschmissen,
Da ist mir die lobende Saite gerissen.

DIE HURE

Mit einer vollen Brust und einem leeren Gesicht,
Ein schönes Weib, die käuflichen Schlüssel in der Hand.
Abscheulich, der sein Bestes, seine Schlüssel verkauft.
Beneid sie, Freundin, nicht; sie kann nur eins und das schlecht.
Sie wirft den Hintern wie du, doch welcher Unterschied,
Ob Wollust, ob ein Groschen eine Puppe bewegt.
Wer dumm ist, denkt schlecht, näht schlecht, kocht schlecht
   und liebt nicht gut.
Willfährigkeit ist übel, übler Willfährigkeit
In Form der Leidenschaft. Bedaure sie, Freundin, nicht,
Diese gefügige Sorte, halb Göttin, halb Sparferkel,
Die nichts zurecht sich legt, die stets zurechtgelegt wird.
Sie ist verführt? Gewiß. Das eben werf ich ihr vor.
Jetzt, sie bewegt sich. Auf dem Pflaster knalln ihre Schuh.
Indes ihre Bewegung ist keine Änderung.
Es naht nichts, wenn sie naht, und wo sie geht, mangelt nichts.
Man soll sie bespein, sie in den Rinnstein wegstoßen,
Daß endlich einmal das Huren aus der Mode kommt.

DIE LÄCHERLICHEN UNPREZIÖSEN

Wie Morgenwolken lockenschön das Bett
Umstehn,woraus die Sonne sich erhebet,
So – daß sich Glanz im Widerglanz belebet –
Im allerköniglichsten Kabinett
Stand Ludwigs Adel: rosenrot und weiß.
Das Rot war Bolus und das Weiße Reis.

Der Hof von heute, kann ich schwören, trägt
Nicht Locken mehr. Das Haar liegt rückgestriegelt.
Von frühen Glatzen wird der Tag gespiegelt.
Die Haut ist grau und ehrlich ungepflegt.
Mag aber sein, es riecht noch, wie es roch.
Sie duschen wieder. Und sie stinken noch.

War das das Ziel? Man folgt genauso kraß
Wie zu Versailles der Gierde des Gekröses.
Die gleiche Schurkerei, und nichts Preziöses.
Ich weiß ja nicht. Das leistet sich schon was,
Das obre Pack. Nun ist es schon genobelt
Und bleibt, als sei es unentgolten, ungehobelt.

DER SIECHE FISCH

Ein Fisch, aus einem flutenden Kanale
Gewahrt er sich in einen Teich verbracht,
Den ein Gewirr von Erlen, jedem Strahle
Des Tages Einhalt bietend, überdacht.

Der Pflanzen Grün geht dort in Fäulnis über.
Der Boden steigt, der Raum für Taten sinkt.
Die Aussicht wird von Mond zu Monat trüber.
Es stinkt um ihn. Dann ists er selbst, der stinkt.

Er fragt im Dämmer jener Erlengruppen
Nicht, was beginnen. (Und es wäre: nichts).
Mit wundem After steht er, blutgen Schuppen,
Ein schräger Spiegel eines kalten Lichts.
So traf ich und betracht ich ihn, in Kenntnis
Des Weltzusammenhangs und mit Verständnis.

PRODUKTIONSVERHÄLTNIS

Das Roß geht auf dem Acker, stumm.
Der Bauer hinter seiner Kruppe.
Er flucht und schilt und tobt. Warum?
Er will das Feld gepflügt. Dem Rosse ist es schnuppe.

DER NACHFOLGER

In diesem Armengrabe liegt ein Sohn,
Der, was der Vater sparte auf dem Thron,
Vergeudete. Ein Schild sagt den Besuchern:
Er hat geerbt. Er war zu dumm zu wuchern.

WENN CHRONOS SCHLÄFT

Wenn Chronos schläft, den Arm zum Halt gebogen
Der bärtgen Wange und das faltige Lid
Geruhsam übers satte Aug gezogen,
Geschieht im All, daß nichts in ihm geschieht.
Wir sehns nicht gern. Wir wissen ja, der Mann
Setzt einmal seinen Weg fort. Aber wann?

Kein Sieg, kein Fehlschlag für mein Wesen bürgend.
Kein Hochgefühl. Ich werd mir selber blässer.
Die Arbeit ist nicht, was sie war. Im Nirgend
Für Niemanden. Das macht den Stil nicht besser.
Ich ahne das Geripp in meinem Leibe,
Als gings mich an, und treib, was ich nicht treibe.

Es gibt kein Jetzt und, scheint es, kein Nachher.
Von allen Altern dünkt uns dies das leerste.
Verdammter Stillstand. Kämpfen ist schwer,
Sterben ist schwerer. Warten ist das Schwerste.
Seit Jahrmillionen schleppt er sich zum Ziel,
Der Weltverlauf. Warum sind zehn so viel?

BEISEITES

Kleineres Übel
Herzlich schätz ich mein Land, das mich, und von Herzen,
 mißbilligt.
Das ist fad. Und doch: fader wärs andersherum.

Die Partei
Mit der Partei geht zu leben. Mein Wunsch, hätt ein Recht
 ich zu wünschen,
Wäre, daß sie vielleicht etwas parteilicher wär.

Vorlaut
Ungerufen dem König zu Hilfe! Der Mann ist kein Narr doch.
Mühlos im vorlauten Dienst spürt er den Aufruhr heraus.

VUPs
Very unimportant persons? Man rechne mit ihnen.
Wo es um Vorteile geht: überall treffe ich VUPs.

Verstiegen
Freiheit der Presse, na ja. Doch Wahrheit der Presse zu fordern,
Hat sich, seh ich das recht, vor mir noch keiner getraut.

Demokratische Presse
Diebe und Lügner, entnehm ich dem Blättchen, gibt es auch
 hier noch,
Doch Journalisten nicht. Die denn doch wenigstens nicht.

Der Beamte
Immer zur Selbstkritik forsch wie der Lutherpfaffe zur Buße.
Selbstlob zög ich noch vor; Selbstlob, versteht sich, mit Fug.

Erworbene Eigenschaften
Mißgünstig sei der Mensch und einsam geboren? Ich glaubs
 nicht.
Am Sozialismus gewiß liegt es, der macht ihn dazu.

Ninive
Sinn enthält die Geschichte, nicht deren einzelne Läufte,
Außer natürlich den Sinn, den die Geschichte enthält.

Fortschreitend
82 wars, als mein Volk zur nichtschmierbaren Butter
Zusätzlich noch die nicht streichbare Streichwurst erfand.

Schönhauser Allee
Kleiner in meiner Straße ward schon die Umweltbelastung,
Seit der Smog kam. Den Lärm puffert er merklich doch ab.

Der Singvogelkommunist
Gütigen Herzens lehrt er die katzenlose Gesellschaft.
Grüne Rote, euch fällt wirklich das Dringlichste ein.

Paris 68; Rechtsphilosophie § 5
Mairauch und Wirren – das Wortpaar eben sachte geschüttelt,
Schon durch den linken Odeur schwadet das Christliche durch.

Amerika
Diesem Erdteil, weiß Herder, an größeren Raubtieren mangelts.
Doch die gerechte Natur schenkte ihm Bechtel dafür.

Kinorepubliken
Rama Rao in Haiderabad, in Washington Reagan.
Freie Wahlen, das meint: Herzensdiebe zur Macht!

CIA
– Finden Sie raus, was Gott kostet. Sicher doch ist er erpreßbar.
Woytila haben wir; jetzt muß uns der Alte ins Garn.

Pragmatiker
Alles besteht er mit Schlauheit. Neulich erblick ich ein
    Kätzchen,
Wie es vorm Hagel floh: schlau in die Spitze des Baums.

Hasennasen
Meilenweit wittern sie jedes Ereignis, das mit dem Wind kommt.
Naht es gegen den Wind, hat es sie prompt am Genick.

Weitsicht
Ihre Weitsicht reicht, und günstigstenfalls, bis zum Freitag.
Kommen sie Dienstag zu Geld, machen sie Mittwoch ein Kind.

Vorhut
Zuchtvoll arbeiten Roboter, sie sinds, die alles erzeugen.
Würdig, Genossen zu sein, acht ich im Grunde nur sie.

Volksherrschaft
Demokratisch, das sind wir. Die nichtarbeitende Mehrheit
Gibt die Gesetze dem Staat, gibt die Gesetze der Kunst.

Sozialismus
Einen letzten Fehler hat er: es hängt ihm die Herkunft
Aus dem Arbeiterstand wunderlich immer noch an.

Höllischer Plan
Kann man ein Volk in die Steinzeit zurückregieren? Man
    kanns nicht.
Aber schon der Versuch dünkt mich satanisch genug.

15.6.1983
Wieder ein Kaiser! Ganz wie in alten vernünftigen Zeiten.
Zittert, Könige. Völker, freuet euch mit.

Auf Etliche
Dies steht, lieben Feinde, euch offen: im andern Jahrtausend
Unerinnert im Nichts oder verachtet zu sein.

Hoffmann
Schmutziger Hoffmann, Schweinskopf Hoffmann, Hoffmann
    der Spitzel.
Welcher Hoffmann? Na der, den ich so kenntlich beschrieb.

Staatstheaterintendanten
Einer die Nase am Hintern des andern wandelt der Lemming,
Nimmt die Klippe und stürzt über die Klippe sich ab.

Kritiker
Müssen wahre Spechtsgehirne haben, daß ihnen
Nach dem Gehacke auf mir niemals das Schädelchen brummt.

Literarischer Supermarkt
Hierin gleichen Rezensenten den Hausfraun: sie kaufen
Nur, was laut für sich wirbt. Ohne das kaufen sie nicht.

Hosenordnung
»Sinn und Form«, ein berliner Modejournal, auch intimste
Fragen löst es: Man trägt, wünschen die Schneider, ihn rechts.

Anmaßung des Gefühls
Mitleid, bleibe bei deinem Leisten! Konni ist keine
Indische Mutter, was gehn indische Kinder ihn an?

Verstandesleistung
Trottel als Häupter von Akademien? Gern, doch verständge!
Trottel, hier her! der Fürst riefs, und der Gundling verstand.

Unwiederbringlich
Nie gibt das Grab ihn heraus. In Tränen zerrinn ich, es reut mich
Jede Gelegenheit, wo ich, ihn zu hängen, versäumt.

Zuwahl
Eine reife Leistung. – Ja, eine irrenhausreife.
Sicher, der paßt zu uns; wählt ihn nur schleunig herein.

Ein Kloakendichter
Übelriechend schreibt er. Exkremente und Worte,
Durch das nämliche Rohr scheidet er die aus und die.

Auf ...
Auch von Lombrosos Leuten einer. Er zeigt uns ja beides,
Nur den Wahnsinn, kann sein, deutlicher als das Genie.

Esel
Hautnah gibt er die Welt, das Fühlen Unzähliger trifft er:
Alles selber erlebt, alles ein Niemandsgeschick.

Der Pfeifenraucher
Als die Rahel sieht er des Neuen Berlin sich. Er ahnt nicht,
Daß er Varnhagen bloß, und bloß sein eigener, ist.

Der Angestrengte
Schwer hat er neu sein, der Kleine. Alle abscheulichen Stücke
Schrieb Heiner Müller bereits, alle erhabenen ich.

Die Welpe
Wenn das Hundel das Stuhlbein beknabbert, wenigstens
    rühmt es
Sich seiner Jugend nicht, nicht seines schönern Gefühls.

Sturm und Drang
Goethe schickt sich zu Gerstenberg, Leisewitz, Lenz oder
    Klinger,
Wie zum Falstaffschen Mob scheinbar Prinz Harry sich schickt.

Ruhlos
Mancher gibt nicht bei, er sucht und sucht nach der Wahrheit.
Minder zur Bürde fällt, der sie, in Maßen, schon hat.

Dämmerungen
Gelb und rosa erschien und wie Richard Wagner gekleidet
Gestern der Abend. Der Tag heute kommt gräulich, wie Brecht.

Schuld und Sühne
Brecht im Fegfeuer, schmorend. Und kein Erbarmen, solange
Eine Zeile von Münz noch oder Müller erscheint.

Deutsche Dichter
Brecht und Arno Schmidt, sie starben gar frühe am Herzleid.
Wollt ihr der Liebe euch weihn, schafft euch ein steinernes
  Herz.

Nackthunde
Jene Sorte von nackenden Hunden, die immerfort zittern.
Dichter sind so. Nicht klug sind sie, sie frieren nur leicht.

Der Unkündbare
Wer kommt gelaufen? – Schumacher. – Fragt, was er will.
  – Seinen Auftritt.
Einmal dein Clown, stets dein Clown! fordert das Arbeits-
  gesetz.

Bewerber, Bewerber
Und wer noch wieder? – Albert. – Was, der auch will mein
  Clown sein?
Nein, ich nehm den nicht. Der ist doch Schmiere, der Mann.

Unblutige Zeiten
Liegs an gewonnener Milde, liegs am vollendeten Stumpfsinn:
Xenien töten nicht mehr. Nicht einmal den, der sie schreibt.

Überfordert
Schöpfer, der Mensch? und sein eigner? Laßt mir die Leute
  in Ruhe.
Ganz mißglückt, wie sie sind, solln sie noch schuld daran sein.

Schleiermacher
Ein stupender Kopf. Der letzte Ort wohl, auf den ich,
Gott zu suchen, verfiel, wäre das menschliche Herz.

Analogie
Spiel der Natur oder Absicht des Schöpfers: auffällt, wie deutlich
Doch das Menschengehirn einem Paar Arschbacken gleicht.

Endzeit
An der bröckelnden Kirchwand die alte Sonnenuhr. Lohnt es,
Hier zu flicken? Wer weiß, ob denn die Sonne noch hält?

Voreilig
Voreiliger Tod, Verzweiflung. Ist nicht das grausamste Urteil
Erst ein künftiges noch, außer wir fügten uns drein?

Frühe Bestimmung
Meiner Wiege zu Häupten: der Schutzengel, ferner die Muse.
Und sie stritten sich sehr. Leider, die Muse gewann.

Auf der Höhe
Gut sei, hör ich, mein Deutsch, doch gar nichts Neues
 enthalt es.
Wenn es nur gut ist! und dann: wäre nicht das eben neu?

Mißdeutung
Äußerst gewöhnlich ist folgendes: daß, wenn zurück aus nem
 Sackweg
Einer entschlossen noch kehrt, – daß man ihn Rückschrittler
 nennt.

Postmoderne
Ich bin nicht postmodern. Ich schon nicht mehr. Als ich zur
 Welt kam,
Achtundzwanzig, schon da war die Moderne passé.

Mensch, Esel, Wolf
Nazis reden wie ich? Meine Meinung über Salami
Wird, dem Esel zum Gram, leider vom Wolfe geteilt.

Zukunftsvertrauen
Unbeängstigt seh ich dem drohenden Nachwuchs entgegen.
Söhne zeugte ich nicht. Enkel, die morden nicht mehr.

Hand- und Kopfarbeit
Was, gelehrter Freund, hättest je du mit Händen ergriffen?
– Wäre die Liebste nicht, sicher nur immer Papier.

Öffentlichkeit
Ehrenden Rummel erduld ich, doch geh ich gerne zur Arbeit.
Wo man sehr mich bedarf, erst unterhalte ich mich.

Ballaststoffe
Funkbilder schluckt mein Gehirn wie der Straußenmagen
 den Bimsstein.
Wenn es natürlich nicht nährt, aber es kräftigt doch sehr.

Das verschämte Geschlecht
Alle Frauen ziehn alle Männer aus mit den Blicken,
Weiß ich, und denk nicht viel dran. Etwas geniert es mich doch.

Leser meiner selbst
Freudlos meine Sachen les ich. Ich sehe nur Fehler.
Manchmal kommt wer und sagt, 's wären auch Schönheiten
 drin.

Gattungsfrage
Anteilnahme der Zuschauer am Geschehen der Bühne
Ist gemeint und gewollt, Teilnahme außer Betracht.

Elohim, ich
Fabelhaft, wie der die Welt schuf, und war doch alleine und hatte
Einzig zum Anlaß das Nichts. Freilich, man merkt es ihr an.

Enthaltung
Das gehudelte Gute sei besser als schöne Verderbnis?
Richtig scheint mir der Satz, aber verdrießlich die Wahl.

Das unbekannte Wesen
Ewig ein Rätsel bleibt dem Begabten der minder Begabte.
Ewig dem Künstler ein Sphinx haust der gewöhnliche Mensch.

Unfair?
Immer unter den Gürtel, warum? – Verzeihung, bei aller
Redlichen Absicht, warum sind Sie auch immer so groß?

Herakles
Steht nicht dein Pfeil am Himmel? – Freilich, neben der
   Schlange
Steht er, die er verdarb. Die steht am Himmel und er.

TV
Fernsehen, sieht denn das wer? Ich will doch die Massen
   erreichen.
Haben den Hamlet nicht längst mehr als den Durbridge gesehn?

Dramatik
Und die Dramatik? – Wer, die Dramatik? – Ja, die Dramatik!
Nun, in Kürze, mir geht's, wie es so geht, schlechter nicht.

BESCHEIDUNG

Ich bins zufrieden. Die Zerwürfnisse
Mit mir und denen sind nicht überscharf.
Hab nur erfüllbare Bedürfnisse.
Schnaps, Liebe, Kunst sind, deren ich bedarf.

Des Fortschritts krümmster Weg ist so verschieden
Nicht vom schnellstmöglichen. Er schleppt und klimmt
Hinan, so wie er muß. Ich bins zufrieden
Und also nicht zum Lyriker bestimmt.

DER GREISE CHASSEUR

Mein alter Stutzen rostete
Und auch mein altes Hassen.
Als ob das Zeug nichts kostete,
Hab ich es hängen lassen.
Ich muß sie wieder putzen,
Den Haß und auch den Stutzen,
Ich muß die Stunde nutzen,
Der Kaiser ging an Land.

Den Kampf, den keine Hoffnung lohnt,
Den wird man satt zu kämpfen.
Doch glaubt nicht, daß der Feind uns schont,
Wenn wir die Hiebe dämpfen.
Es lebt der Mensch auf Erden,
Sein Wohlsein zu gefährden.
Was Recht ist, muß Recht werden.
Der Kaiser vor Lyon.

Dich, Schlaf, du trübes Nachtgefühl
Wird Adlerschrei verjagen.
Den Graukopf gilts im Schlachtgewühl
Ans Vaterland zu wagen.
Von Ehr allein gezwungen.
Um keinen Sold gedungen.
Die Alten vor den Jungen.
Der Kaiser ruft. Zu Pferd!

MÄRKISCHES MUSEUM

ODE AUF BERLIN

O wie gern bin ich alleine
Mitten in der großen Stadt,
Wo man seinen Lärm und seine
Wunderschöne Ruhe hat.

Und ich denke meine Sachen,
Muß mich keinem anvertraun.
Was ich kann, das darf ich machen.
Niemand lugt mir übern Zaun.

Mich berührt der Völker Jammer.
Bruders Jammer läßt mich kühl.
Mitmensch bin ich in der Kammer,
Eremite im Gewühl.

Daß am Glück es nicht gebreche,
Hat Berlin mir dich gesandt,
Dich, du meiner letzten Schwäche
Heißgeliebter Gegenstand.

Und in deine weißen Mulden
Schmieg ich heiter mein Gesicht.
Leute, die der Welt nichts schulden,
Deren Seele nimmt sie nicht.

O wie gern bin ich alleine,
O wie gerne auch bei dir.
Andre Nachbarn brauch ich keine.
Neuzeit, so gefällst du mir.

DIE HIMMELSTÜR

Wer will nach Elysium kommen,
Muß nur gehn zum Tor hinein,
Muß nicht zählen zu den Frommen,
Muß nicht gottgefällig sein.
Muß nicht frisch sein oder froh.
Aber wissen muß er, wo.
Denn Berlin ist voll von Türen,
Welche in die Hölle führen,
Doch der Himmel wird erklommen
Durch die Himmelstür allein.

Jener Eingang nun zum Himmel
Ist benagt von Zeit und Rost.
Rechts die Flecken von dem Schimmel,
Links die Kästen von der Post.
Er sieht aus wie jeder Flur.
Aber einer ist es nur.
Und ihn hoffend zu durchschreiten,
Bleibt vergönnt den Eingeweihten,
Furchtbar wäre das Gewimmel
Andernfalls aus West und Ost.

Seeber wohnt im Souterränge,
Heim hat ebendort Logis,
Leder eine Treppenlänge
Höher, Häring visavis.
Auf dem bröckelnden Podest
Feiern Götterchen ein Fest.
Mit den rosa Däumchen zeigen
Sie, ich soll noch höher steigen,
Wo man Mileks Küchenklänge
Hört und von Karsunke die.

Doch wie jetzt? Ist Klettern Fliegen,
Ist der Geister Gangart schon?
Über ausgetretne Stiegen
Schweb ich nach Elysion.
Hinter einem Rosennetz
Stehn drei Eimer mit Briketts.
Und der morsche Seitenflügel
Wird zum Lust- und Wunderhügel,
Und die Stuckgirlanden wiegen
Sich um Schätzchens Liebesthron.

Und sie klappert mit den Tassen,
Und sie lächelt so verliebt,
Daß ihr, wärt ihr zugelassen,
Euch gewiß die Augen riebt.
Doch nun Schluß mit Wie und Was.
Denn man wird verstehen, daß
Von dem wahren Weg zum Heile
Ich die Kenntnis ungern teile.
Würde euch ein Himmel passen,
Wo man sich die Klinke gibt?

DIE GLÜCKSBRINGERIN

Alles scheint mir ohne Fehle,
Himmelsrund und Erdenkreis,
Alles atmet Leben, Seele,
Seit ich sie vorhanden weiß.

Diese Tiefs vom Nordatlantik,
Diese Wolken, zäh wie Leim,
Oh, wie stimmtest du mich grantig,
Deutschland, du mein Niflheim.
Aber plötzlich: ohne Fehle
Himmelsrund und Erdenkreis.
Selbst Berlin hat eine Seele,
Seit ich sie in Treptow weiß.

DER BEGAS-BRUNNEN

Ach, die schönen, fetten, grünen Weiber aus Bronze.
Aus der Erinnerung hoch steigen sie plätschernd, zugleich
Aber dein schmaler Kopf; er lag mir nämlich am Halse.
Denn nach zweierlei Maß urteilen Herz und Geschmack.
Beifällig sah ich ihre triefend und prallesten Schenkel,
Während den Rücken ich dir zärtlich, den knochigen, hielt.

WILHELM VON HUMBOLDT

Ich tadle nicht, daß wir ihn reparieren.
So viele Tonnen Stein wirft man nicht weg.
Soll er doch sitzen und die Linden zieren
Als weißer Fleck.

Wer gab so Seichtes so in Form der Tiefe!
Wer schuf so qualvoll mit so mattem Glück!
Er schrieb dem Schiller zweimal täglich Briefe
Und der ihm einmal monatlich zurück.

Er dachte unverzagt, was alle dachten.
Er war ein Heros der gelehrten Szene.
Ja, er besaß – Verzeihung, wenn ich gähne –,
Was Professoren für Genie erachten.
Der folgenlose Geist logiert in Tegel.
Die Uni heißt nach ihm und nicht nach Hegel.

DER HEINE AUF DEM WEINBERGSWEG

Der Heine auf dem Weinbergsweg
Hat einen goldnen Zeh
Und einen goldnen Daumen.
Der Zeh tut ihm nicht weh.

Die Kinder, wenn sie steigen
Aufs Knie dem Dichtersmann,
Fassen sie erst die Zehe
Und dann den Daumen an.

O deutsches Volk, erobere
Dir deiner Meister Knie.
Dann wetzt du ab die Patina
Vom Gold der Poesie.

ALTE CHARITÉ

So viele Schwestern hatte ich noch nie.
Ich bin im Bett und außer Leibsgefahr.
In meinem Bauchfleisch steckt ein Stück Charpie.
Der Arzt stellt gerne seine Krankheit dar.

Durch hohe Fenster blick ich in den Westen.
Von Osten blick ich und von oben her:
Aus jenem üblen von den deutschen Resten
In den, worin mir noch viel übler wär.

Novemberbäume stehn besonnt und kahl,
Es sind die gleichen hüben oder drüben.
Natur kann weder retten noch betrüben.
Den Möwen ist die Mauer ganz egal.
Aus fernem Dunst taucht rötlich eine Eule.
Es ist die Nike auf der Siegessäule.

GEDENKSTÄTTE DER SOZIALISTEN

Mit Ulbrichts Abschuß war wieder einmal
Ein freies Deutschland verloren.
Er endete nicht im Landwehrkanal.
Der lag in den Westsektoren.

Der Mörder war wieder die SPD.
Der Brandt war Ulbrichts Noske.
Breshnew will Frieden an der Spree,
Meldeten die Kioske.

Zieh mollig an dein kleines Kind,
Es bläst ein Sturm, ein kalter.
Der rote Winterspaziergang beginnt
Zu Karl und Rosa und Walter.

HEIDELIED

Hab ein Häuschen an der Spree,
Eines in der Heide.
Eins, wenn ich zu Cäsar geh,
Eins, wenn ich ihn meide.
Wunderschön an seinem Rand
Ist mein deutsches Vaterland.

Hab ein Liebchen an der Spree,
Keines in der Heide.
Wenn ich ihr den Rücken dreh,
Heißt das nicht: ich scheide.
Aber schön an seinem Rand
Ist mein deutsches Vaterland.

Beide lieb ich treu und zäh
Und verlasse beide,
Daß durch übergroße Näh
Nicht mein Lieben leide.
Ach wie schön an seinem Rand
Ist mein deutsches Vaterland.

EBER VON GOTTOW

Eber von Gottow, vergeudetes Schwein,
Laß mich ein Lied, eine Träne dir weihn.

Ist auch das Glück oft dem Edlen abhold,
Wem hat wie dir es so übel gewollt?

Herrlich im Koben du ragtest einmal,
Breit in der Schulter, die Hüfte so schmal,

Feurigen Auges, mit lockigem Haupt
Und was zu nennen die Scham nicht erlaubt.

Drei Dutzend Sauen aus strömender Brust
Hülfest du gern zur empfangenden Lust.

Während ach! Gottow, dein Teil an der Welt,
Kaum nur ein Dutzend Sauen mehr hält.

Monde entschwimmen, Jahre entfliehn.
Ungerufen schwindest du hin.

Frühes Entsagen schüttert dein Fell.
Matt ward dein Feuer, versiegt ist dein Quell.

Schätze des Herzens: wer nimmer euch schont,
Findet sich allzeit mit Reichtum belohnt,

Doch der euch hortet, steht traurig, entleert.
Weh ihm, dessen Gaben die Welt nicht begehrt.

Eber von Gottow im grauenden Haar.
Nicht vierzig, nicht dreißig. Zwölfe im Jahr.

Zwölfe im Jahr! Ein Leben, wofür?
Leb wohl, alter Eber. Ich weine mit dir.

RASENEISENERZ

Das Wasser aus den Bronnen
In Preußen allerwärts,
Tiefbraun kommt es geronnen
Vom Raseneisenerz.
Das Erz, unter den Soden
Liegt es bei uns im Boden,

Ein Fürst, ein fördersamer
Vom Merkantilsystem,
Erbaute einen Hammer
Im Heidewald. In dem
Gießt man seit all den Jahren
Im Wachsausschmelzverfahren.

Zu Gottow stehn im Staube
Vor der Bürgermeisterei
Mit Schnurrbart und runder Haube
Der eisernen Ritter zwei.
Bekleckern tun die Gänse
Die beiden Eisenhänse.

Doch wenn mit Drohgebärde
Der Feind uns will beirrn,
Die Ritter aus märkischer Erde,
Sie furchen die erzne Stirn.
Sie glotzen mit den Augen.
Sie zeigen, was sie taugen.

Sie ziehn heraus ihr Eisenbein
Und küssen mit Bedacht
Des Bürgermeisters Töchterlein
Und wackeln in die Schlacht.
Am Heer der Radabweiser
Zerschellt so Papst als Kaiser.

Die Frau vor Überraschung
Mag nicht dem Anblick traun,
Ihr färbt bei der Wäschewaschung
Das Spitzenhemd sich braun.
Ich sag: Weib, flenne leiser,
Sonst holn uns Papst und Kaiser.

MÄRKISCHE WIESEN

Sie sind die Art von Wiesen nicht, die locken
Wie Himmels-Aun, die Wiesen in der Mark.
Das Gras ist schütter und die Krume trocken,
Nicht jedes wächst hier, und was wächst, wächst karg.
Blaßgelbe Blumen stehn an seltnen Stellen.
Der wiederkehrt, kennt sie als Immortellen.

Sie war ein Kind des Havellands, Adele,
Mit Weiheraugen und mit Heidehaar.
Ich schwör, sie hatte Sand in ihrer Seele,
Bis sie ein wenig ausgeschüttelt war.
Ich nahm sie auf mich, fast wie eine Bürde.
Ich wußte nicht, daß ich sie lieben würde.

Sie sind die Art von Wiesen nicht, die locken
Wie Himmels-Aun, die Wiesen in der Mark.
Doch mischt sich Abend in die Wollgrasflocken
Mit seiner Feuchte, strömt ihr Duft sehr stark.
Das von der Mark und von den Märkerinnen.
Man muß die Reize ihnen abgewinnen.

KÖNIGSKERZE

Königskerze stand im Haber
Wie ein Bronzekandelaber,
Sieben Arme reich verziert,
Schwärzlich grünlich patiniert.

Leuchtete mit gelben Blüten,
Die wie gelbe Flämmlein glühten,
Blätter schmückten rings ihr Bein,
Unten groß und oben klein.

Sprach die Frau des Ziegenbockes:
Dieses Ding hat was Barockes.
Ob ich heut noch Essen kriege,
Sprach der Bock zu seiner Ziege.

POTSDAM

Potsdam, du altes Havelnest,
Neu-Zollern in den Senken,
Ich grüße dich aufs Allerbest,
Will dir ein Liedlein schenken.

War eine Zeit, da ward geschwind
Gefuchtelt und geschossen.
Jedoch der Havelwellen sind
Und Jahre viel verflossen.

Selbst mit dem König Fritz allhie
Wird nicht mehr umgesprungen
Wie früher. Etwa Sanssouci
Ist ihm recht gut gelungen.

Auch Verse kennt man, die er sang.
Voltaire half sie verfassen.
Von mir hat sich mein Leben lang
Kein König helfen lassen.

Das Lustspiel, das ich von ihm schrieb,
War kaum, um ihm zu huldgen.
Ich hatt ihn damals gar nicht lieb.
Jetzt möcht ich mich entschuldgen.

Ich bin ein Bursch aus Österreich.
Der Mann hat mich vereinnahmt
Bei Kesselsdorf. Für jenen Streich
Hab ich ihn bös bebeinamt.

Ich sage nicht, daß ich geirrt.
Die Zeit hat sich gewandelt.
Der Zopfstil beispielsweise wird
Schon ziemlich hoch gehandelt.

Die Mark ist rauh und unfruchtbar,
Nicht reich wie andre Länder,
Und wenn Altpreußen sparsam war,
Sind wir keine Verschwender.

Und wenn Altpreußen nüchtern war,
Sind wir auch keine Narren.
Es läßt sich unterm roten Aar
So stolz als je verharren.

Das deutsche Reich ist ganz verweht.
Wir müssen sonder Brüten
Die sozialistische Libertät
Wie unser Auge hüten.

Wir leben heut und leben hier,
Es leben andre morgen.
Für Deutschlands Einheit lassen wir
Noch Preußen wieder sorgen.

Mein Nuthe-Lakedämon gar,
Auf das zurückzukommen,
Ein junges Preußenweib gebar,
Das ich ins Bett genommen.

Ihr Zug geht um Berlin herum.
Müd steigt sie aus. Mir läge
Schon dran, er ginge minder krumm
Und käm auf gradem Wege.

Sie ist mir gut, sie ist mir treu,
Sie wird mich niemals kränken.
Ich bitte doch, von Potsdam neu
Und ruhiger zu denken.

JAGDAUSFLUG NACH GROSS MACHNOW

Vorm schiefen Schloß zu Wusterhausen
Regt sich ein munteres Gewimmel.
Piköre hin und wieder sausen.
Die Füchse schnauben und die Schimmel.
Die Hunde an den Leinen zerren.
Prinzessen vom Balkone plärren.
Im Frührauch bricht, bevor es tagt,
Der König auf zur Rebhuhnjagd.

Erst reiten sie in leichtem Trotte,
Die wohlbeleibten Kavaliere,
Auf einem Uferpfad der Notte
Bis Mittenwalde. Für die Tiere
Gilts hier nur mehr, von alten Linden
Die Landchaussee zu überwinden,
Die zu Groß Machnows Pürschgebiet
Sich und zumal dem Weinberg zieht.

Die Sonne ist hervorgebrochen.
Der Morgennebel ist gewichen.
Kalt spürt und leuchtend wie versprochen
Den Tag man, den septemberlichen.
Durch Wälder gehts und grüne Heiden,
Fort zwischen kuhbestandnen Weiden.
Der Landesvater blickt vergnügt
Auf Äcker, braun und tief gepflügt.

Im Rebenhügel an der Fenne
Führt unter einem Dach von Reben
Die putzig bunte Kugelhenne
Ihr stillverstecktes Rebhuhnleben.
Sie scharrt, sie gurrt. Um sich zu nähren,
Pickt sie nach jenen sauren Beeren,
Aus denen Wein zu keltern, schwer
Als auf dem Teltow denkbar wär.

O Graus. Sie hört ein Hifthorn gellen.
Sie hört die Schar der Treiber rattern.
Sie hört die Wachtelhunde bellen.
Kaum glückts ihr eben aufzuflattern.
Dem König schwillt die Weidmannsader.
Er reißt empor den Vorderlader
Und trifft mit eines Nimrods Kunst
Das Federwild mit Vogeldunst.

Hoch oben bei den Judenkiefern
Ein Schäfer folgt im Talgefilde,
Wo die Chaussee im Grund, dem tiefern,
Sich krümmt, dem farbenfrohen Bilde.
Die Schafe stehen blöd und zittern,
Verdattert wie bei Herbstgewittern.
Der Hütejunge zieht ein Maul:
Ich wollte schier, er fiel vom Gaul.

Ja, ja. Der Schäfer fährt gelassen
An seiner Socke fort zu stricken.
Man muß die Majestät nicht hassen.
Es gibt viel Schlimmre als den Dicken.
Uns Preußen ist nicht leicht regieren.
Laß doch den Mann sich amusieren.
Mich freut, wenn er den Schuß genießt,
Solang er nur auf Hühner schießt.

GARTENKUNST MÄRKISCH

Auf einem Sockel, der das Maß begründet,
Steht, die Kythare hübsch im Arm, Apoll.
Der kurze Kirschenhintern anmutvoll
Sich überm weiß und dicken Schenkel ründet.

Der Rücken mild, die Schulter ohne Härten,
Die Mädchenhüfte reizend ausgeschwenkt.
Er hat uns Kunst, Kunst hat uns ihn geschenkt.
So wird dem Schönen Wirklichkeit in Gärten.

Am obern Plan, jahraus, jahrein, bewegen
Sich schnelle Trübungen, die ewig dauern
In ihrem Voneinander und Entgegen.
Die hellern sind mehr ferne als die grauern.
Dahinter rennt und sucht nach einem Spalt
Der Sonne Kreisform, sichtbar, aber kalt.

BEI ARNIMS

Das ist die Jahreszeit, für die nichts spricht.
Die Sonne scheint nicht, und es schneit auch nicht

Man strebt ins Freie, übrigens: wozu?
Im Badezimmer steht der Wetterschuh.

Ein Weib, sagt Achim, das im Bad entbinde,
Gebäre einen Fisch statt einem Kinde.

Und Goethe, sagt er, unterwirft sich hündisch
Dem fremden Joch und fühlt nicht tugendbündisch.

Ich trete durch die Flügeltür ins Nasse.
Feuchte Baluster säumen die Terrasse,

Wo, oft in Schwermut, selten in Gedanken,
Die deutschen Dichter alle Kaffee tranken.

Am Wegrand mein Apoll. So feist und kosig,
Und hat schon wieder eine Hälfte moosig.

Hiernach verliert sich die geharkte Spur
Vorzeitig, wie ich finde, in Natur.

Die beigen Tränen kolossaler Eichen
Liegen am Boden, um ihm bald zu gleichen.

Noch fehlt es in den Kronen am Gesang.
In diesem Lande bleibt kein Vogel lang.

Zwei Stiefel bin ich, die durch Pfützen patschen.
Aus jedem Busch hör ich Bettine quatschen.

ESCHES MAUER

Esche, von Erfahrnem sauer,
Esche baut sich eine Mauer.
Manchem wird die Wallanlage
Mit der Zeit zur Kostenfrage,
Nicht so ihm. Nicht am Cashe,
Nicht am Baren scheitert Esche.
Esche, anders als die Meisten,
Kann sich eine Mauer leisten.

Ungeheure Fundamente
Schütten läßt der eminente
Esche, um die Feldsteinbrocken
Ganz cyclopisch aufzustocken,
Daß ihm Schutz und Zuflucht biet
Megalith um Megalith.
Schließlich hat er das Projekt
Noch mit Schindeln abgedeckt.
Ihn enthebt Befestigung
Jeglicher Belästigung.
Nicht die allerkleinste Bresche
In der Mauer duldet Esche.

Wie lebt Esche als Erbauer
Jener vorgedachten Mauer?
Etwa bei extremen Hitzen,
Die nicht Jeder überdauert,
Finden wir ihn wohlummauert
In dem Mauerschatten sitzen.

Kurz, mit dieser Mauer baut
Esche eine zweite Haut,
Daß zu innerstem Gelände
Kein Verwegner Zugang fände.
Es genießt der Mauerbauer
Esche seine Mauer-Power,
Seines Werts und Daseins froh,
Dort in Kraatz bei Buberow.

AUF EINEN BRONZENEN GARTENGOTT VON SALOW

Priapos steht ohne Hosen
Zwischen Buchs und Hochstammrosen.
Seine Beine eine Stele,
Daß das Ornament nicht fehle.
Aber dann aus feisten Hoden
Überragt den Gartenboden
Unermüdlich seine Rute.
Damit segnet uns der Gute.

Unserm Gärtner, dem obläge,
Der Figur zum Zweck der Pflege
Ihre Wölbungen und Höhlen
Mit dem Lappen einzuölen,
Wirds, wenn er zur Mitte reinlich
Sorgend vordringt, immer peinlich.
In ihm schwillts zum Haß, zum fixen,
Einem Mann den Schwanz zu wichsen.

Und er hat sein Weib gebeten,
Ihn beim Wichsen zu vertreten.
Die, unangefochten fröhlich,
Reibt dem Gott die Eichel ölig.
Abends liegt sie noch wie schwebend,
Das Begebnis nacherlebend,
Leise zieht durch ihr Gemüt
Die Kontur von seinem Glied.

KAHNPARTIE ZU THÄLMANN

Der Himmel liegt wie Puder
Über dem Krossinsee.
Die Freundin rührt die Ruder.
Mir tut kein Finger weh.
Ein wirres Haubentaucherweib
Durchschwimmt mit einem Kind am Leib
Ein gelbes Feld von Mummeln.
Ich bade mir den Zeh.

Zwei wohlvertäute Fässer,
Sie lenken unsern Bug
In ein längliches Gewässer.
Es heißt der Große Zug.
Hier war es 33, als
Die KPD in Ziegenhals
Wider den Wählerwillen
Zum letzten Mal sich schlug.

Wie Klubfreunde gesellig
In Mörschels Sportlokal
Strömen sie unauffällig
Nach hinten in den Saal.
Die Kegelkugeln rollen dort.
Sie treten ein mit Mollen dort.
Das ZK der Kommunisten,
So tagt es illegal.

Mit seinen Reichstagsmandaten
War Hitlers Macht gewiß.
Nun müssen sie beraten
Die Nazifinsternis.
Der Pieck, der Ulbricht und der Schehr,
Der Beimler und noch viele mehr.
Der Thälmann weiß die Linie:
Kampf und kein Kompromiß.

Aufs eichene Tischblatt haut er.
– Mach leiser, Ernst, ich bitt.
Er redet immer lauter.
Man hörts im Schankraum mit.
Zu Wasser die Genossen flohn
Nach Zeuthen hin, der Bahnstation,
Wobei ihr Schiff im Dunkel
Die Dahme überschritt.

Das Motorschiff Charlotte
Ist heute noch zu sehn.
Für unsre rote Flotte
Muß es nun wieder stehn.
Von vierzig bald nach dieser Nacht
Hat man wohl zwanzig umgebracht.
Man kann zu laut Recht haben.
Wie soll das gut ausgehn?

Und die sie nicht umbrachten,
Sind dann noch einmarschiert
Nach rauhen Völkerschlachten
Und haben uns regiert
In unsrer Republik, und der
Der Präsident geworden wär,
War der Gefangne Thälmann,
Nur war der just krepiert.

Wir sprangen unter dem großen
Ahornbaum an Land
Und sind alsbald gestoßen
Auf die Tafel an der Wand.
Mit Thälmanns Kopf und eisengrau
Ziert sie den Eingang von dem Bau:
Wir ehren dein Vermächtnis,
Dein Pionierverband.

Die Heimfahrt von der Schenke.
Der Saum von Schilf und Rohr.
Sie rudert, und ich denke.
Ich schwatze ihr ins Ohr:
Mir scheint, wenn die Partei besiegt
Und todeswund am Boden liegt,
Stehn meist zwölf dumme Jahre
Dem Vaterland bevor.

DER ODER-HAVEL-KANAL

Erfand man seinethalb das Breitwandkino?
Der zieht und zieht sich, Wasser und Granit.
Ein leerer Pole tackert Richtung Finow.
Gewisse Eichen schwinden zögernd mit.

Häßliche Eichen: blatt- und kostenlose.
Ich kenne bessre. Diese sind die hier.
Ich bin recht wohl in meiner Streusanddose.
Ich dank euch, Jutrbog und Bjelbog, ihr

Verschontet mich mit Alpen. Flach geschrägt
Wirft eine kurze Böschung schmale Schatten.
Das Ganze hält sich im vernünftig Platten.
Er flutet grau und völlig unerregt.
Am Horizont bewegt sich Kuh an Kuh.
Die Furchen eilen einem Fluchtpunkt zu.

EINEM VERMITTLER

Den Gruß zurück. Und Dank für Ihr Bemühen
Doch tut mir leid: ich handle nicht mit Kühen.
Hier ist Berlin, nicht Neustadt an der Dosse.
Ich bin ein Dichter und kein Zeitgenosse.

SCHWERER HIMMEL

Schwerer Himmel. Mächtig die Wölbung des
Roggens. Und der Oststurm, die Kronen beugt
Seitlich er des Hains. Und ich sage: freut
Des Gewölkes, Eisenerzeuger, euch,
Jeder Unbill freut, euch des Hasses selbst
Der Natur, doch fürchtet die schenkende.
Nämlich Arbeit, stets holt den Vorsprung sie
Ein der Gnade. Lobet das Graue, die
Trübung zwischen euch und dem Glanzesquell.
Nicht zum eignen Eifer verderbt ja seid Ihr,
Unausgezeichnete, Huren doch
Nicht der Sonne. Wünschbar von oben nur
Dünkt mich eins: gemäßigte Gegnerschaft.
All das läßt für Preußen sich sagen. Auch
Von den Mädchen lieb ich die kältern mir.
Nimmer ohne Parasol aber such
Ich die Orte auf, wo man Gunst verteilt.

JETZTZEIT

JETZTZEIT

Seit der großen Schreckenswende
Sieht des Dichters ernstes Haupt
Sich durch neue Zeitumstände
Aller Hoffnung jäh beraubt.
Und er harrt in Wartestellung
Auf des Horizonts Erhellung.
Und er denkt in seinem Sinn:
Wo nichts drin ist, ist nichts drin.

Zwar beim Nichtbeteiligtbleiben
Am gesitteten Verkehr
Muß er sich die Zeit vertreiben,
Und er tut, wie wenn nichts wär.
Feilt sich wöchentlich die Nägel,
Nicht aus Lust, doch nach der Regel,
Küßt bisweilen Chloës Brust,
Nach der Regel, nicht aus Lust.

Früh beim Kaffee, kaum bekümmert,
Liest er, wie das Kapital
Negerstaaten niedertrümmert,
Mordend ohne Zahl und Wahl,
Greise, Kinder, Frauen, Männer,
Und er nickt befriedigt, wenn er
Feststellt, daß der Zeitungsmann
Keinen deutschen Satz mehr kann.

Auf der höchsten finanziellen
Ebene unangepaßt,
Nähert er sich wohl den Quellen
Der Natur als Feriengast.
Liebt den Sommer, haßt den Winter,
Tieferes steckt nicht dahinter.
Hin und wieder ein Gedicht
Schreibt er noch aus Dichterpflicht.

1990

Nun erleb ich schon die dritte Woche
Die finale Niedergangsepoche.

Pfarrer reden in den Parlamenten.
Leipzig glaubt an einen Dirigenten.

Die Fabriken alle sind zuschanden.
Das Proletariat ist einverstanden.

Rings nur westkaschubische Gesichter.
Botho Strauß passiert für einen Dichter.

Auch die Freundin zeigt sich beinah prüde.
Von Erwerbs- und Nahrungssorgen müde,

Kann sie sich nur eingeschränkt entschließen,
Mit dem Freund den Abend zu genießen.

Freilich ich, von Schwachheit keine Rede,
Bin nicht jeder, und sie ist nicht jede,

Und so folgen dem, was ich ihr tue,
Höhepunkte, und in großer Ruhe

Sehn wir nachher beim Glenfiddichtrinken
Hinterm Dachfirst die Epoche sinken.

FIN DE MILLENAIRE

Wer nie vom Schönen je vernahm, vermißt nichts.
Ein Bürokrat sucht Intendanten aus.
Müller kann nichts, weiß nichts, ist nichts.
Ein Irrer wickelt Lappen um ein Haus.

Ich gähne nur in jedem solchen Falle.
Gegen den Niedergang kommt keiner an.
Ich laß sie machen, weil ich sie nicht alle
In einem Dahmesee ersäufen kann.

Ja, wenn ich könnte. So verkroch ich mich
In einer Grotte des Jahrtausendendes,
Wo mich ein Schlafbedürfnis, ein horrendes,
Bis zur Betäubung übermannte. Ich,
Der ich rein körperlich zum Müdsein neige,
Vergebt mir, wenn ich keinen Zorn mehr zeige.

TAMERLAN IN BERLIN

Timur der Hinker, Fürst der Transoxanen,
Durch Gottes Zorn gesetzt auf seine Bahnen,

Nachdem er Persien an sich gerissen,
Bagdad zerstört, Rußland in Staub geschmissen,

Fiel ihm noch bei, mit seinen Steppensöhnen
In unsrer Hauptstadt seinen Zug zu krönen.

Des Hinkers Heer kam rasch wie ein Gedanke
Hereingebrochen über Spree und Panke.

Ein ausgestopfter Ziegenbock, den Horden
Vorangetragen, ruft zu tausend Morden,

Und gräßlich düngen des Tyrannen Diener
Die Linden mit dem Blute der Berliner.

Drei Tage litt das Volk Gewalt und Schatzung.
Doch noch viel schwerer drückte die Besatzung.

Drum hört, was vom Besatzer uns für Leid
Geschah in unserer Usbekenzeit.

In Schinkels Wache tränkt er seine Gäule.
Ein Pferdejunge pißt an eine Säule.

Im Stülerbau verehrt er seine Götzen,
Gemacht von Filz, sie stinken wie die Plötzen.

Er badet nie, der fromme Steppenreiter.
Die Sacklaus ist sein ständiger Begleiter.

Vor der polierten Gneisschale aus Rauen
Sollte man ihm beim Hütchenspiel mißtrauen.

Wallstraße. Aufgeschnürt an einem Drahte
Die Köpfe unsrer greisen Magistrate.

Bei Aufbau sitzt ein leitender Usbeke
Und druckt nun sein usbekisches Gequäke,

Bei Aufbau! dort, wo meine eignen Dramen
Erschienen, ehe die Usbeken kamen.

Friedhof Chausseestraße. Ein Fettschwanzschaf
Rupft sich ein Kraut vor Hegels Epitaph.

Im Schauspielhaus versammeln sich die Großen,
Um auf den lahmen Emir anzustoßen,

Sie trinken grünen Ziegeltee mit Butter
Und Stutenbier und andres Hundefutter.

Nur in der Volksbühne, wo man zu Hauf
Polo mit Schädeln spielt, fällt gar nichts auf.

Die Sonne flieht. Natürlich wird die Nacht
In dem Poetenviertel zugebracht.

Ihr blonden Frauen vom Torpedokäfer:
Der Sex mit Turktataren ist kein safer!

Von Fackeln zuckt ein Abglanz ums Gemäuer.
Am Straßenrand, auf einem offnen Feuer,

Wird mit Hallo von Tamerlans Soldaten
Der linke Dichter Papenfuß gebraten.

Drin inderweil, den Glatzkopf auf die Theke
Gesunken, schläft ein furzender Usbeke.

VOM ALTER, DEN ZEITEN UND DER LIEBE

Bestes Herz, auf meinem Weg zum Grabe
Bin ich wirklich froh, daß ich dich habe.
Unter unsern heimatlichen Dächern
Leiden wir die Herrschaft von Verbrechern,

Ja, sogar die mittelhohen Stellen
Sind durchaus besetzt mit Kriminellen.
Kurz, mir ward das Vaterland zur Fremde.
Andrerseits, gern heb ich dir das Hemde,

Wo das angenehme Braun ich ahne
Deiner weiblichen Geschlechtsorgane.
Das ist, wie der Mensch das Leben aushält.
Und bis zu dem Tag, wo sich herausstellt,
Ob ich deinen Sarg begleite oder
Du den meinen, trotzen wir dem Moder.

SCHNEEZEIT

Was soll Materie, wo Menschen hausen?
Das Wasser fror zu Schmutz. Der Winter war,
Schon als ich jung war, mir ein rechtes Grausen.
Die Hochbahn klappert laut und sonderbar.

Die Fußabtreter miefen auf den Treppen,
Unten ums Eck weiß ich ein Biercafé.
Ein Kind läßt sich auf einem Schlitten schleppen.
Ein Moppel riecht erfreut am feuchten Schnee.

Ein Wirt hat mir ein kaltes Bier gezapft.
Vor einem Himmel, hell mit Rauch verhangen,
Stehn wie aus schwarzem Glas, weiß überfangen,
Die kahlen Bäume. Trotzig blickend stapft
Der Proletarier mit vergrabnen Händen.
Die Gas-AG sehreibt fette Dividenden.

MAINEBEL

Über dieser Hauptstadt dicht
Dehnt sich eine Wolkenschicht.

Nicht von kleinstem Wind durchrauscht,
Bleibt die Luft unausgetauscht,

Und fast bleiern liegt ein Rauch
Uns zu Häupten auf dem Bauch.

Morgens, wie ich meine Süße
Fröhlich mit Rot Front begrüße,

Kommts, daß ich mir an dem Wetter
Die geballte Faust zerschmetter,

(Meine Seele stoß ich und
Bildlich mir den Knöchel wund).

Es wird deutlich, daß die West-
witterung zu wünschen läßt.

Und der Mai? Man wäre froh,
Wenn er nie mehr käm als so.

DIE EISHEILIGEN

Drei Greise kommen gefahren
Auf einer weißen Jacht.
Der Fluß, er hat seit Jahren
Nicht solche Gäste gebracht.

Aufflattern die Schwäne. Es schlagen
Die Wellen gegen das Land.
Die Wolkenfetzen jagen
Und nehmen überhand.

Sie starren in alle Gärten
Und lächeln dreckig dabei.
Ein Hauch aus ihren Bärten
Fällt auf den grünenden Mai.

Sankt Schneekönig, ein fetter
Durchtriebener alter Schuft.
Der zweite: Sankt Alle Wetter.
Der dritte: Sankt Dicke Luft.

Und schön wie eine Eule
Folgt ihnen ein kaltes Weib.
Die Heilige Frostbeule,
Tiefblau am ganzen Leib.

Die Obstbaumblüten knirschen.
Falls noch ein Juli käm,
Dann einer ohne Kirschen,
Das wird ein ernstes Problem.

Mit ihren leisen Motoren
Gleiten die Boote hinweg.
Das Wasser liegt starr, gefroren
Unter der Flagge am Heck.

BLICK AUF MEINE STADT

Wenn ich mich mittags aus dem Fenster beuge,
Braust unter mir der Strom der Kraftfahrzeuge.

Ein Baum steht, wo du selbst nicht gerne liefest,
Und grünt sogar. Der Baum ist industriefest.

Ein Chinakoch, vor seinem Ladenzelt
Sitzt er an einem Schaff und wäscht sein Geld.

Der Wettermann hat wieder mal gelogen.
Wieso sind Manche richtig angezogen?

Was trägt man, Mantel, Blazer oder Sweatshirt?
Was, wo bei Sonnenschein der Regen plätschert?

PILGERREISE NACH BARGFELD

Das reiche Dorf, beschaulich und behäbig,
Hat seine Slums. Das ich zu sehn verlange,
Das Schmidtsche Hüttchen, unvorstellbar schäbig
Hockt es, nah dem Verfall, am Ortsausgange

Im Zwergengarten, schauderhaft umstanden
Mit gottbewahrmich Tannen. Überdies
Ist von Zement ein Bunkerchen vorhanden.
Zum Glück, die Wohnung stört nicht des Genies.

Denn vor dem Schandfleck ragt, gefügt aus Klinkern,
Ein niedersächsisch festes Bauernhaus,
Mit Schmocks bevölkert, Wichtigtuern, Trinkern.
Die *Stiftung* ist der Inhaber des Baus.
Dem Original der Mangel und die Ehren.
Das Wohlleben gehört dem Sekundären.

NEUE SITTEN

Durch Heide führt der Weg und Moor,
Ich schlurfe behaglich im Sande,
Da hinter einem Holunder vor
Tritt eine Räuberbande.

Sie führen mich zum Hauptmann.
Der sitzt in einem Weiler.
– Ich nehme natürlich auch Schecks, mein Herr.
Die Welt war schon mal heiler.

DIE VERGRÖSSERUNG DER LANDKREISE

Die Kreisstädte sind weggezogen,
Denn die Behörde möchte für sich bleiben.
Menschlicher Umgang wird von ihr nicht mehr gepflogen.
Du mußt ihr schreiben.

Die Briefe, glaub mir, landen nicht auf Halde.
Beim Landratsamt in Luckenwalde
Ist eigens ein Komputer angebracht,
Der über dein Problem sich lustig macht.

EINZELHANDEL

Der homosexuelle Blumenbinder
Ist meiner treuen Liebe wohlgesonnen.
Im Tausch fast täglich gegen Floras Kinder
Ist mein Vermögen zu ihm hingeronnen.

Gemeinsam wählten wir die schönsten Blüten,
Gemeinsam bildeten wir das Gefüge
Des Straußes, daß, dein Wohltun zu vergüten,
Ich freudig ihn vor deine Schwelle trüge.

Aber die Rosen, die er dieses Mal
Hinfällig, wie sie waren, mir empfahl,
Und die ich nahm, vertrauend seiner Kenntnis?
Wieso verriet er unser Einverständnis?
Aus Angst. Es war die Pleite, die den Ehren-
mann hinderte, als Freund sich zu bewähren.

DIE KANDIDATUR
DES MENSCHENFRESSERS

Ein Menschenfresser steckte schlau genug
Eine Million in seinen Wahlfeldzug.
Ein Werbepool belieferte die Medien.
6000 Reverends ließ er für sich predigen.
Bürgern und Bürgerinnen ungezählt
Hat er die Hände aus dem Bus gereicht.
Er wurde dann zum guten Schluß gewählt,
Der Menschenfresser, doch es war nicht leicht.

SIR JOHN MEINT

Was ist der Mensch? Futter
Für Komputer.

DIE STANDHAFTIGKEIT DER BIRKE

Wenn Sturm die Birke peitscht am Teich,
Beugt sie den Nacken, Sklaven gleich.
Man glaubt, sieht man das Haupt sie senken,
Sie müßte sich den Hals verrenken.

Bei besserm Witterungsverlauf
Steht sie dann wohl auch wieder auf.
Es hat Bewandtnis, scheints, mit Hälsen.
Ein Baum aus Deutschland ist kein Felsen.

DIE PARTEI

Von zwei Millionen blieben
Kaum eine Handvoll grad.
Es hat sie aufgerieben
Gorbatschows Verrat.

Sie haben keine Traute.
Ihr Busen ist verwirrt.
Und wer je auf sie baute,
Hat sich verdammt geirrt.

Ach, Volk, du obermieses,
Auf dich ist kein Verlaß.
Heute willst du dieses.
Morgen willst du das.

Doch wenn sich die Dinge ändern,
Die Dinge und das Glück,
Von ihren Grabesrändern
Humpeln sie kichernd zurück.

Und lassen das Gekränkel
Und zeigen und kichern dabei
Auf ihrer Kinder und Enkel
Viermillionenpartei.

DIE DREI GEWALTEN

Der Staat will deinen Schaden nur,
Er möge säuseln oder toben,
Er bleibt dein Gegner von Natur.
Der Feind steht oben.

Regierung, Parlament,
Justiz, die drei Gewalten,
Sind, was man Diebstahl nennt,
In drei Gestalten.

DENKMAL FÜR EIN DENKMAL (1)

Wenn ich mit meiner Gemahlin
Im Traum ins Kino geh,
Steht ein schöner schwarzer Stalin
Auf seiner gelben Allee.

Von marmornem Sockel gibt er
Den Sieg der Völker bekannt.
In die Litewka schiebt er
Die müde rechte Hand.

Noch hält er in der Linken
Den großen Schlachtenplan.
Er läßt ihn achtlos sinken.
Die Arbeit ist getan.

Er blickt sehr würdig, seiner
Sehr sicher auf die Stadt,
Unangestrengt wie einer,
Der sie gerettet hat.

Der plumpe Narr Nikita
Zog ihn aus dem Betrieb.
Er tat es seinem Gebieter
In Washington zulieb.

Der Weltlauf ist gewendet.
Die Helden stürzen hin.
Die Alte Zeit geschändet,
Die Zukunft ohne Sinn.

Allein die Heimatgedichte
Beklagen das klaffende Loch
In der Heimatgeschichte.
Gäb Gott, er stände noch.

DENKMAL FÜR EIN DENKMAL (2)

Was für roter Fels im Heidesand,
Wirre Blöcke, ungefüge Kloben?
Wie gelangt Granit ins märkische Land?
Welche Eiszeit hat ihn hergeschoben?

Lenins Trümmer sind dies. Letztes Jahr
Ward sein Bild zerstört und hier vergraben.
Als sie Stalin kippten, das war klar,
War auch Lenin nicht mehr lang zu haben.

Terror kann der Leninbilder spotten,
Doch nicht Lenins Wort im Wald versenken.
Terror kann die Denkmäler verschrotten,
Nicht das Denken.

ROTE SOMMER

Derweil der große Haufen sich, in überengen
Behältern drangvoll duldend wie auf Viehtransporten,
Aus Deutschlands nördlich milden Breiten oder Längen
Hinquält zu seinen grauenhaften Urlaubsorten,

Begeben Preußens dünkelhafte Kommunisten,
Gewohnt, in völliger Absonderung zu glänzen,
In Linnen leichtgewandet, duftenden Batisten,
Nach ihren Dörfern sich und Sommerresidenzen.

Und sie verharren vor Parterren mit Verbenen
Und nippen edlen Wein in schattigen Remisen.
Manchmal, nicht allzu oft, empfängt wohl dieser jenen,
Beziehungsweise jener bewillkommnet diesen.

Dann nehmen sie den Tee aus köstlichen Geschirren,
Plaudernd vom Klassenkampf, während ein Pfau, ein bunter,
Gekrönter Mohrenvogel, mit metallnem Flirren
Durch Heckenwege schreitet und zum See hinunter.

DER VERRÄTERBALL

Nachdem ich Wein und Fleisch mir schmecken lassen,
Ging ich noch zur Verdauung durch die Gassen.

Nahe dem Kollwitzplatz, ich ging nicht lange,
War eben ein Verräterball im Gange.

Prenzlauer Berg, bestaunter Ort der Wunder.
Schlecht für Vernunft, doch gut für jeden Plunder.

Akkordeonbässe füllten das Gedränge.
Ein Gammler schluchzte russische Gesänge.

Die Bar, mit Plastikblumen überwachsen.
Berliner Wodka rann und Sekt aus Sachsen.

Ein alter Freund, ein Mann mit einer Platte,
Der einst mein Vaterland verlassen hatte,

Hing über seinem Tisch, den Kragen offen,
Und zog mich an sich, greisenhaft besoffen.

Am Tresen traf ich lauter Jugendlieben,
Teils stark beschädigt, teils noch hübsch geblieben,

Verräterinnen alle. Reich und ältlich,
Küßten sie mich und wirkten leicht erhältlich.

Ich machte, daß ich fortkam. Die Verräter
Jauchzten mir nach: Bleib unser, lieber Peter.

HERRN JOHN DONNES 13 COUPLETS

Hero und Leander
Hier liegen wir mit Unglück überhäuft.
Ein Feuer hat uns verbrannt, ein Meer ersäuft.

Pyramus und Thisbe
Zwei, tot durch sich, einander Freund und Feind.
Die Trennung erst hat dieses Paar vereint.

Niobe
Um meine Kinder weinend, dörrte ich
Zum eignen Grabstein nun und ewiglich.

Der lahme Bettler
Ich kann nicht gehn, nicht stehn, der Bettler quiekt.
Er sagt nur dann die Wahrheit, wenn er liegt.

Selbstanzeige
Nur hinter Huren, zankt sie, schwänzelst du.
Sie hat ja Recht, doch warum gibt sies zu?

Gegenläufig
Nicht gleichen sich dein Laster und dein Haar.
Das Laster mehret sich, das Haar wird rar.

Der Sammler
Alles, was alt ist, hängt er mit Bedacht
Im Studio auf. Nehm sich sein Weib in Acht.

Männlichkeit
Du nennst mich weibisch, weil ich Frauen lieb.
Ich dich nicht männlich, wenns zu Jungs dich trieb.

Das Testament des Vaters
Dein Erbteil gab ich an die Armen fort.
Da stand das Söhnchen, bettelarm und Lord.

Phrynes Portrait
Das Bildnis ähnelt dir in dem: Es ist
Gemalt, ganz wie auch, Phryne, du es bist.

Ein angestrengter Autor
Er müht sich Jahre, bis er überhaupt
Verstanden wird. Und wann wird ihm geglaubt?

Schwur mit Folgen
Nie mehr in ein Bordell! Er schwors so laut,
Daß er sich nun nicht mehr nach Hause traut.

Nett
Sir Ralph ist krank. Der Trödler war so nett
Und hütet unverdrossen ihm das Bett.

COUPLETS

Das Couplet
Die kleine Strophe trug ich mir davon
Von meinem alten Dichterfreund John Donne.

In der Manier des John Donne
Zwei Grafen und zehn Oberförster, sie
Schmücken im Schloß die Ahnengalerie.

Ein anderes
Liebster, verlaß mich nicht, rief Lady Pitt,
Als sie sich in den Mittelfinger schnitt.

Ein drittes
Du willst ein Kind, mein Lord, und schwitzt und fluchst.
Das wird so nichts. Es ist nicht, wo du suchst.

Hufpaare
Auf je zwei Zehen schreitend, schleppt das Schwein
Vier Couplets gleichsam, eins an jedem Bein

Über das Couplet
Zwei mal zehn Silben gibt die Gattung her
Für einen Sinnspruch und nicht eine mehr.

Ein Couplet in der Manier des Salomo
Und gäbst der Sau du einen Laptop, schau,
Sie bliebe doch die alte dumme Sau.

Eines in der Manier des Aesop
Der Gockelhahn, der beißt den Koch ins Bein.
Schon morgen wird der Gockel Suppe sein.

Ein weiteres in der Manier des Aristipp
Leben wie Totsein paßt mir in den Kram.
Ganz ungern wär ich arm, blöd oder lahm.

Ein viertes in der Manier des Seneca
Ob heute nacht dein Feind stirbt oder du,
In beiden Fällen, Bruder, hast du Ruh.

Auf dem Markt zu Athen
oder
Wie man in die Philosophiegeschichte gelangt
Das Schauspiel war ein wohlerwogenes
Des onanierenden Diogenes.

Ein Gruß
He, altes Haus, wie schön, daß man sich trifft,
So grüßte der Yahoo den Doktor Swift.

Ein Gegengruß
Ganz meinerseits, mein Herr, sprach Swift, den Gruß
Aufs Zierlichste erwidernd des Yahoos.

Dr. Bahrdts Weinberg
Wer sich von einem Weinberg nähren will,
Sorg, daß an ihm er seinen Durst nicht still.

Napoleon zu
Madame Sophie Karoline Becker in Gotha,
als er geruhte, ihr Begnadigungsgesuch
entgegenzunehmen
Verstehn Sie, gnädige Frau, mit Ihrem Mann
Ist das Problem: Ihn geht nicht alles an.

Karl Justus Gruner über
»Der Prinz von Homburg« von Kleist
Den Klang des Gelds aus England hat er jetzt
Sehr wirkungsvoll ins Deutsche übersetzt.

Goethe
Als man begriff, daß er unschlagbar wär,
Gab man auch Goethe keine Chance mehr.

Shaw
Shaw fuhr zu Stalin, wo es ihm gefiel.
Seit fünfzig Jahren ist er aus dem Spiel.

Zuchthaus zu Reading
Hier trat ihn ungeschminkt das Leben an,
Wodurch sein Dichten nicht an Wert gewann.

Frau Nin
Ob Mann, ob Weib, wer mit Anaïs pennt,
Ist, wie Anaïs selber, impotent.

Frau Reimann
Brigitte liebt bis zu fünf Männer. Gibt
Es so etwas? Ja, weil sie keinen liebt.

Woody
Es war zwar nur Frau Farrows Adoptiv-
tochter, doch traurig, daß er mit ihr schlief.

Viva Maria
Trostloser Anblick, insbesondere
Von dem Blondinenpaar die blondere.

Vorhaltung an Kurella
Der Brecht schreibt, sagst du, in der Regel Mist.
Hör zu: der Mann ist gut, so schlecht er ist.

Zufall oder Strafe
Im Lauf der Jahre sind dem Hermann Kant
Nicht wenig Gattinnen davongerannt.

Parasiten
Corino macht dem Hermlin den Garaus.
So tötet wohl ein Virus eine Laus.

Wer außer ihm?
Wer schwört so dreist und in so schlechtem Deutsch
Dem Fortschritt ab wie unser Erik Neutsch?

Eingeflößte Dummheit
Wer ist das blöde Kind, den Kopf voll Stroh?
– Kuczynskis Urenkel. Er las es so.

Lächerlich
Es will der Heldentäufer Christoph Hein
Von Sachsens Kroppzeug der Tyrtaios sein.

Zeit der Unschuld
Hein und de Bruyn entdecken, daß als Kind
Sie ganz so mies noch nicht gewesen sind.

Autobiograph
Ein Tropf, der besser nie geboren wär,
Erzählt uns treulich seine Jugend her.

Ein Serientexter
Einst DDR-Poet, heut Medienknecht,
Fühlt er sich anders, aber auch nicht schlecht.

Rathenow
Wie sehr er Mutters Sprache radebrecht,
Solang ihn Gauck ernährt, kommt er zurecht.

Derselbe
Rathenow schreibt ... – Pardon, wer ist der Mann?
– Entsinne dich, der, der nicht schreiben kann.

Biermann und sein Fuchs
Bring mir den Stiefel, Leibfuchs! Wie der rennt.
Der wird bei mir noch Bundespräsident.

Seibt, Karasek, Peymann
Wenn all das kommt und drängt sich nach Berlin,
Sollte man doch vielleicht nach Bonn umziehn.

Aktäon
Er spannte auf die Schönbewadete,
Als sie in einer Quelle badete.

Odysseus an Poseidon
Ich bin, wenn ich im Seegang kentere,
Der Schwächre, weil Intelligentere.

Bei den Phäaken
Das ist an dem Gesang das Packende:
Die Königstochter und der Nackende.

Robert der Teufel
Und nun ein Opernstoff, ein längerer:
Das Klosterfräulein und sein Schwängerer.

Schillers Handschuh
Man fragt sich doch, wer ist verständiger,
Die Bestien oder ihr Bändiger?

Seine Lordschaft ist immer sehr dankbar,
wenn ich, Lady Hamilton,
im Anschluß durch ein paar obszöne
Darbietungen das Fest verschönere.

Zentren
Nur Rußland, Deutschland, England, Frankreich sinds.
Der Rest bleibt unerheblich, bleibt Provinz.

Großreiche
China, Ägypten, Assur, Babylon ...
Wer fortbesteht, ist die Sowjetunion.

Mordor
Zwischen zwei Weltgewässern liegst du da,
Heimstatt des Terrors, Mordamerika.

Ein Vergleich
Gebirgig schuf dich Gott und klösterreich,
Tibet des Okzidentes, Österreich.

Siebenschläfer in Preußen
Das kalte Wetter weicht nicht, steht verstockt,
Wie eine Kuh am Nordpol angepflockt.

Klima
Nordwind ist eine gottgegebene
Erscheinung über Preußens Ebene.

Brandenburgscher Augur
Wer da, ein Kranich? Das gewitzte Tier
Zieht nicht nach Rußland weiter und bleibt hier.

Deutsches Wetter
Der Sommer kommt, kann sein, im Juli vor.
Das Jahr ansonsten ist wie Labrador.

Da muß ein Stall sein
So wie wenn Rosse mit den Hufen scharrn,
Klingt das Gewitter. Jetzt auch trieft sein Harn.

Diskurs über die Natur
Der weiße Schwan auf algengrünem See ...
Was ists mit ihm? – Er schwimmt. – Ja, ich versteh.

Rätselfrage
Wer wird nicht naß vom Regen, weißt du das?
Das ist der Fisch. Der Fisch wird niemals naß.

Imponiergehabe
Der Karpfen mächtig mit dem Schwanze schlägt.
Es ist aus Bange, daß er Furcht erregt.

Ein Weichtier namens Jesus
Hier wandelt auf dem Spiegel unsres Sees
Die Spitzhornschnecke hin, der Schrift gemäß.

Sodom
Zwei junge Frösche, beide maskulin,
Begatten sich, der den und jener ihn.

Symposion
Obwohl es Platon auch sagt: Erst ein Weib
Macht mich komplett, es ist mein halber Leib.

Symposion II
Obwohl es Platon kaum sagt: Es vermißt
Der Mann das Weib, weil es so niedlich ist.

Abkunft der Liebe
Die Liebe, das weiß jeder, insgesamt
Vom Rom beziehungsweise Sinto stammt.

Möglicher Irrtum
Wie ein Schluck Wasser ist nach Kollontais
Auskunft ein Beischlaf. Weiß man, ob sie's weiß?

Andererseits
Das Weh der Welt erfährt beträchtliche
Erhellung doch durch das Geschlechtliche.

Hauptsache Liebe
Für unverloren schätz ich jede Nacht,
Wo schlaflos ich nach deinem Leibe schmacht.

Stunde der Sybariten
Die Lust, bekanntlich, ist ein Kind der Nacht.
Man trinkt, sieht fern und schläft sich bei nach acht.

Zwei Gleiche
Gleichschön, gleichklug, gleichreich. Es geht nur so.
Nur Gleiche werden ihrer Liebe froh.

Aufgeklärter Hedonismus
Genuß ist ein Geschwister des Verzichts.
Genieße alles, doch bedürfe nichts.

Eifersucht
Ich habe Freunde, denen tut es weh,
Daß ich die Freundin eben lieber seh.

Die ungenügende Entsprechung der Geschlechtsorgane
Natürlich, er wird steif, und sie wird naß.
Dann reiben sie sich. Aber was an was?

Werter Herr Gräfenberg
Sie lehrten mich, woran mein Mühen krankt.
P.S. Auch meine schöne Freundin dankt.

Gartengott
Der Priap steht, nicht mit dem Gartenrot-
schwanz zu verwechseln, von Geblüh umloht.

Im Bett der Liebsten
Zwei Körper bis zur Stimmigkeit verworrn.
Unten wird oben hier und hinten vorn.

Ufermond
Ein holdes Weib, ein bei mir habendes,
Erhöht die Göttlichkeit des Abendes.

Noch immer
Die Liebe, teils mit Balsam, teils mit Scherz,
Teils mit Ekstase füllet sie mein Herz.

Vollkommenheit
Die ideale Liebe muß nicht stets
Im Bette enden. Besser wär, sie täts.

Der Baum der Butterfliegen
An jeder seiner Rispen zutzelt ja
Ein Fräulein Paula oder Monica.

Why not?
Bläst du mir einen?, William Clinton spricht.
Lewinsky überlegt: Warum auch nicht?

Das Sperma des Präsidenten
Ins Feuer das marineblaue Kleid,
Sonst klont man Clintons bis zum Schluß der Zeit.

Potenzpille
Ich kann dich wieder glücklich machen, sagt
Der Ehemann. – Dem Himmel seis geklagt!

Pornopfaffe
Er spricht am liebsten vom Geschlechtsverkehr.
So hielten es die Priester seit jeher.

Stachliche Angelegenheit
Sie trägt ein dichtes Schamhaar, das ihr nützt,
Indem es sie vor seinem Schnurrbart schützt.

Scheherezade
Wahr an dem allen ist, daß der Kalif
Am besten, während sie erzählte, schlief.

Die Amerikanerin
Sie sprüht die Düfte weg, das dumme Tier.
Was, abzüglich die Düfte, ist an ihr?

Der Imperialismus, ein Vampir
Das Vieh ist tot und bleibts und hört, allein
Weil es noch Blut säuft, nicht auf, tot zu sein.

Artenschutz
Der Mensch als Art, wenn er sein Recht begehrt,
Erscheint Bill Clinton wenig schützenswert.

Schlachtenwunder im Kongo
Der Ami hat Kabila eingekreist,
Da trifft er wen bei dem? Lumumbas Geist.

Loser
Die oft Gedroschnen beide, Rom und Wien,
Wollen auf Beute nach dem Balkan ziehn.

Anzeige eines Aggressionsverbrechens
Der Kinkel lädt die Heere dieser Welt
Zum neuen Serbenmord aufs Amselfeld.

Neunzehnhundertachtundneunzig
saß Castro, das war das Gespenstische,
Mit Woytila am Konferenztische.

Jahrhundertmonster
Wer war der, der vom meisten Blute troff?
Wars Churchill, Hitler oder Gorbatschow?

BRD
Ein Mensch, den dieses Land nicht furchtsam macht,
Geht mit verbundnen Augen in die Schlacht.

Überwachungsstaat
Dies Land, das ich für mein Land eingetauscht,
Hört mir nicht zu. Es kann nur eins: Es lauscht.

Kanzlerrede
Bemerkenswert, wie der Umnachtete
Das Los des Vaterlands betrachtete.

Präsident
Im Regelfall ist, der am dümmsten schwätzt,
Uns übrigen am höchsten vorgesetzt.

Organisiertes Verbrechen
Die große Kriminalität im Land
Wird gerne *die Regierung* auch genannt.

Mob
Mob ist ein andrer Ausdruck für *Partei*.
Auch trägt der Mob zur Willensbildung bei.

Bürgerliche Parteitage
Die Lautstärke ist groß, die Klarheit klein.
Parteitagsrede sei: ja nein, ja nein.

Wahlsonntag
Ich gebe heut mein Ja dem Kapital.
Wahlsonntag ist. Da bleibt mir keine Wahl.

Wahlabsprache
Reden wir über Wahlen. – Reden wir.
Zu welchem meiner Feinde rätst du mir?

Recht auf Gleichbehandlung
Die Glocke stört, es stört der Muezzin.
Man bringe sie zum Schweigen, die wie ihn.

Immobilie
Der Banker schlägt mir eine sichere
Anlage vor. Daß ich nicht kichere.

Crash
Die Bundesbank betont: Die Marktwirtschaft
Ist von frappanter Selbstentleibungskraft.

Wider das Eigentum
Nur eines gäbs, das für den Mammon spricht:
Wenn ich ihn hätte. Doch ich hab ihn nicht.

Lieber Briefträger!
Bitte nur Post einwerfen, welche Geld
Nicht von mir fordert, sondern Geld enthält.

Lohnarbeit und Prostitution
Wer seine Arbeit eintauscht gegen Geld,
Schlägt sich wie eine Hure durch die Welt.

Reihenfolge
Wohin des Wegs? – Zum Leihhaus nebenan.
– Und dann? – Nu was, zum Apotheker dann.

Unterlassene Hilfeleistung
Für Beistand bürgt dir ein Gesetzestext,
Nur nicht des Staats. Der lacht, wenn du verreckst.

Verschmutzung der Species
Der Menschen Volk, vom Kapital regiert,
Ist wie ein Diamant, mit Kot beschmiert.

Tucholskys Übertreibung
Soldat, du bist so schlimm nicht, wie du schienst.
Du bist kein Mörder, oder nur im Dienst.

Skyline von Atlantis
Ob dieser Turm nun höher ragt als der,
In beiden schwimmt der Hering bald umher.

Kulturpolitik
Kennst du das Land, wo mit viel Geld der Staat
Die Kunst vernichtet, schon die zarte Saat?

Künstedämmerung
Das Schauspiel: tot. Das Buch: nicht mehr im Schwang.
– Durchs Fernsehn, was? – Nein, das auch stirbt schon lang.

Steinzeit
Die Kinder nackt, ein Ferkel grunzt im Schlamm.
Im Farbfernseher läuft ein Testprogramm.

Studienplatzbewerbung
Mich Abbituriend zum Stuhdium
Erbitte Einlaß und Stibendium.

Die Kuppel
Des Reichstags Neubau uns mit Grausen füllt.
Ich wollt, er wäre wieder eingehüllt.

Ein Bildhauer
Der Nachbar stört den Abend mit Geräusch.
Er schafft ein Kunstwerk, wenn ich mich nicht täusch.

Ein Tadler
Hans Gimpel dreist mir in den Ohren liegt.
Wenn ich entgegne, hat er mich besiegt.

Der SPD-Kulturdezernent
Welch ein Geschrei, das aus dem Rathaus scholl?
– 's ist Marsyas, er schindet den Apoll.

Autorenglück
Mit drei Verlagen segnete mich Gott,
Treu, ehrlich, kampfentschlossen und bankrott.

Gremlizas Dementi
Er zahlt verläßlich, druckt er. Keiner zuckt?
Er lügt, der Schelm. Wie lügt er? Wie gedruckt.

Frucht von der Staude der Erkenntnis
Für einen Biß in die Banane ließ
Adam dem Beelzebub das Paradies.

Weiches P
Wir sind das Volk! Es war in Klein Paris,
Wo dieser Satz »Nous sommes le peuble« hieß.

Leipzig
Ein Ort, durchhallt von Jammer. Kündet mir,
Was ging hier vor? – Je nun, das Volk war hier.

Der Dr. Jürgen Schneider
Ein Marktwirt restaurierte Sachsens Glanz.
Bedenken gab es dann mit der Bilanz.

König Kurt
Ein großer Schurke und ein kleiner Tropf,
Der Fürst der Mangelsachsen, Biedenkopf.

ND
Die eifrige Befolgung jedes Winks
Des Kapitals, das machen die *mit links*.

Straße ins Gestern
Ein kruder Rückfall in die Zwanziger:
Die Dimitroff heißt wieder Danziger.

Modrow, Gott
Ich bin, weiß Gott, ein wohlgesinnter Greis.
Ich weiß, versetzte Gott, ich weiß, ich weiß.

Modrow
Er will den Sozialismus, schwört der Mann.
Ich frage, warum stürzte er ihn dann?

Die Antwort weiß der Wind sowie:
Das KGB (samt Lutsch), die CIA,
Das MfS, oft auch der BND.

Zusatz
Natürlich eine Menge Peilungen
Entfiel auf die ZK-Abteilungen.

Sacrificium intellectus
Der Geizhals, weil ihn jedes Opfer schreckt,
Opfert sein Billigstes, den Intellekt.

Aussprache
Ich bin ein Schwein. – Gewiß, das ist geklärt.
Doch das allein macht dich nicht liebenswert.

Regieanweisung
Enter two murderers. Vier Säkel drauf
Entspräche dem: Zwei Künstler treten auf.

Ehrgeiz der Nichtssagenden
Gerade, wer nichts zu sagen hat, ist scharf
Darauf, daß er auch alles sagen darf.

*Auf die Spaltung der linken Zeitschrift »Sklaven«
in die linken Zeitschriften »Sklaven« und
»Sklaven Aufstand«*
Wer untergehen will, muß sich entzwein.
Der Schwache ist am sterblichsten allein.

Leider
Die Bürgerrechtler machen viel Rumor.
Arbeiterrechtler kommen seltner vor.

Feministischer Sprachgebrauch
Mir schiene angezeigt, gewissen Fraun
Die fetten HinterInnen durchzuhaun.

Erinnerung an der Moldau
Schon achtundsechzig bat Herr Ota Šik
Den IWF in unsre Republik.

Erinnerung an der Spree
Ein Volk, ein Reich. So grölte damals schon
Die nationale Revolution.

Mein Verteidigungsminister
Seit Keßler seine Freiheit schnöd verlor,
Fühl ich mich minder sicher als zuvor.

Sehnsucht nach Stalin
Das Elend steigert sich mit jedem Jahr.
Ich wünschte, alles würde, wie es war.

Wesen des Sozialismus
Nation, Arbeiterklasse und Partei,
Die drei sind eins, und diese eins ist drei.

DDR konkret
Dies war dir lästig, jenes angenehm?
Bedenke, Tropf: ein Staat ist ein *System*.

Sicherheitsvorkehrungen
Balkone haben Brüstungen. Es tut
An jedem Abgrund eine Mauer gut.

Schalck-Golodkowsky
Willst du vom Geld erlösen diese Welt,
Bedarfst drei Dinge du: Geld, Geld und Geld.

Praxis der Sittlichkeit
Gutsein ist wenig, richtig Handeln mehr.
Zertrümmert das Infame, rät Voltaire.

Eine Fliege totschlagen
Du triffst sie besser, wenn du, wenn du klatschst,
An den Heinz Eggert denkst, den du zermatschst.

Gesellige Vergnügen
Mit meiner Freunde frohem Schwarm vereint
Besuch ich gern das Grab von einem Feind.

Der Sozialismus
beweist uns, wo man ihn in neuester Zeit
Abschaffte, seine Unentbehrlichkeit.

Der Gote
Als Sieger drang er in Italien ein.
Nach sieben Wochen sprach sein Sohn Latein.

Blondinenwitz
Blondinen, wenn von Ost nach West ihr flöht,
Wär das Niveau in West wie Ost erhöht.

Ein Held
Nicht ferner ist Minsk langweilig. Der Stadt
Huldigt die Welt, die Lukaschenko hat.

Der Prophet Elia
lenkt Jahves Feuer
auf den Hauptmann des Ahasja,
Königs zu Samaria
Der Mann stand baff, als über seinem Hut
Ein scheußliches Gewitter sich entlud.

Auf das 21. Jahrhundert
In Blut und Scheiße kam auch ich zur Welt.
Es ist oft nicht der Anfang, der gefällt.

Einem Misanthropen
Die Menschen wären böse? Laß den Stuß.
Kaum einer ist viel schlechter, als er muß.

Guter Ton
Geh unter, Mensch, doch werd nicht wunderlich
Im Untergang. Die Zukunft sieht auf dich.

Eingeschränkte Gewißheit
Die Rettung kommt. Noch ist nicht abzusehn,
Woher sie kommt und wann, und nicht, durch wen.

Dauer der Unterdrückung
Daß einst mein Land abwirft sein Sklavenjoch,
Ich glaub daran, nein, ich erleb es noch.

Abschied vom zweiten Jahrtausend
Gut, das Jahrtausend war nichts. Sprechen wir
Von Nummer drei, Genossen, oder vier.

Mißverhältnis
Die Menschheit lieb ich mit bescheidnem Glück.
Zehn Menschen höchstens lieben mich zurück.

Nichtwähler
Ab, Welt, geh ungescholten deinen Lauf.
Ich hört dir längst zu widersprechen auf.

Gehobene Adresse
Hab Straße nicht noch Hausnummer. Wofür?
Es steht ja auch kein Name an der Tür.

Robinson zu Freitag
Ein Segel auf dem Meer? Rasch, lösch das Licht,
Man landet sonst. Ich mag den Trubel nicht.

Silvester
Was hat uns so am alten Jahr behagt,
Daß jeder nun nach einem neuen fragt?

Hartnäckiges Gerücht
Zur Weihnacht, heißt es, kam ein Gott zur Welt.
Ein Schmäh, der sich zweitausend Jahr schon hält.

Der Stoiker
Ich kenne weder Abscheu weder Wut.
Wahrscheinlich ist mir deshalb oft nicht gut.

Reife
Der Jüngling langweilt mich. Mich mopst der Greis.
Wie alt muß sein, der etwas Rechtes weiß?

Gen Utopien?
Verzeiht, wenn ich, der Weitgereistere,
Mich kaum für euer Ziel begeistere.

Der Dichter zum Denker
Was ich nicht dichte, dichtet keiner mehr.
Was du nicht denkst, denkt morgen irgendwer.

Phönizisch
Was machst du mit dem Keil da? – Ich erfind
Das Alphabet. – Laß besser sein, mein Kind.

Schaffenshindernis
Will ich all dies noch schreiben? Oder nicht?
In meinem Zeigefinger wächst die Gicht.

Frost des Alters
So wie der Frost der Hecke Lücken riß,
Lichtet der Frost des Alters mein Gebiß.

Alzheimer
Da war ein Arzt, der klärte kenntnisreich,
Weshalb ich mir nichts merk. Wie hieß der gleich?

Grabschrift
Nur fort so, einmal brichst du dir den Hals!
Dann schreibt: Geschlossen wegen Todesfalls.

Der Tod als Schleuderer
Mir sei es recht, wenn du mein Ende bringst.
Doch komm mir nicht zu nah, man sagt, du stinkst.

Hingang
Er sah noch eine halbe Nacht lang fern,
Jeden Kanal, und starb dann äußerst gern.

Bedauerlich
Der Leichnam eines Fischs, der faulig treibt.
Ich weiß recht wohl, was von uns übrig bleibt.

Wert des Lebens
Warum das Lebende am Leben klebt?
Es zahlt ja mit dem Leben, daß es lebt.

Vogelkonzert
Ein Piepmatz tiriliert, ein andrer zirpt.
Es lärmt die Kreatur, bis daß sie stirbt.

Relativ absolut
Es stirbt der Hund, der Mensch, die Galaxie,
Der bald, der später, die so gut wie nie.

Der große Stalin verläßt den Raum
Sein Leben währt genau ein Leben lang.
Unendlich nur ist der Zusammenhang.

Unvollständig
Verschiedenes, das für die Menschheit spricht,
Entfiel mir jüngst, und ich erwähn es nicht.

ZEHN GERECHTE

Einige Menschen, Frauen oder Männer,
Ziehn, unter uns sich mischend, ihre Bahn,
Der Wissenschaft unbeugsame Bekenner,
Des Ruhms Verächter, abhold jedem Wahn.
Sie dienen streng. Sie wirken ernst und leise
Am edlen Werk, jeder auf seine Weise.

Und jeder, hingegeben nur dem Ziele,
Wie er dem Volk zum alten Glanz verhelf,
Tut, was zu tun ist. Ihrer sind nicht viele.
Ich zähle zehn. Ich käme nicht auf elf.
Hoffe auch du, Land. Zehn Gerechte hätten,
Lesen wir, hingelangt, Sodom zu retten.

GEBRECHLICHER VIELVÖLKERSTAAT

Gebrechlicher Vielvölkerstaat,
Deutschland, wie soll das enden?
Zwei Welten, die in Rat und Tat
Sich nimmermehr verständen,

Gepreßt in eine Zwangsunion
Von Rußlands dummem Bären,
Die Ostnation, die Westnation,
Wie wenn sie eine wären.

Die Ostnation, die Westnation
Ersticken in einem Reiche.
Man spricht die gleiche Sprache schon,
Doch denkt man nicht das gleiche.

Es überbrückt solch tiefen Riß
Kein Leimen und kein Kleben,
Nur Wut erwächst und Bitternis
Aus dem Zusammenleben.

Entlasse, Deutschland, so mein Schluß,
Die trüben Existenzen
Vom Rheinstrom und vom Isarfluß
Aus deinen engen Grenzen.

O laß sie atmen, laß sie gehn.
Wir wollen ihnen gönnen,
Daß wir, wenn wir sie nicht mehr sehn,
Sie wieder mögen können.

Die Selbstbestimmung war ein Ziel,
Ein schwer errungenes.
Zwei heile Länder sind besser
Als ein gesprungenes.

APPELL

Weil ihr arm seid, müßt ihr spenden.
Die ihr unter Brücken gammelt,
Die ihr lehnt an Bahnhofswänden,
Gebt die letzte Mark. Gesammelt
Wird für eine Guillotine,
Also eine Köpfmaschine.
(Übrigens zu wünschen wär
Auch ein neuer Robespierre).

Erstmals zeigte der Erfinder,
Daß er Frankreichs Lob erziele,
Seinen Köpfehobel in der
Place de l'Hotel de Ville.
Später noch weit schönre Morde
Bot die Place de la Concorde,
Deutschland hat nun zum Ersatz
Leergeräumt den Leninplatz.

Eine Plattform steht von Planken,
Draus zwei Pfosten stattlich ragen,
Die, geschmückt mit Eichenranken,
Das geschärfte Eisen tragen.
Bald aus einem fernen Knarren
Bildet sich ein Zug von Karren.
Krause rollt und de Maizière
Vorne vor dem Zuge her.

Böhme, Thierse, Schnur und Stolpe,
Gysi, Modrow, Wolf und dann
Poppe, Barbe, Klier und Bohley,
Schröder, Ull- und Eppelmann,
Die Gebrüder Brie und, ärger,
Eheleute Wollenberger,
Alle lassen ihren Kopf
Fallen in den Auffangtopf.

Großer Beifall. Sehet fruchten,
Lieben Bettler, eure Spende.
Mögt nun das Jahrtausend wuchten
Kraftvoll im Genuß der Wende.
Auch die Kinder, schwatzend, hüpfend,
Tücher über Blusen knüpfend,
Sind mit ihrem Pionier-
leiter zum Vergnügen hier.

DAS VATERLAND

So wie das Einhorn vor den Geistern allen
Hervorsticht durch Empfindsamkeit und Wissen,
Wie der Demant vor minderen Kristallen,
Der Kaviar vor sonstigen Leckerbissen,
So wie der Panther vor den Waldnaturen
Und Greta Garbo vor den andern Huren,

So stach einmal mein liebes Vaterland
Unter den Reichen dieser Welt hervor.
Das Land, wo keiner darbte, keiner fror.
Das Land, wo jeder Dach und Arbeit fand.
Wie lob ich es? Wie enden, wie beginnen?
Ich sage, es war ganz und gar bei Sinnen.

Wer reifen wollte, war befugt zu hoffen.
Die Seelen nahmen Form an und die Leiber.
Dem Ärmsten stand die höchste Stelle offen.
Was Männer durften, durften auch die Weiber.
Und weder Aberglauben, weder Schulden
Fand sich sein stolzes Herz bereit zu dulden.

Und keine Krankheit, wenn sie heilbar war,
Blieb von der Kunst der Ärzte ungeheilt.
Und kein Verdruß, sofern er teilbar war,
Ward redlich nicht von Fürst und Volk geteilt.
Kein Eigentümer konnte uns befehlen,
Zu seinem Vorteil selbst uns zu bestehlen.

Wie aufgeklärt hier alles. Wie durchheitert.
Wie voller Frische, voller Ahnungen.
Ins Morgen ward die Gegenwart erweitert
Des Vaterlands durch seine Planungen.
Es ist ein Hochgenuß, von ihm zu sprechen.
Es war ein Staat und scheute das Verbrechen.

Wer kann die Pyramiden überstrahlen?
Den Kreml, Sanssouci, Versailles, den Tower?
Von allen Schlössern, Burgen, Kathedralen
Der Erdenwunder schönstes war die Mauer.
Mit ihren schmucken Türmen, festen Toren.
Ich glaub, ich hab mein Herz an sie verloren.

Das war das Land, in dem ich nicht geboren,
Das Land, in dem ich nicht erzogen bin.
Das ich mir frei zum Vaterland erkoren,
Daß bis zum Grab ich atmete darin.
Das mit dem Grab hat sich nun auch zerschlagen.
Doch war das Glück mit meinen Mannestagen.

In dieser Hundewelt geht vieles ohne
Ideen, aber nichts ohne Spione.
Schuld, daß ich alles deutlich offenbare,
Schuld trug das KGB. Wohl zwanzig Jahre
Hat insgeheim mit Langley oder Harvard
Es über unsern Untergang palavert.

Die Sowjetmacht, sie schenkte uns das Leben.
Sie hat uns auch den Todesstoß gegeben.
Nur täuscht euch nicht. Rußland und wir, wir beiden,
Sind niemals, auch nicht durch Verrat, zu scheiden.
So viel für jetzt. So viel zum künftig schwierigen
Verhältnis zwischen Preußen und Sibirien.

Fremd ist die Sonne, die mir heute leuchtet.
Und bloß im sich versenkenden Gemüte
Seh ich die Landschaft, die hier vormals blühte.
Nicht immer bleibt mein Auge unbefeuchtet.
Man weint um Hellas. Sonst geschieht es selten,
Daß einer Staatseinrichtung Tränen gelten.

Und derer laßt mich denken, die es schufen,
Das Vaterland, ihm Hirn und Willen liehen,

Es kräftigend zu menschlichsten Behufen.
Kaum einer ist mehr. Laßt mich nicht verziehen,
Als Greis dem Sterbenden mich mitzuteilen.
Für Alfred Neumann schrieb ich diese Zeilen.

LIEBESGEDICHTE

SONETTE

OHNMACHT DER SPRACHE

Wie sollte ich, dich zu benennen, wagen?
Wie mich mit Ausdrucks armem Vorrat quälen?
Ich kann dir nur mit schönen Worten sagen,
Daß mir für dich die rechten Worte fehlen.

Mein bißchen Witz ist ganz und gar entschuldigt.
Am Beispiellosen scheitert das Erprobte.
Verzeih dem Dichter, der mit Schweigen huldigt.
Er wäre minder glaubhaft, wenn er lobte.

Des Weltalls erste Stimmen enden kläglich
Vor deiner Lieblichkeit. Der Donner spricht
Zu zaghaft, und der blütenreichste nicht
Der Winde säuselt dich. Du bist nicht säglich.
Der Sonnen Lärm, das Stammeln der Galaxen
Sind deiner Schönheit Anspruch nicht gewachsen.

DAS WIR, FÜR J. R. BECHER

Du bist, und ich, wir beide sind wir: wir.
Ich kann mich noch – kann sein, zum Vorteil – ändern,
Wenn ich mein altes Selbst samt Kern und Rändern
Im nahen Jenseits deines Leibs verlier.

Daß du mir dienst, wie ich bedarf, verlang ich.
Dir sei gedient nach meinen Fähigkeiten.
Wo zwei einander ganz sich unterbreiten,
Wird alles Einsambleiben nebenrangig.

Komm, laß uns uns im Wechselwirken üben.
Zum angenehmen Knäuel fest umschlungen,
Haut sehr an Haut, zum Teil auch eingedrungen,
Lieg ich mit dir. Solch überbrücktes Drüben
Macht uns mehr frei und bindet täglich enger.
Das galt einst auch im Staat. Und gilt nicht länger.

SCHULE DER LIEBE

Du warst so gut und war so viel Verlaß
Auf Dauer deines Liebens. Wo ich gab,
Gabst hundertfach du wieder, und ich hab
So ohne Schaden dich erfahren, daß

Vor meinen kindlich überzeugten Augen
Vom Bilde niemals des behüfteten
Geschlechts sich mehr die Schleier lüfteten.
So ungemein, so über alles Taugen

Gut nämlich warst du. Deiner Güte danke
Ich, daß ich Argwohn stets mit Mühe lerne
Und rasch vergeß, und daß bis heute gerne
Und unerschlafft ich an der Liebe kranke.
Vor deiner Güte führe ich Beschwerde,
Wenn ich von allen nun betrogen werde.

MELANCHOLIE

Glaub ich an dich, dann glaub ich, was ich soll:
Den guten Gang der öffentlichen Dinge,
Und daß uns irdscher Schar – vertrauensvoll
Glaub ich daran – noch Götterlust gelinge.

Solang ich nah dich und mir seiend weiß
Von keinem Edlen zweifl ich, daß es werde.
Jetzt bist du fern. Der Sonne nicht des Mais
Glaub ich die Wärme mehr und Prunkgebärde.

Glück? Narrheit. Lenz? Und Lenz nicht für uns beide?
Am Schattenrande sitze ich des Flusses,
Umstellt von Dämmerungen, und erleide
Des Sehnens Krankheit und des Weltverdrusses.
Der Menschen müd, vom Firmament belästigt.
Melancholie hat sich in mir befestigt.

HEILE WELT

O Wonne, nicht dem Leid entrissen, Liebe,
Die keine Krankheit ist. Nur Glückbereiten
Im Wechselspiel der Gleichbeschaffenheiten
Und nicht ein Wunsch, dem abzuhelfen bliebe.

O süße Stimmungen. Insonders Morgens,
Wenn unzertrennt, von Fleisch ein Knäuel und Haaren,
Wir ruhn, die Häute, die verwechselbaren,
Des Labsal Spendens satt noch oder Borgens.

Und doch: dies Zueinander ohne Hürden,
Dies Ähnlichfühlen ohne Grat noch Rest,
Was ist in dem, das jäh mich schaudern läßt?
Es fehlt am Wahn. Mich packt die Furcht, wir würden
Aus Liebenden zu treuen Wegbegleitern.
Mög unsre Liebe nicht an Freundschaft scheitern.

AUF LAURAS ENTJUNGFERUNG

Wie ein bewachtes Land, plötzlich erstarkt,
Sich auftun kann, den Fremden einzulassen,
Und kann am andern Ich das eigne fassen
Und büßt von sich nichts ein bei diesem Markt,

Hast, Laura, du den stets verschlossnen Schoß
Mir aufgetan und dich. Und keine Grenze,
Allein dein Wert bestimmt noch deine Gänze.
Um frei zu werden, wardst du freistattlos.

Weißer als sonst, mein weißes, schönes Kind,
Liegt schwarz umrahmt dein Antlitz in den Kissen.
Die Mauer deiner Scham ist aufgerissen.
Und jene Träne, die ins Haar dir rinnt,
Gilt schon dem Schmerz nicht mehr in deiner Blöße.
Der Ahnung gilt sie abverlangter Größe.

DEMUT DER LIEBE

Du fragst dich, du, die liebe, süße, heile,
So sanft an Seele du wie reich an Geist,
Ob du verdientest, daß ich bei dir weile,
Und ob du meiner Achtung würdig seist.

Du putzt dein Zimmer, bis es mir genüge.
Du blickst mit Sorge, ob du deine Brust
Trägst, wie sie eine, die ich schönfänd, trüge.
Du liest, wovon mich, meinst du, dünkt, du mußt.

Vernimm denn: alles, was ein Recht, die seicht
Und dumme Welt mit Spott mir gab zu kränken,
Seit ich dich liebe, frag ich, ob es reicht.
Und dies ist das unschätzbarste vielleicht
Von deiner Neigung Zeichen und Geschenken:
Daß du mich lehrst, mich minder hoch zu denken.

DER EILBRIEF

Die Post geht langsam und das Leben schnell.
Ich schreib dir einen Eilbrief, und ich sag,
Wie sehr ich dich erwäg, und an dem Tag
Wo du ihn kriegst, wird mir der Morgen hell

In deinem süßen Bett. Der alte Mann,
Der ihn besorgt, ist atemlos, denn du
Wohnst hoch, und er verdient sich was dazu.
Der Brief, der stak im Postamt nebenan.

Nun zur Verallgemeinerung. Erfahrung
Ist solch ein Hinkfuß, der den Sachverhalt,
Nach unvertretbar langer Aufbewahrung,
Vor Eifer keuchend, in den Briefschlitz knallt.
Der Text der Welt wird stets zu spät gelesen.
Und nur im Vorgriff packt der Geist das Wesen.

DU SANFTE LIEBE

Du sanfte Liebe, holdes Kind, vernimm:
Als ich aus deinem süßen Kusse eben
Getrennt mich hatte und zu mir begeben,
Da war mir in der linken Schulter schlimm.

Vorm Spiegel streifte ich das wollne Hemd,
Was schmerzte, ab. Und im Hintüberwenden
Sah ich fünf Zeichen meine Weiße schänden,
An Blutfarb meiner Haut und Schwellung fremd.

So furchet die Harpye nur dem Lamme
Ins Unschulds-Fleisch, (wie matt sein Blöken klaget,
Da nichts, die Mutter nicht, zu retten waget),
Solch todeinwühlend fünfgezinkte Schramme.
Und das nun, sanfte Liebe, fügtest du
Mir, und mit deinen Sammetkrallen, zu?

DER MENSCH KEIN VOGEL

Ich lag mit dir, und im Begriff, zu Bette,
Mich stark nach unsres Hierseins Sinn zu fragen,
Da hört ein Klatschen ich und Flügelschlagen.
Zwei Tauben balzten auf dem Fensterbrette.

Wie ganz erfaßt! Wie aufgerührt vom Drange!
Doch jetzt, wieso? Sie gehn zur Feuerleiter
Und scharren dort und kennen sich nicht weiter.
Es war nicht schlecht. Nur währt es wohl nicht lange.

Der Tauber gähnt und kratzt sich an der Haube
Und hatte kurze Not, sich abzukühlen.
Ich sprach: viel Redlichkeit, doch wenig Taube.
Die Liebe, die ich nur zu fühlen glaube,
Ist zehn Mal mehr, als was die Bestien fühlen.
Und ich begann, mich gern in dich zu wühlen.

ERLOSCHENES HERZ

Zu große Hoffnung dieser hundert Tage,
Hängst du zu lastend an der einen Stunde?
Ging Sehnsucht an Begier, gleich einer Plage
Vom eignen Stoff sich sättigend, zugrunde?

Ich wartete zu sehr. Das innre Uhrwerk,
Unklug gefordert, hat sich überdreht.
Im Hofe schlägt die Tür von deinem Fuhrwerk.
Gestern wars: endlich. Heute ists zu spät.

Doch wie? Mein Herz, im unvermutet wilden
Verlangen find ichs an dem deinen klebend
Mit der Magnetgewalt von Weltgebilden.
Was tot schien, scheint im Übermaße lebend.
Wen Lieb entflammte, ist das so? dem brennt
Sie tiefer, als er selbst sich fühlt und kennt.

DER HAARSTERN

Mein Gott, das hört nicht auf. Ich hab mich doch
Dein Feind zu sein entschlossen, und ich bins.
Woher die Qual jetzt noch des Anbeginns?
Im Überdruß, woher die Süße noch?

Da sind Gestirne, lese ich in leicht
Und so auch mir verständlichen Artikeln,
Die derart in den Weltgang sich verwickeln,
Daß ihr Gesetz für uns dem Zufall gleicht.

Bist du von denen, Frau? Wie ein Komet,
Der seine bleich und gernvergeßnen Brände
Nach Allumirrungen, die Stirn verweht,
In meinem Bett ... Hier ist das Bild zu Ende.
Man muß nicht Halley heißen, um zu wissen:
Du holst mich ein aus fernsten Finsternissen.

DER RENAISSANCEMENSCH

Ein Mann von deinen, durch gestrengen Bannspruch
Aus deiner Näh entfernt und Herrlichkeit,
Haßt und verfolgt mich, weil ich seinen Anspruch,
Den er seit Jahren nicht mehr hat, bestreit.

Ein rabiater Mensch. Er droht mit Schlägen.
Er harrt in vielen Schatten, fahl und stumm.
Gebt einen roten Mantel, einen Degen,
Ein Quattrocento ihm: er bringt mich um.

Die deutschen Gluten sind halt kaum die wärmsten.
Da nehm ich mich nicht aus und dich nicht, Liebes.
Und nun ein Satan, fähig solchen Triebes!
– Ach, nur zum Münzfernsprecher treibts den Ärmsten.
Und dir am Busen hör ich aus der Muschel
Leicht irritiert sein greinendes Getuschel.

WAS TRÄUMT DER TEUFEL

Was träumt der Teufel, wenn die Schatten nahn?
Was rührt den Braven, der in Chaos' Nacht
Die Öfen fährt und seine Arbeit macht,
Was, wenn gelehnet er an einen Zahn

Des Höllenmauls nach fünfe, pechumschäumt,
Ins Feuer starrt, wo sich die Sünder drängeln,
Ich wüßte Namen. Doch zurück: was träumt
Des Abgrunds Werkmeister? Er träumt von Engeln.

Höchst unvermittelt in der maledeiten
Stirn blüht ein Bild von jener Wesen Reizen
Und schönen Unzurechnungsfähigkeiten,
Die noch so frei nicht sind, gleich ihm zu heizen.
Auch ich an Halbheit krank. Wie der Geschwänzte
Träum ich dem Engel nach, der mich ergänzte.

DER BULLE

Er schirmt den After, und er wahrt die Augen,
Den mit dem Wedel, diese mit den Ohren.
Natur hat Bremsen, um an ihm zu saugen,
Ihn wieder, um sie abzutun, geboren.

Anstatt des Grases frißt er, das er soll,
Den Apfelbaum, an den man ihn gekettet.
Er malmt und schadet, tiefen Friedens voll.
Zum Hemiglob schon ist der Baum geglättet.

Ich lieb es sehr, den Bullen zu betrachten
Mit seinen seelenlosen schönen Mienen.
Was immer ist, muß meiner Liebe dienen.
Du wirst mich küssen, und ihn wird man schlachten.
Die weite Wiese, heiß und ungemäht.
Ein Himmel, woran sehr viel Sonne steht.

NEBEL

Hinten ist alles weiß. Sonst steht das Hinten
Neben das Vorn gereiht. Erfahrung mißt
Den Grad der Ferne nach dem Grad der Tinten,
Derart, daß, was nicht weiß ist, vorne ist.

Das grelle Gelb der Birken muß erbleichen,
Der Kiefern Stahlgrün mildert sich zu Grau.
Im Undurchströmten schweben flache Zeichen.
Man sieht mehr gern und weniger genau.

Da ich hinblickend saß – den Raum durchschrägend,
Gewahr ein Ufer ich, ein rauchend leises,
Das schön gebogt den Rand des Augenkreises
Vom Himmel trennt. Der Körper liegt der Gegend
Wie meiner Liebsten weißer Körper da,
Den ich auch immer nur durch Nebel sah.

ZUMIRFINDEN MIT LANDSCHAFT

Als mir das Auge wieder aufging, ward
Zuerst des grünen Mooses ich gewahr.
Auf sandiger Narbe Wipfel sternenzart
Und zwischen ihnen was wie braunes Haar.

Dann, mehr bei Sinnen, sah ich: schmal und bloß
War mir dein brauner Körper aufgetaucht,
Vom selben rostigen Braun wie von dem Moos
Das Haar, doch weiß mit Nebel überraucht.

Das war das zweite. Hiernach nun verlor
Ich mich, zum andern Mal und des Verstands
Noch gründlicher entratend als zuvor,
In deinen tiefen Küssen. Endlich ganz
Bei mir zurücke, fand ich mich im Regen,
Sehr wenig fern den öffentlichen Wegen.

TIEFE

Wir wollten es nicht rasch. Der allzufrühe
Genuß bleibt schal. Das wußten wir ja schon.
Der tiefe Lohn, er folgt der langen Mühe.
So wählten wir die Mühe und den Lohn.

Erst im Errungnen – denn wir sind nicht heurig
Und wußtens wohl – paart Freude sich und Sinn.
Die Flachheit nur nimmt unversäumt für feurig,
Und die Verzweiflung nur liebt obenhin.

Besonnenheit im Vorsatz und des Falls
Gelegenheit mit schönem Ernst vermeidend,
Geschah uns alles anders. Nichts entscheidend,
Taten wir, was entschieden war. Und als
Wir staunend dann uns in einander fanden,
Da haben wir, wie tief dies ist, verstanden.

DIE BEGÜNSTIGTEN

Der Genien würdigste sind uns gewogen.
Kühnheit, uns floh sie nicht, Witz blieb nicht ferne.
Die Schönheit trat hinzu mit ihrem Sterne.
Kunst hat uns, und vergebens nicht, erzogen.

Und auch sie selbst, die Liebe, hat unendlich
Hoch uns bevorzugt. Im Vermögen gleichen
Wir uns zur Lust, und die geheimen Zeichen
Sind unsrer Sehnsüchte uns wohl verständlich.

So stehen sie gar huldreich oder fliegen
Um unser breit und königliches Bette.
(Weltklugheit aber hat uns diese Stätte
Und Wohlstand zugesprochen). Und wir liegen,
Zum Glück entschlossen, und verlangen mehr
Als Sterbliche. Und haben es sehr schwer.

ELEGIEN

PARIS

Meinen Apfel begehren, wie den des Trojaners, drei Damen.
Und da stört mich nun sehr, daß sie nicht Göttinnen sind.
Venus ist blond und schön und kundig in Dingen der Liebe,
Aber starr und verbohrt, ferner: sie trinkt mir zu viel.
Juno ist sanft und füllig, zierlichen Wuchses auch, leider
Auf die Würde des Weibs hält, wie sie sollte, sie kaum.
Endlich Minerva. Wahr ist, kriegerisch geht sie und stattlich,
Nur sie ist blöde im Geist. Pallas, ein Schaf! Wie vergnügt
Noch in ihren Sorgen die Alten. Paris, er hätt sie
Gern alle dreie gehabt. Ich hätt gern alle drei nicht.

DIE GEMME

Dort lieben Frauen, wo sie vermuten, sie seien entbehrlich.
Wo sie benötigt sich sehn, gehen sie. Hinter mir längst
Hab ich die großen Ideen und die große Liebe. Gemessnen
Herzens treff ich den Mond. All meiner Jahre Bemühn,
Arbeit an der Verkleinerung einzig wars meiner Hoffnung.
Leider mit mattem Erfolg. Dein achatenes Herz,
Wenn mir irgend geläng, in das meine Liebe zu schneiden,
Könnte, stell ich mir vor, nett eine Gemme entstehn.

ERZIEHUNG DER GEFÜHLE

Als ich dich lieben lernte, warst du der reizendste Jüngling,
Langhineilenden Beins gingst du mit ernstem Gesicht.
Aber unter meinen Küssen reiftest du weiter
Zu des vertrauenden Kinds mägdlicher Unschuld bereits.
Drei nun sind der Stufen, worin alles abläuft. Am Gipfel
Steht meine Leidenschaft wohl, stehet dein Wachstum noch
    nicht.
Fort jenes äußerste Lieben üb ich, welches Geduld heißt,
Und ein betörendes Weib hoff ich in dir noch zu sehn.

AMOR VINCIT

Das von der Welt und das von der Kunst und das von der Tugend.
Süßre Erwägungen laß endlich nun dehnen dein Herz.

GÖTTERGEBURT

Nicht das Rasch oder Plötzliche taugt dem bedächtigen
  Manne.
Sondern schönes Vertraun ziemt ihm im engeren Kreis
Und im Jahrhundert Behaustsein und in der Zukunft
  Vorhersicht.
Alles verdrießt ihn, das jäh, wider Vermuten geschieht.
Was nun sag ich zu dieser? Fertig und blühend, wie Pallas
Einst der Stirne des Zeus schädelzerreißend entsprang,
Sprang das Mädchen, im blühenden Alter fertig geboren,
Schädelzerreißend im Nu mir ins gerunzelte Haupt.

BLUMEN SCHENKT MIR DIE LIEBSTE

Blumen schenkt mir die Liebste und hat mich also verstanden
Und bezweifelt das nicht, daß ich empfinde wie sie.
Schlipse so denkt sie, besitzt er, Zigarren kauft er sich, Hunger
Leidet sein Magen kaum, aber, wie meines, sein Herz.
Aber daß roherfühlend der Mann nicht sein als die Frau muß,
Woher weiß sie das denn? Weil sie stets gut ist, wohl sind
Alle stets gut zu ihr, und nicht durch Erfahrung verängstigt,
Gibt sie mir Liebe und gibt liebliche Tulpen und sich.

BLUMEN SCHENKT MIR DIE LIEBSTE (2)

Aber als, den Strauß im Arme, ich heimging, inmitten
Gähnte des städtischen Beets, seltsam dem ähnlich, ein Fleck.
Und die Gewißheit fuhr, die schlimme, durchs Hirn mir. Ich wandte
Auf dem Fuße mich um. Her, und zur Rede gestellt:
So ja geht das nicht! – Und warum nicht? – Nämlich, wenn alle ...
– Dich überhäuften wie ich? Das also hättest du gern!
– Nein, du weißt, was ich meine. – Weiß ichs? Ist dir das Böse
Nicht besonders genehm, das dir mein Lieben bezeugt?
– Sicher, halb nur zürn ich. Nicht rauben nur, fühl ich, auch morden
Wolltest du herzlich für mich; sicher, ich lieb dich dafür.
Freilich mehr noch, als für das Schwerere, würd ich dich lieben,
Könntst du aus Neigung zu mir sacht der Gesittung dich nahn.
(Sprachs, und hatt es gesagt. Doch nimmer, wußt ich, gebessert
Wird durch Liebe das Weib, sondern gebessert durch nichts).

FREUNDLICHKEIT

Was sie immer seien, freundlich, das sind sie selten.
Aber Freundlichkeit ist, deren der Müde bedarf,
Wenn von ungern verrichtet und edelsten Werken er ausruhn
Möchte zu anderm und mehr freudebewirkendem Tun.
Warm überglänzt steht der Tisch mit Kerzen, der Toast und der Tee warm,
Schimmernd spiegelt im Glas sich das umklöppelte Tuch,
Alles mit herzlicher Absicht und wie du mein Wünschen bedachtest,
Auch am gewöhnlichen Ort polstert das Kissen die Bank.
Selbst ja das Nachthemd, das blaue mit den rötlichen Borten,
Liegt auf dem Bette bereit. So sehr errietest du mich.

TAGES ARBEIT

Wie ich den Abend verbracht? Der Folge nach will ichs dir
  schildern.
Eine Stunde zunächst stellt ich im Herzen mir vor,
Ob nicht süß sein müßte und lustig, dir, Liebste, zu betten
Auf den Schenkel den Kopf. Und ich erwog es mit Fleiß.
Hiernach stellt ich mir vor, du bettetest auf den Schenkel
Mir den Kopf. Es erschien süßer der Einfall mir noch
Als der erste und lustiger. Eine weitere Stunde,
Ihn erwägend mit Fleiß, gab, eine volle, ich dran.

Aber dann befiel mich die Frage, Besinnung erheischend,
Ob wir nicht beide zugleich liegen so könnten, mein Haupt
Dir auf dem Schenkel und mir am entsprechenden Orte das
  deine.
In das bedeutende Bild gründlich versetzt ich den Geist.
Und mit solch entzücktem Erwägen füllte die dritte
Ich der Stunden. All dies treulich besorgt, bin ich hier.

PLAPPERN

Wenn sie kommt, läuft die Zunge und muß mir alles erzählen,
Und der leiseste Stoß bringt sie zum Plappern. Denn auf
Noch in leere Bewegung löst sich die Spannung des Tages,
Bis sie stiller mir wird und ich den Honig der Lust
Mählich senken kann in die zierlichen Glieder. Nun liegt sie
Schweigend, mit Süße beschwert. Wenn ich dann gehe, allein
Läuft noch ihr rundlicher Hintern und muß mir alles erzählen.
Und zum Plappern bewegt leisester Anstoß ihn noch.

ERSTER MAI

Nach der Liebe müssen die Vögel schreien. Sonst hat es
Nicht gelangt. Überm Kopf lischet das Neon mir aus.
Aber wieviel Droschken schon, und bewimpelte? Richtig,
Unsern Jubeltag heut wollen wir durchführen und
Unter kraftvollem Einsatz bekunden, daß wir vor einem
Menschenalter gesiegt. Heim und zu Bett denn. Mich freun
Die in Wahrheit verschiedenen Grüns des Frühlings. Die
  Bäume,
Zeigt sich, vor deinem Haus waren als Linden gemeint.
Schön, wenn jedermann schafft, ist, abseits zu sein und zu
  feiern,
Schöner, bei jedermanns Fest liebend am Rande zu sein.

PROKNE

Ehret, rat ich, die Frau, doch entzieht ihr die Fernsprech-
  erlaubnis.
Wie von jeder, von der macht sie, des Redens, Gebrauch.
Und die Geduld mißkennend des allzu willfährigen Trichters,
Schwatzt sie, durch niemandes Weh, niemandes Blässe belehrt.
Noch ein Rat: An die Münzzellen legt die vorhandne
  Schablone,
Malt ein »Für Herren« mir drauf. Aber solange dem Amt
Einsicht mangelt auch hierin, rettet die Weisheit der Alten.
Und der Liebsten ins Ohr raun ich: Cupido, er traf
Einst ein Mädchen, Prokne, das nur auf dem Telephondraht
Lieben konnte. Im Zorn schuf sie zur Schwalbe der Gott.

ANRUF

Was hast du heute erlebt, und was wirst du morgen erleben?
Sag es ausführlich; mich quält, daß mein Geschäft mir
   verwehrt,
Dich zu bewachen in deiner allzeit mangelnden Vorsicht.
Welche Gefahren dem Kind drohen, begreift es ja nie.
Gingst die Straße du langsam, die holprige? Hast keinen Tropfen
Meines Empfindens verschwappt du aus dem randvollen Krug
Deines Herzens? Trafst du Leute, vermutlich. Vermutlich
Wieder die falschen. Versteh, Schreckliche, alle sind falsch,
Wenn mit dem Schwamm sie ihrer laut und dringlichen Reden
Offnen Diebstahl begehn an deiner Seele Besitz.
– Derlei äußre und, schlimmer, fühl ich. Und bin doch kein
   Feigling.
Wie, wer irgend dich kennt, weiß ich, wie frech du dir hilfst.
Feinden wünsch ich den Galgen, mir selbst versprech ich
   nur Bestes.
Einzig mit Sorge füllt jedem die Liebe den Tag.

BRAUCH

Neue Bezirke und immer wildre durchläuft unsre Liebe.
Neue Räusche erdenkt, neue genießt sie. Kein Tag
Ähnelt dem, der war oder folgt. Doch ängstlich an jeder
Roten Ampel, wie einst, will ich bis heute von dir
Auf die begehrlichen Lippen mit Sorgfalt geküßt sein. Wir hüten
Unserer Liebe Bestehn in dem gehüteten Brauch.

DAS ENDE

Gern beschwörst du das Ende unsrer Beziehung. Warum nur?
Weil meinen Wankelmut du oder den deinigen kennst?
Weil dies Äußerste, meinst du, nicht währen kann, oder einfach,
Weil mein beteuernder Kuß so deinen Lippen behagt?
Was da nun sei und davon sich denken ließe, das Zeichen
Nennen will ich dir jetzt, wann es vorbei ist bei mir:
Wenn ich je schlecht oder gut zu dir war. Will sagen, sobald ich
Etwas aus anderem Grund je als aus Liebe dir tat.

LUNA

Wie sie den Mond erforschen, das ist ja fabelhaft tüchtig,
Erst, aus Röhren, von vorn, später, aus Kugeln, von hint.
Jetzt also stapfen sie schon in seinem Schotter und stochern
Dunkle Geheimnisse auf. Sicher in kürzester Frist
Werden sie über sein Innres tausendfach Auskunft besitzen.
Ich meines Ortes, mir reicht völlig, daß heut er mir scheint
Und, so wie er verläßlich schien zu Endymions Zeiten,
Morgen, wenn ich dich treff, scheinen noch wird mit Verlaß.
Nichts, wenn ich weiß, du kommst wieder, drüber zu wissen,
   verlangts mich.
Sei mir beständig zur Nacht, küß mich, behalte den Rest.

1.8.1973

Ulbricht leider ist tot und Schluß mit der Staatskunst in
 Deutschland.
Immer mächtiger treibts mich in den Goethe hinein.
Zieh jetzt, Freundin, dein Herz nicht zurück. Als letztes
 sonst bleibt mir,
Einzutrimmen die Kunst einer barbarischen Zeit.

MISSMUT

Mißmut färbt meine Tage. Die Nebel gehen. Der März ist
Nämlich des Winters ein Mond. Ferne noch weilet und mehr
Südlich der Lenz. Und entläßt die kräfteverschlingende Arbeit
Mich in die Furten der Stadt, gleich aus den Eckkneipen rings
Schauen die Bummler und sprechen mitsammen und sagen, ich wäre
Gar nichts wert. Und vergrätzt ob der Besorgnis, ob je
Mir zu verlernen geling, mich über ihr gutes Gewissen
Zu verwundern, den Weg schleich ich, den schadhaften, heim.
Gramvoll also dehnt sich die Frist mir vom Morgen zum Abend.
Aber nächtens im Glück wetteifert keiner mit mir.

LIEB UND LEIDEN

Herbst tritt ein. Dissidenten reisen wie Kraniche westwärts.
Wie überwintern? Ich brech Nadelgeäst für den Herd.
Nämlich unbedingt warm gilt den Kopf es zu halten. Ein klammer
Schädel dichtet nicht gern, alles gerät ihm zur Pein.
Was ich tu oder lasse, es ist zum Besten des Landes.
Aber dem Vaterland paßt das nun gar nicht so sehr.
Eher Bescholtne bevorzugts, Leute mit scheuem Gewissen;
Wenn in Schwärmen sie gehn, wenigstens stören sie nicht.
Zwei nur sind, die mir lohnen: ich mir, denn Tugend schafft Kurzweil,
Und die Geliebte, die, selbst edel, edel mich will.
Dankbar küß ich ihr Lächeln. Bei ihr bin ich gut noch dran, freilich
Gut dran ohne die Welt. Mitten im Küssen beneid
Ich die Söhne des künftgen Geschlechts um die künftigen Töchter,
Um ihren Kuß, dessen Lust nicht dem Verdrusse entspringt.

VON DEN RECHTEN DES WEIBES

Von den Rechten des Weibes fehlt ihr das beste noch immer:
Das, im reiferen Jahr stärker umworben zu sein.
Ich – und böt mirs die zeitumkehrende Gottheit – nie wieder
Möcht ich sein, der ich war. Gern werd ich stets, der ich soll.
Und es wohnt mir kein versteckterer Eifer im Busen,
Daß ich dem ernsten Gesetz mich meines Alterns entreiß.
Nämlich der Mann, seinem Wesen fügt er dauernd an Wert zu,
Und was an Wert er gewann, wird in der Liebe gezählt.
Stolz seine Furchen zeigt er und ergrauenden Haare,
Heiter, die Liebste im Arm, wandelt des Wegs er vorbei
An dem Jüngling, dem honigfarbnen, welcher die Muskeln
Vor dem kichernden Volk minder beobachtet rollt.
Aber die andre, die Frau, wer auf ein gewürdigtes Alter
Raubt ihr den Anspruch? Genießt jene nicht tiefere Lust
Als das törichte Mädchen, und schenkt sie nicht ungleich viel
   tiefre?
Ist nicht von eignerem Reiz ihre geprägtere Stirn?
Sind Gespräch und Gefühl an ihr nicht Ziel des Verlangens?
Sie liebt den Geist, und der, meint er, ihn hat, liebt ihn nicht?
Das sind Fragen, worauf mir keiner geschwinde entgegnet.
Stilleschweigend vielmehr gehn die Betroffenen beiseit.

SCHLOSSMUSEUM ZU WEIMAR

Wahrlich, ein muntres Mädchen ist sie, ein übermuntres.
Sei sie in vielem ein Kind, aber von Traurigkeit keins.
Kaum den beschwerlichen Weg zurück vom Schloßberg
    herunter
Zum Elephanten gelegt, füllt schon das Bette der Witz
Ihres belustigten Hinterns, ihr Schoß, bewachsen mit Wollgras,
Regt sich und hüpft. Und mehr Spaßhaftes sinnet sie und
Küßt und nagt und knabbert und schafft sich drollig Erlösung,
Trillerartig und flink, ganz wie ein Igel sich kratzt.
Aber wenn sie müd wird, wird sie durchsichtig. Gleich den
Beeren des Jan de Heem schimmert von innen sie dann.

NACHTFROST

Kaum August. Doch die Liebste, sie hofft des frühesten
   Nachtfrosts.
Hinten im täglichen Blatt sucht sie die Meldung davon,
Blickt auf das Wasser im Napfe, ob es denn gar nicht zu Eis
   fror,
Geht an den Dahlien vorbei, unfroh, sie leuchtend zu sehn.
Und sie schmält mit der Sonne und lobt den Nordsturm und
   rechnet
Jedem Baum zum Verdienst jedes entschwebende Laub.
Sag uns, Schöne, warum ersehnst du den klirrenden Umschlag,
Der dem Seienden Tod nur, oder Mühe, beschert?
– Ach, ihr wißt nicht, der böse Liebste, in Wäldern, so sagt er,
Hat er und Sümpfen zu tun. Aber wenn Kälte die Nacht
Unwirtlich tönt, in meine wärmenden Arme doch kehrt er
Aus den Wäldern mir heim, mir aus den Sümpfen zurück.

DIE FEDER

Manchmal überfliegen einzelne Engel mein Grundstück,
Hin zu dem oder dem tröstungsbedürftigen Volk.
Gestern war einer, die Sonne schimmernd in Flügeln und
    Haaren.
Sie durchschien auch sein Hemd. Deutlich erhellte dabei,
Daß er sanft gebildet und mädchenhaften Geschlechts war.
Lange blickt ich ihm nach. Dann auf dem Pflaster im Hof
Lag was Weißes. Ihm war eine Feder heruntergefallen.
Und ich hob, all dies dir zu berichten, sie auf.

TROCKNE SCHÖPFUNG

An den Birken hängt jeder Zweig. Sie gedeihn in verdrossener
Anmut sehr schnell. Überall zipfelt der Ginster und ragt
Aschendüster und ruppig, der Winter war wieder ein kalter;
Lindgrün immerhin treibts zwischen den Reisern heraus.
Wieder andre Schatten werfen Eichen und Weiden.
Über das gelbe Gras oder das knirschende Moos,
Das bei silbernen Flechten im regengehämmerten Sand steht,
Fallen sie mittäglich knapp. Hier von Lerchen ein Volk
Übt, und da, den Humpelflug. Dort sitzt der weinende Vogel
Bussard auf einem Klotz kräftig gebündelten Strohs.
So mit Gewinn beschau ich die hasenbergende Heide
Von einem Findelstein heitern Gemütes herab,
Und wie der Spatz im gescharrten Trichter am Fuß des
    Wacholders
Trocken sich reinigt, in ihr gönnt sich ein Sandbad mein Aug.
Schätz ich dich, trockne Schöpfung, zu hoch? Freud aus
    Östreich versichert,
Daß wir den Gegenstand stets überschätzen der Lust.
Aber mit Tatsachen dien ich. Jedes, ich schwörs, deiner
    Brüstchen,
Trocknes Geschöpf, für sich wiegt seine einhundert Gramm.

SÜSSER ERNST

Monde kamen, entschwanden. Zwei Mal um die Achse der Erde
Nun im Weltenraum schon drehete Brandenburg sich.
Und wir begehrten uns noch und waren einander ergeben.
Und noch flaute nicht ab, was vor zwei Tagen begann.
Alle Knochen des Hirns und alle Gelenke der Seele
Schmolzen und hatten den Punkt süßesten Ernstes erreicht,
Wo der Liebe Bewegungen langsam und notwendig werden
Wie die Umwälzungen droben des Sternengewölbs.
Von der niedrigen Decke hingen gedorrete Rosen,
Blumenheu. Unverblüht strömte es staubigen Duft.
Nachts ging, und Tags, der Nachtigall rege gemurmeltes
   Schluchzen.
Nicht verrinnt uns die Zeit, sondern sie findet nicht statt.

TASTEND

Nervig nie war mein Bein, doch eben arm nicht an Nerven,
Ganz der Fülle gewahr wirds deiner spendenden Haut.
Eher auch reißt mein Sinn sich von jedem edleren Ziel ab,
Ehe die Wölbung der Hand der deiner Brust sich entreißt.
Menschen müssen auf Menschen liegen, Alles in Allem.
Tastend, tasten sie wohl endlich zur Menschheit sich vor.

MORPHEUS

Seltsam, Morpheus, nicht Amor, patronisiert unsre Liebe.
Öfter jenen als den hast du erblicket. Er zeigt
Schwarzgeäugt sich, ein Jüngling, mit blaugeschatteten Lidern.
Blaß herüber zu uns schimmert sein schönes Gesicht,
Wenn er am Stuckspiegel lehnt, die Fackel eben noch haltend,
Und den begehrenden Kopf nieder ins Kissen uns drückt.
Aber Gott ist Gott und einer so gut als der andre
Und die Lust, so zu ruhn, tief wie die Ruhe der Lust.
Siehe, die Decke entschwinden läßt das Lächeln der Gottheit.
Über uns Schlummernde nun wölbt sich die Kapsel der Nacht.
Bis zur fernen Mitte hinan in steigenden Streifen
Rings mit Körnern besetzt ist sie des bläulichen Mohns.

DIE SPALTE

Weither auf langen Straßen kam sie, die Ärmste, gereiset,
Ihrer Rückkunft in Pein hatt ich gewartet. Erschöpft
Waren wir beide daher, als wir Arm in Arme uns lagen.
Zwar, wir schliefen just nicht, aber wir wachten doch kaum,
Sondern kosten einander, die übergewichtigen Lider
Gegen des kraftlosen Augs untere Hälfte geneigt.
Und so sehr benahm uns die Liebe jeglichen Sinnes,
Daß der Ort uns zerfloß und die Gemarkung der Zeit,
Bis der Morgen das Dunkel aufhob, das mild war und anders,
Als die unwärmende Nacht meist dem Germanen erscheint.
Alles weiß ich von jener Nacht, und stets werd ichs wissen.
Denn in die Spalte hinab zwischen Bewußtsein und Schlaf,
Haarfein sonst, doch diesmal durch süße Erschlaffung geweitet,
Niedersank, was geschah, bis auf den innersten Grund
Mir des Herzens und liegt da, verwahrt und nimmer berührbar
Von jedwedem, was je wieder das Herz mir bewegt.

G.

Zwar in Wetzlar hat Goethe »Leck mich im Arsch« schon
 geschrieben,
Aber im ewigen Rom erst, es zu fühlen, gewagt.
Sie, die der römischen Ops in nichts sonst ähnelt, ein Gleiches
Wirkte mein Mädchen an mir. Seht, und ich wollte, die Welt
Hätte nur eine Zunge ...

VERMISCHTE

SALOMO

Frei und hoch und unbezwungen
Steht das Lied, das ich gesungen,
Dem Busen ähnlich meiner Sulamith,
Der niemals einen Büstenhalter litt.

DIOMEDES

Keinen gern zum Männermord send ich. Aber mit Schauder
Von der Verblendung stets vernahm ich des reisigen Lenkers
Starkbehufeter Rosse Diomedes. Den Speer hebt
Frevelnd im Taumel der Schlacht der Tydeid und verwundet
Mit der ehernen Spitze die Göttin, die heilig, die schwarze
Aphrodite, die schadenbringende Tochter des Chaos.
Eilet, Menschen, versöhnt sie! Opfert ihr, opfert ihr reichlich:
Kerzen opfert, Wein und Grundsätze. Gegen die Liebe
Kommt ihr nimmermehr auf. Verderbt es euch nicht mit
   dem Monde.
Fügt ihr euch, seid ihr gestraft, doch verloren, naht ihr in
   Feindschaft.
Aber wohl der Stadt, über die sie schützend die Hand hält.
Nun P*** V***** wieder, er schmäht sie mit Reden, die wörtlich
An im Gedicht zu führen nicht ziemt. Ich häng meinen roten
Schirm einem kahlen Feigenbaum in die Hörner und denke
Seiner mit Mitleid und tiefer Besorgnis. Ungründlich erwog er,
Daß nicht lange besteht, wer wider Unsterbliche anficht.
Anhänger nennt die Göttin ihr eigen, wo irgend man eintritt,
Offne und heimlichere, in Destillen und Akademien.
Im Gewühl schlägt sie zu der bescharrten Straße, und mitten
Reißt die Sticklaft entzwei der gängeverzweigenden Ämter
Ihr pastellenes Lächeln. Zurück auf den spiegelnden Platten
Läßt der Schreibtische sie der Parteidienststellen den Umriß
Ihrer Hinterbacken, zwei vollkommene Kreise.
Der Berserker gehorchender Heerbann, zu ihr läuft er über.
O! wenn des Nachtwinds Geruch euch, der malvenfarbne,
   nicht lehret,
Oder den Abdruck nicht jemals ihr tragt eines senfblonden
   Haupthaars
Auf dem Schenkel, doch solltet ihr, Unüberzeugte, sie fürchten:
Ihr erlag der Gaultummler Diomedes, der stärker
War als Hektor, nach dem doch die kräftigsten Hofhunde
   heißen.

AM SCHEIDEWEG

Wenn Liebe mir am Leben zehrt,
Lieb ich doch immer fleißig.
Undeutlich ist des Lebens Wert.
Den der Liebe weiß ich.
Ich hab geackert vierzig Jahr,
Es ward mir bös gedankt.
Nun soll es sein die Nachwelt gar,
Die sehr nach mir verlangt.

Die Nachwelt rollt an mir vorbei
In weiß und rosa Kissen.
Da hab ich den Verdacht, als sei
Sie heute schon beschissen.
Mein Denkmal auf der Hacksallee,
Von Zukunfts-Volk umwühlt –
Wenn ich diese Kinder seh,
Schwant mir, was es fühlt.

Ich lieb nicht schlechter, als ich schreib,
Bin ja dasselbe Wesen.
Der Unter- wie der Oberleib
Hat seinen Marx gelesen.
Und wann ich den Entschluß gefaßt?
Mein Engel, als ich fand,
Wie gut du mich begriffen hast
Mit deiner Engelshand.

DIE SONNENBLUMEN

Den Sonnenblumen sind die Köpfe abgeschnitten.
Bald kommt das erste Eis den Fluß herabgeglitten.
Zu Dunst zerfließt der Mond, der Wald und Flur beschien.
Der Sommer weicht. Und nun er weicht, vermißt man ihn.
Im Roggenfeld, wo her und hin die Nebel wehen,
Sieht man den Teufel gehn und seine Disteln säen.
In Haufen fault das Laub, vom gelben Baum gefacht.
Doch ist all dies der Quell nicht, der mein Elend macht.

Denn zürnte mir ein Gott dermaßen, daß er hinter
Dem viergeteilten Jahr, Lenz, Sommer, Herbst und
   Winter,
Ein fünftes Wetter schüf und überzählge Zeit,
Wo aufbräch aller Haß und schlimme Möglichkeit
Im Schoß des Seienden, wo Felsenbäche brausten
Aus berstendem Gebirg und Trümmerstürme sausten,
Wo sich der träge Stoff, empört aus seiner Ruh,
Erhöb und regnete vom Grund dem Himmel zu,

Wo die Verwandlungen aus ihrer Kette spröngen,
Bis Willkür Raum gewänn, als Glied sich einzuhängen,
Und aller Weltbestand spräch aller Regel Hohn
– Schüf er, so sagte ich. Und schuf er denn nicht schon?
Dies Wetter, wo Verein sich löst und Halt der Kräfte,
Ist wohlbekannt. Es heißt: die menschlichen Geschäfte.
Der vielen Herbste Herbst, Schwund ohne Neubeginn,
Sieh dir die Menschheit an. Lebt sie nicht längst darin?

Drum glaub mir: es vermag aus meinem Wohlbehagen
Kein viertes Viertel mich, kein fünftes mich zu jagen.
Womit, mit welchem Grau, Natur mich auch umgibt,
Geliebt, erheiterts mich. Und quält mich, ungeliebt.
Das starke Triefen nicht des Pfads stimmt mich verdrossen.
Mein Leid ist nicht vom Frost, es ist von dir beschlossen.
Wärst du mir nur zurück und wie zuvor geneigt,
Ich säh den Rauch ganz gern, der in den Feldern steigt.

SEIT DU DABIST

Seit du dabist auf der Welt,
Seit du mit mir lachst und schweigest,
Seit du mit mir liegst und steigest,
Seit auf dich mein Jammer fällt

Und in blöder Tage Lauf
Kämpfend du mit mir ermüdest,
Lächelnd, Himmlische, als lüdest
Du dir eitel Wonne auf,

Weiß ich endlich, was mich hält,
Daß ich nicht in Tollheit ende.
Ganz verbindlich schüttl' ich Hände,
Seit du dabist auf der Welt.

RICHTIGSTELLUNG

Um die Dinge einmal wieder
Ins gehörige Verhältnis zu setzen: ich bin
Ein Eichbaum, ich singe mit tausend Vögeln.
Über mir geht die purpurne Sonne auf, das
Ist deine Liebe. Vorn, links unten,
Sehen Sie einen kleinen, grünen Gallapfel,
Das ist die Welt.

AN DIE TUGEND

Tugend, keinen Dank bedarfs. Unstreitig,
Vieles Edle wirkte ich im Stillen.
Doch die Achtung wär nicht wechselseitig.
Nichts davon geschah um deinetwillen.

Lieber als Gewissenslohn genieße
Pralle ich und liebesfeuchte Leiber.
Was ich für die Menschheit unterließe,
Tu ich immer gerne für die Weiber.

ZUFLÜCHTE

Wie es sich lebt in dieser Zeit, ich weiß es nicht.
Ich wählte eine Liegenschaft mir, die, so weit
Der Blick vom Turm reicht, wie in allen Zeiten ist,
Die Birken wie vor Alters, wie seit je das Moor.
Wie es in diesem Jahr sich liebt, ich weiß es nicht.
Ich fand mir eine Liebste, die nicht anders als
Der Nymphen Brauch war und Natur empfiehlt, den Arm
In treuer Neigung um mich schlingt. So, wohlgestärkt
An Aug und Herz, im Häusermeer gelegentlich
Besuche ich die neuesten Fraun und sinne, wie
Zu machen ging, daß so bekömmlich ihr Geräusch
Einst zu vernehmen wär wie eines Hunds, der bellt.

VERLORNER EIFER

Ich kann ohne Liebe nicht bleiben,
Ich bin so ungern allein.
Ich kann auch nicht weniger schreiben,
Mir fällt zu vieles ein.

Die Weibs- und Leserpersonen
Danken mir nicht nach Gebühr.
Ich sollte mich besser schonen.
Wenn ich nur wüßte, wofür.

DIE SIRENE

Sie lag in ihrem Bett von warmem Sand.
Sie hatte zum Erstaunen hübsch gesungen.
Er war zu jenem unbekannten Strand,
Dem Schall der Stimme folgend, vorgedrungen.

Sie war nicht eben ein Geschöpf von Geist,
Doch litt sie heiter, daß sie Umgang pflögen.
Ihr Wuchs erschien ihm eine Spur zu feist.
Er unterhielt sie, fand er, nach Vermögen.

Er teilte sich ihr mit. Wo seine Triere
Herkäm und was ihn durch die Meere treibe.
Er war nicht sicher, ob sie ihn kapiere.
Während sein Blut verrann an ihrem Leibe,
Fiel ihm noch auf: Die Bucht ununterbrochen
Lag wie bestreut mit weißen Menschenknochen.

TANNHÄUSER

Frau Venus hat ein rosa Schlafzimmer.
Die Wände sind rosa, der Teppich ist rosa.
Das Laken ist rosa, der Bezug ist auch rosa, das Bett ist
Aus Mahagoni. Nur die zwei Affen, welche
Die rosa Kerzen mit den rosa Flammen halten,
Haben ein goldenes Fell. Übern Berg oben
Rollen die Lastautos. Frau Venus selbst ist
Ganz rosa, sie fragt: mußt du denn schon wieder
Singen gehn, Liebling?

DORNRÖSCHEN

In einem rosa Höschen,
Die Knie bis an dem Kinn,
So fand ich mein Dornröschen,
Die holde Schläferin.

Ich setzte auf dem Linnen
Mich nieder, wo sie lag,
Und bot, um zu beginnen,
Ihr einen schönen Tag.

Und ist es schon am Tage?,
Es wispert als ein Hauch,
Was auch die Glocke schlage,
Ich schlaf tagüber auch.

Da mußt ich mich erdreisten,
Da küßt ich sie geschwind,
Und dorthin, wo die meisten
Küsse von Wirkung sind.

Da glitt ein müder Schimmer
Ihr übers Angesicht:
Mon Prince, ich schlafe immer,
Ob man mich küßt, ob nicht.

ENDYMION

Einst in einer Nacht, die klar,
Doch natürlich mondlos war,
Schlief ich im Gehölz, dem warmen,
Und alsbald in meinen Armen,
Wie vom Mond herabgestiegen,
Fand ich eine Dame liegen.
Ihren Silberarsch, den kleinen,
Schien ihr angebracht, auf meinen
Oberschenkel hinzubetten
Und damit vor Schmerz zu retten.
Voller Piniennadeln lag
Nämlich Latmos' Hain und Hag.

Hiernach hob sie selbstbewußt
Ihren Kopf von meiner Brust.
Wissen Sie, so sprach sie, daß
Höchste Huld ich walten lass,
Und daß ich Selene bin,
Die beliebte Mondgöttin.
Ich besah Sie oft von oben,
Ohne Sie zu sehr zu loben,
Aber mein Intresse galt
Ihrer schmucken Mannsgestalt.

Wie des Sommers Brise leidet,
Waren wir nur leicht bekleidet,
Mein Besuch mit einem losen
Schleier, ich mit Baumwollhosen.
Und sehr rasch sind uns im nächtlich
Lauen Dunkel die geschlechtlich
Beiderseits erregten Mitten
Zueinander vorgeschritten.

Näheres läßt sich nicht erzählen.
Denn sie übte einen Seelen-
zauber, daß, auch wenn ich wollte,

Ich mich nicht erinnern sollte.
Deutlich ist mir, was geschah,
Bloß vom wie ist nichts mehr da.
Fünfzig Mal, so viel steht fest,
Hat sie hier im Liebesnest,
Rittlings über mich gebeugt,
Eine Tochter sich gezeugt.
Just die fünfzigste erst neulich.
Gar kein Streit, es war erfreulich.
Doch ich kann bei dieser Frau
Mir nicht merken, was genau
Zwischen mein- und ihrem Fleisch lief,
Als sie mir im Walde beischlief.

HERMINE

Hermine stand am Wolkenstore
Und blickte bang hinaus.
Ihr rundes Hinterteil sah vor
Dem Tüll ganz reizend aus.
Die Sinne fliehn ...
Jetzt ahnt sie ihn ...
Er biegt ums Eck von Sankt Marien.

Der Liebste lag im Bett und fror.
Herz, laß mich nicht allein!
Hermine steht am Wolkenstore
Und mag nicht zärtlich sein.
Die Sinne fliehn ...
Jetzt ahnt sie ihn ...
Er biegt ums Eck von Sankt Marien.

Der Gatte klopft ans Eichentor.
Weshalb hast du den Riegel vor?
Der Liebste fährt ins Stiefelrohr.
Hermine steht am Wolkenstore.
Wohin, wohin?
Ein Abendglühn
Webt Rosen über Sankt Marien.

KURZE NACHT

Der Küsse, Liebster, sind genug.
Es ging der erste U-Bahnzug.
– So mag er gehen doch.
– Es ist das silbergraue Licht
Des Morgens, das den Traum zerbricht
Und ruft mich fort ins Alltagsjoch.
– Bleib, Liebste, liegen noch.
Soll Arm von Arm und Bein von Bein
So grausam balde scheiden?
Laß, du mein schönes Leiden,
Mich deine Freude sein.
– Nur einen letzten Kuß. – O gib
Noch einen zu. – Ich hab dich allzu lieb.

Die zweite U-Bahn dröhnt vorbei.
Erbarm dich, Liebster, gib mich frei.
– Was hast du ihrer acht?
– Der Sperling rät, der Postfrau Trab
Von meiner Lieb und Torheit ab.
Wie war mein Weilen unbedacht.
– Nacht, rosensüße Nacht,
Die du mit Seligkeit beschwert
Die Fasern meiner Lenden.
Es kann, es darf nicht enden,
Was nie mehr wiederkehrt.
– Dann einen letzten Kuß. – O gib
Noch einen zu. – Ich hab dich allzu lieb.

O laß mich, Liebster, es ist spät.
Das ist die Tram schon, die jetzt geht.
– Mein Schmerz du, mein Begehr.
– Mein guter Mann hat nie gemocht,
Daß er sich selbst den Kaffee kocht,
O mach mir nicht die Trennung schwer.
– Ich laß dich nimmermehr.

Kein Brausen dieser Welt vertreibt,
Kein Morgenwind kann kühlen
Die Not in meinem Fühlen,
Wenn mir dein Mund nicht bleibt.
– Ich kann ja nicht. Ein Kuß. – O gib
Noch einen zu. – Ich hab dich allzu lieb. –

Zu rührig, Leute ihr, zu eilig, Wagen,
Euch soll dies Lied ob eurer Schuld belangen,
Daß ihr die schmale Schattenwohnung meines
    Glücks zerschlagen
Und daß mein Lieb so schnell nach Haus gegangen.

DER SCHÜCHTERNE KASPER

Wenn ich lache, lachst du wieder,
Wenn ich nahe, nahst du dich,
Gerne sitzt du bei mir nieder,
Gretel, das ermutigt mich.

Wenn ich deinen Arm berühre,
Sagst du sanft und mütterlich:
Ich verschließ nur rasch die Türe.
Gretel, das ermutigt mich.

Wenn ich noch das Leibchen freileg,
Machst du schon die Beine breit.
Ob ichs wag und mich dir beileg?
Herrlich ist Verwegenheit!

KLOSTERIDYLL

Es sprach ein Mönch zu seiner Nonne:
Komm her, du meine Herzenswonne,
Ich bin noch jung, du bist noch schön,
Laß uns geschwind zu Bette gehn.
Noch ist mein Körper schlank und sehnig,
Noch blühst du rosigen Gesichts.
Wenn wir erst alt sind, sind wir wenig,
Und wenn wir tot sind, sind wir nichts.

Nun ging, indem der Mönch so sprach,
Der Abt just durch ihr Schlafgemach
Und hörte das erhitzte Paar
Und sah den Zustand, worin es war.
Ab, Kinder, rief er, in die Kissen,
Verschafft euch eine frohe Nacht.
Ich selbst will eben zur Äbtissin,
Wir sehn uns dann zur Frühandacht.

KLEINE FREUNDIN VORM SPIEGEL

Das Kind, das meinem Bett entsteigt
Mit rabenschwarzem Haar,
Wie unbefangen sie mir zeigt,
Woran doch nichts zu loben war.

Jetzt hat sie einen rosa Slip,
Sie ist fett für ihr Alter,
Und jetzt, daß ihre Brust nicht wipp,
Einen schwarzen Büstenhalter.

Dann hat sie noch ein kurzes Hemd,
Sie sagt, es ist ein Kleid.
Die Jugend ist mir ziemlich fremd,
So ungeniert und so verklemmt,
Ich seh ihr zu, wie sie sich kämmt,
Und tu mir leid.

DES MANNES LIEBE WOHNT IM HERZEN

Des Mannes Liebe wohnt im Herzen,
Dort ist er ihrer sich bewußt.
Drum kann er mit der Liebe scherzen.
Wer reißt das Herz ihm aus der Brust?

Des Weibes Liebe wohnt in Worten,
In Seufzern und dem Augenschein.
Drum aller Weilen aller Orten
Muß sie der Lieb versichert sein.

Dem Mann, ihm sind die Zweifel ferne,
Dran es dem Weibe nie gebricht.
Drum sagt das Weib zum Mann so gerne:
Treuloser, ach, du liebst mich nicht.

DIE FRAU, ZU DER ICH ABENDS GEH

Die Frau, zu der ich abends geh,
Sie ist ein liebes Ding.
Vor ihrem Hause lag der Schnee,
Als ich zum ersten Mal hinging.

Vor ihrem Haus blüht jetzt ein Strauch.
Das frühe Jahr kam spät.
Man fragt sich manches und so auch,
Warum man immer noch hingeht.

Das Meiste hat doch keinen Sinn,
Was einer tut und läßt.
Der Ostwind stinkt nach Tugend,
Nach frischen Gräbern stinkt der West.

O Welt, o stolz und dumme Welt,
Wie hab ich dich geliebt.
Du nahmest mich mit einer Kält,
Die dir mein Herz nicht mehr vergibt.

Mir sagt die Frau, zu der ich geh,
Daß ich ihr Alles sei.
Ich hab sie gern, soweit ich seh,
Und sechzig Jahr sind schnell vorbei.

DER SCHULDNER

Du hast zu mir die Lieb empfunden,
Die einem wie ein Blitz geschieht,
Die alle früh und späten Stunden
Mit Hochbedeutung überzieht.
Ich lieb dich minder. Doch ich sage,
Ich lieb dich sehr, auf deine Frage
Und schau dich voll des Dankes an,
Daß ich dir hierin dienen kann.

ZUR GÜTE

Mein Kind, du bist zur Ehrlichkeit gelaunt.
Du willst die Sache klarer, also schlimmer.
Daß unser Glühn verlosch, macht dich erstaunt?
Wer liebt schon feurig? Und wer liebt schon immer?

Wer liebt schon immer? Aber auch der Schein
Der Liebe wird in solchen Zeiten selten.
Das bißchen Wärme, bißchen Höflichsein,
Es sollte unter Kennern höher gelten.

Ist nicht der Mann dem Weib, das Weib dem Mann
Ein Grund des Freuns, so gut als Wein und Rosen?
Ist nicht Haut Haut, Haar Haar? Und wo es an
Der Liebe mangelt, bleibt nicht das Liebkosen?

Die heitre Täuschung gutgemeinter Lügen,
Du weist sie von dir, kleiner Wahnverächter?
Ich wollte mich mit wenigem begnügen.
Doch keine Sanftmut mehr eint die Geschlechter.

OHNE GROLL

Heute Nacht aus langem Rausche
Bin ich endlich aufgetaucht.
Mein Entschluß ist aufgebraucht
Und mein Leiden. Und ich lausche,
Während ich Genesung spüre,
Dem Geplätscher deiner Schwüre.

Und ich hoffe, daß sie lügen.
Falls du liebtest, wärst du schlecht.
Nur der nicht liebt, darf mit Recht
Falschheit so an Falschheit fügen.
Schöner Vogel schwanzlos,
Jetzt bist du mich ganz los.

Völlig locker bei der Sache,
Treib ich zwischen deinen Knien
Letzte Quelquechoserien,
Und ich wünsch dir, frei von Rache,
Einen neuen Lieb- und aber
Niemals einen Unliebhaber.

DER SIEGER

Mit langen Schritten eilet nach Haus der Sieger
Vom Lager weg der Besiegten. Wohlgefällig
In seinem Ohre tönet ihr Röcheln wider.
Genug ja stritt er. Hinsank Bollwerk um Bollwerk
Vorm Donnersturm des eisenköpfigen Tieres,
Bis da nichts stand mehr hielt, nicht Gürtel noch Brustwehr
Und da nichts mehr zu retten war und nur Flehen
Um Gnade möglich. Wo wenn nicht hier für lebt man?
Und all dies köstlich erinnernd, einverstanden
Mit sich, der Welt und den Göttern, eilt er. Nicht, ach,
Der Tor, bedenkt er vieler Sieger Verhängnis,
Wie sie zu sättigen hatten den Besiegten,
Um ihn zu Kräften zu bringen, wie sie trösten
Den schwer Gekränkten mußten, eingehn auf seine,
Des nicht zu missenden – denn ohne ihn freilich
Warn sie nicht Sieger mehr – besondere Artung,
Wie keinem Tag sie fluchten gleich jenem, da sie
Im Jubel fuhrn durch die bebänderte Pforte,
Durchaus Geschlagne selbst, in Ketten selbst: Sieger.

PRIAPOS

Du, der von dem, was am Mann geschätzt wird, mehr
Als alle hast und eher dennoch verlacht
Lebst als umworben, trauriger Gärtner, was
Ist, das dir abgeht? Am Rand des Schnitterfests
In Schlaf gesunken liegt die Göttin, und du,
Mit einem Angebot, turmhoch über dem
Sogar des Traums noch, nimmst sie zwischen die Knie.
Da schreit ein Esel, sie fährt empor, erblickt
Dein Gartenmesser, und nicht williger spreizt
Sie nun die fetten Schenkel, im Gegenteil
Schreit schlimmer als der Esel, und ihr und sein,
Der Göttin und des Esels Doppelgeschrei
Treibt dich vom Platze. Leider zum Erbteil nicht
Empfingst der Mutter fesselnden Gürtel du
Und nicht des Vaters überredenden Trank.
Im Blickfeld, Starker, steht deine Stärke dir.
Merke: Frauen sind wie die Welt. Ihre Lust
Auf Lust ist klein. Ihr nötigstes Glück, man muß
Es ihnen erst in die Seele schwatzen. Sonst
Nur immer sagen sie: Laß, es tut mir weh.

FEUCHTE WÄRME

Flehend lag ich vor Asklepios' Herme.
Hilf, o Herr! Die Welt sprengt mir die Galle!
Und das Bild mit erznem Widerhalle:
Ab ins Bett, mein Sohn, und feuchte Wärme.

Chloë, als ich ihr den Fall berichtet,
Hat sie voll dem Gotte beigepflichtet.

DIE AUSTER

Man fragt sich, was der graue Glibber fühlt.
Da liegt sie, zwischen ihren Fransen bebend.
Das Meerwasser, das salzig sie umspült,
Du schmeckst es, lustvoll sie zum Munde hebend.
Du schlürfst sie ein mit einem langen Schluck.
Das Tier scheint wie geschaffen zum Genusse.
Dem Druck der Zunge pulst es Gegendruck
Und strömt sein Leben hin in einem Kusse.

TRÄNEN

Als ich dich zu Bette legte, liefen
Dir die Tränen in die weiße Beuge
Deines Arms, als ob in Abgrundstiefen
Sich, jedoch woraus? ein Meer erzeuge.
Und nun rann es unter deinen Haaren.
Feststand eines: daß wir glücklich waren.

Lautlos trug ich noch die Aschenteller,
Bis auf meinen, und die Gläser fort.
Nach dem Hof hin ward der Streifen heller
Zwischen Jalousie und Fensterbord.
Still auch du, weil du es höflich meintest.
Doch was half dein Stillsein, da du weintest?

Und ich saß am Fenster, und ich sog
Stumm an dem Tabak in meinem Munde.
Zwar ich blieb, damit der Rauch abzog.
Und du weintest, und aus keinem Grunde.
Seltsam war: dein ursachloses Weinen
Wollte mir nicht unbegreiflich scheinen.

DIE KLEINEN EINHÖRNER

I
Schön ist dieses an der Natur: daß sie nicht wie Berlin ist.

II
Gliche dem Leben sie mehr, wäre kaum heiter die Kunst.

III
Aber die kleinen Einhörner, fast nur bestehn sie aus Augen,
Großen, runden. Ihr so im strengeren Alter voll Hochmut
Tötendes Horn ist weich noch beflaumt, ihr Nichtvonder-
    weltsein
Minder stämmig als dann und minder robust ihre Keuschheit.
Ihre Unschuld vertraut noch. Sollten Sie demnach ein kleines
Einhorn im Wald finden, dürfen Sie nur mit der Hand es
    berühren,
Wenn Sie es mitnehmen wollen und treulich in Pflege behalten.
Wenn Sie es nämlich berühren und hinterher weitergehn,
    stirbt es.

DIE RIPPE

Sie ist so schmal und weiß, kaum merklich nur geschlitzt,
Der Rippe ähnlich noch, woraus man sie geschnitzt.
Und in so kargen Wuchs will ich nun solche Mengen
Von meinem aus Begier genährten Mißwuchs drängen?
Nun denn, sie blickt erstaunt. Nun denn, sie spricht: nein, nein.
Da bin ich schon in ihr und kann nicht wohler sein
Und finde Raum zur Lust und Freiheit zum Vergnügen.
Und ließ mich um ein Haar von ihrer Schmalheit trügen.
Sei, Adam, unbesorgt um deiner Brunst Verbleib.
Es paßt enorm viel Mann in äußerst wenig Weib.

Doch kommt mir etwa ein, beiläufig unterm Lieben
Von meinem Weltgefühl auch mit hineinzuschieben,
Da faßt sie mich nicht mehr und hat sich bang und eng
Und hält mir vor, wie schier ich sie in Stücke spreng,
Und seufzt verzweiflungstrüb, als sei sie schon zerbrochen,
Und wird, von dem sie stammt: der weiß und spröde Knochen.
Da schab ich nun mein Herz, mein Sehnen stößt sich wund.
Da lieg ich mit Verdruß und sehe nicht den Grund,
Daß eher ich mein Fleisch vollauf in ihres quäle
Als in ihr Seelchen nur ein Quent von meiner Seele.

O Schrammenfühlender! jetzt werde du nicht kalt.
Frost heilst du nicht mit Frost und Angst nicht mit Gewalt.
Hier ziemt Behutsamkeit. Hier wird sie Schutz bedürfen.
Hier darfst du nicht in ihr, wie dir zu Mut ist, schürfen.
Hier wehrt sie sich aus Not. Hier ist nicht alles mehr,
Zogst du dich hier zurück, so wie es war vorher.
Hier sollst, will Gott, dein Ziel unschadend du erreichen,
Gelingt ihr Tiefstes dir vertraulich zu erweichen.
Denn nicht ihr innrer Schoß, nein, ihre innre Brust
Ist, wo, wenn du sie liebst, du ihrer schonen mußt.

EIN GLEICHNIS

Du hast am Abend Licht gemacht.
Ich war dein neuer Mann.
Das Licht ging aus zur halben Nacht
Und ging dann wieder an.

Lieg stille, Freundin, liege still,
Auch wenn die Flamm nicht brennt.
Ob sie nicht wieder brennen will.
Die Nacht ist nicht am End.

Lieg stille, Freundin, liege still,
Im Docht ein Funke glimmt.
Wenn du mich morgen hassen wirst,
Kann sein, daß es nicht stimmt.

FRAGE NICHT, OB LIEBE LOHNET

Frage nicht, ob Liebe lohnet,
Frage alles, nur nicht das.
Ende, das im Anfang wohnet,
Färbt die Mitte leichenblaß.

Frage nicht, wie lang es daure,
Mach uns nicht das Starksein schwer.
Dank das Glück dem Glücke, traure
Nicht die Trauer von nachher.

Lebens blühende Entwürfe
Drängen tief in dir ans Licht.
Freilich, fragst du, ob man dürfe,
In dem Falle darf man nicht.

Denn die Knospe wird zum Sarge,
Die den Winter scheut im Mai,
Und Vorhersicht zieht das Arge,
Das sie meiden will, herbei.

DIE ESPEN

Aller Wind in Deutschland, bekanntlich aber entsteht er
Durch die Espen. Diese ewig geängstigten Bäume
Regen mit ihren Blättern die Luft auf. Im Falle besondrer
Furcht bis zum Orkan, so zittern sie. So in der Liebe
Rühret Mißgeschick meist aus Sorge vor Mißgeschick, also
Beuge, Geliebte, nicht vor. Nicht anders ferner in Manchem.
Wären die Espen nicht, Stille herrschte und heiterster Frieden.

VORBEHALT UND HOFFNUNG

Mein schönes Kind, du hast sehr zarte Glieder
Und ein sehr eigenes Gesicht.
In dir erkenne ich nicht tausend wieder.
Bis jetzt noch nicht.

Ich sehne mich, das ist mir wohl bewußt,
Nach einer ganz bestimmten Lust
Von meinem Maß und Zuschnitt. Und ich scheue
Da keinen Preis. Nicht einmal den der Treue.

Der Mensch, wenn er was will im Leben,
Bekommt er, was er nicht gewollt, zumeist.
Die einsichtsvollen von den Göttern mögen geben,
Daß du es seist.

WIE SONNENSCHEIN IM MÄRZEN

Wie Sonnenschein im Märzen
Ist Liebe, die beginnt.
Über die heißen Herzen
Weht noch ein kühler Wind.

Die Glut auf meiner Lippe,
Sie dringt noch wenig tief.
Das Glück steht auf der Kippe.
Da steht es doch nicht schief.

Vollkommen ist die leichte
Lust, die der Frühling schenkt,
Weil nur das Unerreichte
Nicht an Sterben denkt.

Werd ich mich je erwärmen,
Der ich so lange fror?
Die ersten Vögel lärmen
Und haben vieles vor.

FRAGE

Der Uhr zufolg war Tag. In meinem Herzen
Indessen glomm und in den Gaslaternen
Erinnrung an die Nacht. Aber am Fuß
Von den Laternen standen Vögel, groß
Und graue, äußerst mißgestalte Vögel,
Und sangen da aus vollem Hals. Sie sangen
Ganz unrein und ganz glücklich, so wie ich,
Sänge ich je, gesungen haben würde.
Ich frage dich, Geliebte:
Was haben die denn in der Nacht gemacht,
Daß sie jetzt morgens so laut singen müssen?

HOCHZEITSLIED

Haben auf diesen Tag
Lange warten müssen
Wie zwei Tropfsteine,
Ehe sie sich küssen.

Haben uns gesucht,
Haben uns gefunden.
Wollen uns suchen
Bis zur letzten Stunde.

Unsre Liebe, die soll sein
Fest wie Glas.
Ein Glas, das hält fünfhundert Jahr,
Wenn ichs nicht fallen laß.

DIE BODENREFORM

Zwischen Friesland und Tundra, nördlicher Streifen des allzu
Nördlichen Vaterlandes, wie zum Verwundern mit einmal
Rührst du, Mecklenburg, dich und zeugest weißliche Mädchen,
Nymphen der Viehkoppeln, Töchter des Rüben-Pan! Einige
    lieb ich,
Alle zu singen verlangts mich und ihre Pracht zu beschreiben:
Ihre gerundeten Rümpfe und minder üppigen Brüste,
Ihre windkühlen Lippen und wahrhaft gesalzenen Küsse,
Ihre blond und genauest hinempfindenden Schenkel.
Meeräugig nenn ich sie, reinlich lüstern. Das silberne Lila
Aber des Haars, gleich dem reifenden Korn ist es bräunlich
    beschattet.
Wo nur waren sie vorher? Im Dämmer länglicher Katen
Staken sie, zu mistenen Füßen verurteilt und Köpfen,
Schiens, vom Stand der Erzeugung. Seit der Befreiung, als
    ob der
Neubelebte Schaum sie allnächtlich gebäre, in Scharen
Dringen siegend zu uns sie herein durch die Tore der Städte.

VENUS UND STALIN

Sie, ihre Füße badend, trägt kein Kleid,
Das zu durchnässen sie vermeiden müßte.
Sie zeigt dem All in Sommerheiterkeit
Den Hintern und die weltberühmten Brüste.

Er, nebst noch einer Schreibkraft, prüft, erwägt,
Am Saum des Quellbachs hingestreckt, Berichte.
Damit sie Zephir nicht von dannen trägt,
Benutzt er Kieselsteine als Gewichte.

Gelegentlich läßt er das Auge ruhn,
Das väterliche, auf den prallen Lenden
Der Göttin, die, versunken in ihr Tun,
Ein Bein gewinkelt hebt mit beiden Händen.

Ein milder Glanz geht, eine stille Pracht
Unwiderstehlich aus von diesem Paar.
Die Liebe und die Sowjetmacht
Sind nur mitsammen darstellbar.

NEUE LIEBE

Neue Liebe, mach es gnädig,
Nicht zu strenge nimm den Lauf.
Allen Kummers war ich ledig,
Lad ihn mir nicht wieder auf.

Zwar, des Gottes dunkle Gnaden
Haben, weiß ich, ihren Preis.
Herzenslust ist Herzensschaden.
Lieb ist Liebe. Und ich weiß:
Wie ein Ungewitter gnädig
Nimmt das Ding jetzt seinen Lauf,
Und des Lebens wär ich ledig,
Lüd es mir nicht Tode auf.

ANMUT UND WÜRDE

Du mein Ernst und meine Freude,
Du mein Schlendern und mein Ziel,
Meine Freiheit, mein Gebäude,
Mein Gewicht und mein Gespiel.

Weil dein Kuß, dein blühend reiner,
Weil dein reiner Blütenkuß
Mich gemahnt, daß endlich meiner
Ich mich wert erweisen muß,
Bist du meine strenge Freude,
Bist du mein vergnügtes Ziel,
Meine Freiheit, mein Gebäude,
Mein Gewicht und mein Gespiel.

FEIGHEIT

Von den Gedanken hab ich dieses Jahrhunderts die wahren,
Von den Mädchen das schönste. Im Hervortreten heiter
Wirft die erfreuliche Sonne die schwarz oder regengestreiften
Haufen um des Gewölkes. Änderung seit neuestem fürcht ich.

SELBSTERKUNDUNG

Der Mensch, von einer fremden Warte
Lernt er erfahren, wer er sei,
Und nur in einem Widerparte
Hat er sein tiefstes Konterfei.
Was ich vollbrächte oder litte,
Ich wüßt es nimmer als durch sie.
Ihr Hintern, ihre nasse Mitte,
Zuckt in der Zange meiner Knie.

ANLÄSSLICH IHRER AUTOREISE
IN DIE NÖRDLICHEN PROVINZEN

Dies, o einfallsreicher Daimler, war keine
Gute Idee. Vier Tage lang und Nächte
Hat mein Mädchen die Stadt verlassen. Hätt sie
Müssen zu Fuß gehn, wär sie zu Haus geblieben.
Wird sie mich nun vergessen? Nein, das wird sie
Sicher nicht. Sie ist mir ein treues Mädchen,
Und die Unrast jenes windreichen Landstrichs
Wird sich tief in ihr langes Aug nicht senken
Und an ihrem Ohr sein Brausen vorbeigehn,
Voll genug ja ist sie von mir. Vielleicht gar
Wächst ihr schönes Gefühl noch, unbehelligt
Von seinem Gegenstande. Dennoch: sind wir
Uns nicht fern schon in der Klammer des Kusses?
Muß, daß wir uns beständig zu verlieren
Und zu finden haben, so quälend faßlich
Sein und meßbar an kalkbeworfnen Steinen?
Mein geliebtes, mein bestes Mädchen, muß es
So sehr wegsein, meine Haut so voll Sehnsucht?

ANLÄSSLICH DER WIEDERGEWINNUNG
DES PARADIESES

Vorüber, Liebste, ist das Exil jetzt. Zieh
Jetzt deine dünnere Haut an, die für Glück
Durchlässigere, die sich leicht trägt. Die Luft
Ist sanfter. Anmut ist dir erlaubt. In das,
Aus dem sie dich geschmissen haben, das Land,
Kehr heim, wo nicht die Abgase giftig sind
Und nicht die Abwässer stinkend, wo der Wolf
Hin mit dem Lamm geht und mit dem Menschen selbst
Der andre Mensch, und Ratten kommen nicht vor.
Die furchtbare Zigarette, laß sie jetzt
Unangesteckt. Den Panzer aus Selbstaufsicht,
Der vor dem Feind dich schützt und, leider, dem Freund,
Dem Schmerz und, leider, dem Genuß, häng ihn weg,
Zieh deine dünnere Haut an. Vor dem Tor
Des Lands ja steh ich, und was dem Gabriel,
Dem büffelstirnigen Schließmann, zustieß, daß
Die Hölle sich ihm zwischen dem Stiefelpaar
Durchwürmte: nimmer, Liebste, geschieht mir das.

ANLÄSSLICH EINER MAINACHT

Wenn das Glück sein Füllhorn auskippt, erwarten
Sie nicht Birnen, Trauben noch Rosen. Nämlich
Hierin irren die Maler. Sondern das es
Ihnen um den Kopf haut, das Obst, sind Neid von
Freunden, Abfall von Bundsgenossen und die
Schoflen Bräuche alle dieser zum Leben
Kaum geschickten Rasse. Dennoch, und solches
Redet einer, der weiß, wovon er redet,
Suchen Sie kein Dach auf, wenn das Glück sein
Füllhorn auskippt. Treten Sie nicht unter.
Ganz im Bodensatz, hinten, im perlmuttnen
Dunkel einer engeren Windung, wo man
Es schon für leer hält, hebt das Horn das große
Glück für Sie auf, das dunkle Glück der Liebe,
Das kein Scherz ist und weit vor dem die Worte
Enden. Aber fragen Sie meine blonde
Liebste, die es auch weiß. Es ähnelt einem
Sturm, der stillsteht, einer Flut, die nicht abebbt.
Eine Ruhe ists, unendlich, aus Freude.

DIE WELT, SCHON RECHT

Die Welt? Schon recht. Doch wenn dein Fleisch sich straffte,
Wenn anhebt, daß du schön und schöner wirst,
Wenn deine Schönheit sich ins Engelhafte
Verklärt und dann in einem Aufschrei birst,
Und alles Fühlbare in diesem Schrei ist,
Mit dem du aller Wirrsal dich entwirrst
Zu tiefem Ausruhn, und dann nichts vorbei ist,
Die Wirkung nicht des Glücks, unscheidbar in
Dein oder meins, weil zwei schon nicht mehr zwei ist:
Dann erst in Wahrheit schwindet Zweifel hin.

Die Welt, schon recht. Ich liebe, und ich bin.

AUF DER SUCHE
NACH DER WEISSEN GÖTTIN

Ich weiß sehr wohl: ich hab es nie erfahren,
Noch auch ein Kleineres dafür gehalten.
Das Wunder, weiß ich, war es nie. Es waren
Des Wunders bunt und faßliche Gestalten.
Doch stets war mir vergönnt, das Glück mit Frauen
So tief zu fühlen wie es zu durchschauen.

O gäb es sie, die, Weib zugleich und Kind,
Reife und Reiz und Innigkeit vereinte
In einer Laune: sie wärs, die ich meinte.
Denn so durch ihren Zweck vereinzelt sind
Im Reich des Stoffes alle Köstlichkeiten,
Daß auch die Gegenteile Lust bereiten.

Sie, die, nie ausgeschöpft, von keiner Art
Und aller, unbestimmt durch Wo und Wann,
Das Seltne bindet, das Entlegne paart,
Es gab sie einst, die es nicht geben kann.
Von Delphis Nabel zu den Cordilleren
Gebot sie auf umdüsterten Altären.

Durch jedes Weib von weiß und mildem Schimmer,
Mit dem ich mich auf einen Haufen schmiß,
Hab ich sie immer angerührt. Doch immer
War zwischen ihr und mir ein Hindernis.
Da war kein Freuen, das nicht sie gewährte,
Und war kein Freun, drin ich sie nicht entbehrte.

Drum wenn ich heute für die Dünnen singe,
So sollen sich die Dicken nicht beklagen.
Ich bin ihr Diener. Allerliebste Dinge
Will ich mit nächstem auch von ihnen sagen.
Diese zu ihrer Zeit und die zu ihrer.
Wer sich hier fester legt, ist hier Verlierer.

Ich glühte gern. Im Tun und in Gedanken.
In Daunen lag ich und in Röhrichten.
Der Liebe pflog ich nach der Art der Franken,
Der klugen Liebe und der törichten.
Und immer wieder eine tröstlich Nackte,
In welcher ich die weiße Göttin packte.

Wie ist die Welt? Die Welt ist wie ein Weib.
Wie ist ein Weib? Ein Weib ist wie ein Bette.
Sie alle wärmen keinem Mann den Leib,
Der sie nicht vorher erst erwärmet hätte.
Der Kalte lebt, liebt, liegt im Kalten eben.
Was er nicht hat, das wird ihm nicht gegeben.

Die Liebe wie das Dasein überhaupt
Verdienen, daß man an sie glaubt.
Man kann sie sicher widerlegen.
Man kann sich sicher auch den Kopf absägen.
Es liegt bei dir. Dies gilt im ranzigsten
Noch der Jahrhunderte, dem zwanzigsten.

Und dennoch bleibt: die reinste Neigung endet
In Überwürfnis oder unansehnlich.
Sie endet todgleich oder eheähnlich.
Die Lust ist nicht von Dauer, die sie spendet.
Verstehe denn beim Auseinanderweichen:
Sie alle ja sind Teile nur und Zeichen.

Aus der Bedeutung aber dieser Zeichen
Entnahm ich von der Sache ziemlich viel,
Und immer näher unterm Nichterreichen
Kam mir das Unerreichbare, das Ziel.
Wohl über Manche legte ich die Beine.
Und aus den manchen wurde fast die eine.

Und voll vom Abdruck, fröhlich vom Geruche,
Der sich in mir, der Frauen, überdeckte,

Erfuhr ich sie, die rätseltief Versteckte,
Die weiße Göttin. Ewig auf der Suche,
Erklär ich heute schon, daß ich sie fand.
Ich traf sie nie. Ich hab sie gut gekannt.

AUS DER WEISHEIT DES BONZEN

Yan und Yin,
Ran und rin.

LIEDER

ZWEI WÄLDER

Stehen zwei Wälder,
Bilden ein Tor,
Öffnen mir Felder,
Wiesen und Moor.
Feld, Moor und Wiesen
Sind, wo ich bin.
Warum zu diesen
Zieht es mich hin?

Hab, mich zu plagen,
Weiter nicht Lust,
Viel hundert Fragen
Hab ich gewußt,
Viel hundert Frauen
Nahm ich mir her,
Bin nicht zu schauen
Neugierig mehr.

Wälder, was ladet
Ihr mein Bemühn
Fort ins umschwadet
Mattere Grün?
Hab nichts verloren,
Was dort auch sei.
Kann doch an Toren
Nimmer vorbei.

KIEFERN UND ROSEN

Kiefern stehen, Rosen blühen
In dem weißen Heidesand.
Von der Liebe großen Mühen
Hab ich mich hierher gewandt.

Unter Kiefern, zwischen Rosen
Lieg ich ganz bei mir allein.
Seligstes von allen Losen,
Einsam und geliebt zu sein.

Glühn im Herd die Kiefernscheiter
Und der Rosenstock am End,
Kehr ich heim und liebe weiter,
Bis auch mich das Glück verbrennt.

UNTERM WEISSDORN

Wenn ich geh, bei dir zu liegen
Unterm Weißdorn,
Seh ich schon die Engel fliegen
Überm Weißdorn.
Und sie blasen mit Posaunen
Wie im Zirkus, man muß staunen,
Überm Weißdorn,
Trara.

Wenn ich an den Hals dir falle
Unterm Weißdorn,
Kreist die ganze Himmelshalle
Um den Weißdorn.
Und die Engel in den Schwärmen
Hört man mit Tschinellen lärmen
Überm Weißdorn,
Tschin tschin.

Doch nun lös ich dir die Schuhe
Unterm Weißdorn,
Leg dein blondes Haar zur Ruhe
Unterm Weißdorn,
Und ich heiß die Engel schweigen
Außer denen, welche geigen
Überm Weißdorn,
Schrumm schrumm.

Ach, die Krone ist verblühet
Von dem Weißdorn
Und das Gras hinweggemühet
Unterm Weißdorn.
Doch die Engel sind geblieben,
Weil wir uns für ewig lieben,
Wie einstmals
Unterm Weißdorn,
Trara, tschin tschin, schrumm schrumm.

FREU DICH, LIEBE

Ich hab eine Nachbarin,
Der ich nicht zu häßlich bin.
Muß nicht weit nach Küssen gehn.
Hab mein Schatz im Hausflur stehn.

Wohnte sie in Thüringen,
Müßte ich nach Thüringen.
O wie reich bin ich belohnt,
Daß sie nicht in Gotha wohnt.

Ich hab eine Nachbarin,
Der ich nicht zu häßlich bin.
Freu dich, Liebe, freue dich.
Nebenan, da nimmt man mich.

GRÜNDE DER LIEBE

Warum muß es die sein,
So hör ich euch fragen.
Ich muß kein Genie sein,
Um hierauf zu sagen:

Der Bund aller Bünde
Hat eherne Gründe.
Ich liebe sie, und
Nun wißt ihr den Grund.

Sie hat schmale Lenden
Und sehr lange Beine,
Die Beine, sie enden
Ganz anders als meine.

Sie hat keinen Bauch
Und winzige Brüste,
Und vieles fehlt auch,
Wo der Hintern sein müßte.

Sie hat just die Länge,
Die ich eben habe,
Wir gehn durch die Menge
Wie Knabe und Knabe.

Sie stiehlt mir das Hemde,
Sie nimmt keinen Puder,
Oft halten uns Fremde
Für Bruder und Bruder.

Sie ist so gescheit
Und trägt eine Brille,
Die Hälfte der Zeit
Vergißt sie die Pille.

Sie hat lila Schatten
Im goldenen Haare,
Sie hörnt ihren Gatten
Im siebenten Jahre.

Sie liest Marx in acht Bänden
Und Hegel und Heine,
Doch die Beine, die enden
Ganz anders als meine.

Wie heißt es bei Paul,
Geborenem Saul?
Habt ihr der Liebe nicht,
Ist schon was faul.

DA IST EIN WEG IM STÄDTISCHEN RASEN

Da ist ein Weg im städtischen Rasen,
Wo ich getreten bin.
So oft bin ich gegangen
Zu meiner Liebsten hin.
Es wird mich nie gereuen,
An ihr mich zu erfreuen.
Drum führt ein Weg im städtischen Rasen
Zu meiner Liebsten hin.

In ihrem Bett, von sechzig,
Sechs Federn sind entzwei.
So oft hab ich gelegen
Meiner Liebsten bei.
Es wird mich nie verdrießen,
Ihr Wohltun zu genießen.
Drum bis die letzte Feder hin ist,
Will ich ihr liegen bei.

Wohl eher oft als selten
Hab ich ein Weib gekürt.
Jetzt stehen sie und schelten
Und bleiben unverführt.
Doch sollt ich mir versagen,
Bei ihr mich zu behagen?
Die Treue laß ich gelten,
Die aus der Liebe rührt.

AUF DEM ABWEG

Ungeschlafen, vollgesoffen,
Ward ich unlängst angetroffen,
Mit verquollnen Lidern auch,
Auf den Wangen Bissemale
Und mit einem Damenshawle
Im Oktobermorgenrauch.

Froh bemerk ich, daß ich schlinger.
Weibsgeruch an Kinn und Finger
Zeugt vom Hergang dieser Nacht.
Ob ich gänzlich nun verwahrlos,
Zittrig, leberleidend, haarlos?
Seis! das Beste ist vollbracht.

Plötzlich in den grauen Massen
Schattentrüber Hintergassen,
Wo die Stadt am Strome spart,
Quergestreift entquillt ein Schimmer
Einem hohen Hinterzimmer
Neben einer Toreinfahrt.

Fetzen, die an schlaffen Strippen
Um ein Loch im Pflaster wippen,
Wehren meinem Eigensinn.
Aber weder Sumpf noch Schranke
Schreckt mich heute. Und ich wanke
Zu besagtem Fenster hin.

Durch die Gitterladenritzen
Seh ich einen Kahlkopf sitzen,
Tränenfeucht das Haupt gesenkt.
Zenon ists, mein alter Lehrer,
Der in Bitternis, in schwerer,
Seines besten Schülers denkt.

WO SIND DIE ANDERN WEIBER?

Wo sind die andern Weiber?
Die sind zu Haus.
Ich habe dich nur angeblickt,
Dann habe ich sie heimgeschickt,
Die ganzen andern Weiber.
Nun sitzen sie zu Haus.

Was tun die andern Weiber
Bei sich zu Haus?
Sie können nicht vergessen mein
Und müssen allfort traurig sein,
Sie kratzen sich die Leiber
Und sehen gräßlich aus.

Drum fliehe mich beizeiten,
Solang es Rettung gibt,
Sonst ziehst auch du die Lippen kraus
Und schickst die andern Herrn nach Haus.
Die liebt leicht keinen zweiten,
Die mich einmal geliebt.

DIE WEIDENBANK

Auf dem Kopf der alten Weide
Hat der Jäger seine Bank,
Dort in grünem Hut und Kleide
Sitzt er viele Tage lang.
Und er wartet
Auf die Häselein,
Auf die Häselein
Dort im Mondenschein,
Ja, und er wartet
Auf die Häselein,
Auf die Häselein im Mondenschein.

Und ein Häslein kam gehoppelt,
Blaue Augen, blondes Haar.
Und sein Eifer ward verdoppelt,
Weil es gar so niedlich war.
Und dann schießt er,
Ach, dem Häselein,
Ach, dem Häselein
Tief ins Herz hinein,
Ja, und dann schießt er,
Ach, dem Häselein,
Ach, dem Häselein ins Herz hinein.

Freilich schon in wenig Wochen
Zwischen Tal und Wiesenrist
Hat es sich herumgesprochen,
Was er für ein Scheusal ist.
Und es warten
Jetzt die Häselein,
All die Häselein
Dort am Wegesrain,
Mein Gott, es warten
Jetzt die Häselein
Vor der Weidenbank im Mondenschein.

DAS BAD IM FREIEN

Zwischen Haselstrauch und Tanne,
Vor des Zauns bemoosten Streben
Stehet Chloes Silberwanne.
Chloe steht daneben.
Himmel blau und Wolken weiß.
Mandelröschen sommerheiß.
Chloe tunkt ein Fingerlein
Prüfend in das Naß hinein.

Bald schon wagt sie ein paar Spritzer.
Da sie sich vornüber leget,
Wird ihr Busen etwas spitzer,
Als er sonsten pfleget.
Jetzt so hockt sie sich. Und jetzt
Hat sie sich hineingesetzt.
Wenn der Inhalt überschwappt,
Hat das seinen Grund gehabt.

Mit den Knien säuberlich
Auf dem Rand, die Wädchen drüber,
Hat sie die Natur, hab ich
Chloen gegenüber.
Ihrer Füße Lilienhaut
Ist vom Waldweg angegraut,
Und ich fühle: Freundespflicht
Leistet, der ihr davon spricht.

Freilich, wie zu dem Behufe
Ich mich hilfreich ihr geselle,
Was empfängt mich? Klagerufe,
Püffe, Wasserschwälle.
Warten muß ich fern und still,
Bis sie plötzlich wieder will,
Frauenherz, wer dich begreift,
Daß man ihr den Rücken seift.

SÄNGERS HÖFLICHKEIT

Frauenzimmer, dies versteht
Ihr sogleich, daß bis zum Schluß
Als ein Ritter und Poet
Ich euch stets verehren muß.
Frauenzimmer, seid gescheit:
Treibt die Sache nicht zu weit.

Alles Recht: ist zugestanden.
Alle Fehler: sind verziehn.
Macht sich Mann und Weib zu Schanden,
Lob ich sie und tadle ihn.
Doch ich bitt euch: seid gescheit,
Treibt die Sache nicht zu weit.

Eure Eitelkeit zu nähren,
Eure Faulheit anzusehn,
Gott und Welt euch zu erklären,
(Und ihr werdets nicht verstehn),
Bin ich willens und bereit,
Außer, ihr treibts allzu weit.

Eure Launen, eure Tücken,
Eure Selbstsucht, eure Gier
Sind mein süßestes Entzücken.
Ach, ich lieb euch ja, weil ihr,
Frauenzimmer, anders seid.
Treibts. Doch treibt es nicht zu weit.

Wenn ich euch bis heute traue,
Immer wieder es versuche,
Jede dumpf und ungenaue
Regung euch zu Gunsten buche ...
Zittert vor dem Augenblicke,
Wo ich euch zurück in eure Küche schicke.

LASS MIR DEINER BLUMEN EINE

Laß mir deiner Blumen eine,
Eine nur aus deinem Strauß,
Oder ich fall um und weine
Mir vor Gram die Augen aus.

Schenk mir einen Blick beim Scheiden,
Wenn ich geh in fremdes Land,
Oder sprich: ich mag dich leiden,
Oder nimm mich bei der Hand.

Gib mir einen Kuß zum Scheine,
Eine einzge Silbe sprich.
Laß mir deiner Blumen eine
Und den Wahn, du liebtest mich.

PLAGEJAHRE

Lenins brausender Oktober
Half der Menschheit auf den Sprung,
Freilich wieder nur in grober
Paradieses Näherung.
Plagejahre, Übergang –
Manches dauert gar zu lang.

Roboter mit sanftem Nicken
Machen alle Handarbeit.
Pille lehrt die Frauen ficken.
Wo nur bleibt die goldne Zeit?
Plagejahre, Übergang –
Manches dauert gar zu lang.

Dämel druckt, ich bin verboten.
Was zum Kuckuck zügelt ihr,
Kampfgenossen, meinen Roten,
Pegasus, mein Flügeltier?
Einem Menschen mit Humor
Kommt das Leben komisch vor.

Eine Sonne ohne Farben
Schleppt sich hinter Wolken hin.
Du auch, Liebste, läßt mich darben,
Bist woanders, als ich bin.
Plagejahre, Übergang –
Manches dauert gar zu lang.

REGEN

Der Himmel ist voll Dampf,
Der zieht sich arg zusammen.
Der Grund, auf dem ich stampf,
Muß allzubald verschlammen.
Die Laune, die ich heg,
Muß sich im Nu verlieren.
Es regnet auf mein Weg,
Da ist nicht gut marschieren.

Von meinem Haus das Dach
Träuft an der falschen Stelle.
Das Dach, das ist zu flach.
Es fehlt ihm am Gefälle.
Das Wasser strömt, als wollts
Die Erde überrennen.
Es regnet auf mein Holz.
Womit soll ich nun brennen?

Ein graulich trüber Schwall.
Es regnet auf mein Hoffen.
Mein Hund kotzt in den Stall.
Mein Esel ist ersoffen.
Mein Essen bringt mich um.
Mein Wein mag mich nicht freuen.
Mein Buch ist mir zu dumm.
Mein Lieben tut mich reuen.

O VORSICHT DER FRAUEN

Sie lacht, wenn ich komme,
Sie weint, wenn ich scheid,
Erwägt, was mir fromme,
Und hat es bereit.
Doch daß sie mich liebt,
Das sagt sie nicht,
Und wenn sie mir
Das Herz zerbricht.

Wenn ich Unsinn erzähle,
Hat sie Engelsgeduld,
Und wenn ich sie quäle,
Gibt sie sich die Schuld.
Doch daß sie mich liebt,
Das sagt sie nicht,
Und wenn sie mir
Das Herz zerbricht.

Über Berge, über Flüsse
Sie reist zu mir her,
Daß nicht ihre Küsse
Zu lang ich entbehr.
Doch daß sie mich liebt,
Das sagt sie nicht,
Und wenn sie mir
Das Herz zerbricht.

O Vorsicht der Frauen,
Du Grund aller Pein.
Doch, weiß ich, Vertrauen
Wird stärker einst sein.
Und daß sie mich liebt,
Verbirgt sie nicht,
Und wenn sie mir
Das Herz zerbricht.

BEEILT EUCH, IHR STUNDEN

Beeilt euch, ihr Stunden, die Liebste will kommen.
Was trödelt, was schleppt ihr, was tut ihr euch schwer?
Herunter da, Sonne, und Abschied genommen.
Verstehst du nicht, Tag, man verlangt dich nicht mehr.

Mit seinen Droschken und Schwalben und Hunden
Wird mir das ganze Leben zum Joch.
Schluß mit Geschäften. Beeilt euch, ihr Stunden.
Und wärt ihr Sekunden, ich haßte euch noch.

Ich kann nicht erwarten, den staunenden Schimmer
In ihrem zärtlichen Auge zu sehn.
Verschwindet, ihr Stunden, am besten für immer.
Die Liebste will kommen, die Welt soll vergehn.

SCHNELLER, SCHNELLER

Schneller, schneller, deine Schuhe,
Wirf sie auf den Teppich hin,
Weil ich gar nicht in der Ruhe,
Aber in Begierde bin.
Fort das Kleid, ich kanns nicht brauchen.
In dein nacktes Fleisch zu tauchen,
Steht mir einzig nur der Sinn.

Jenes Hemd, das mir zu Ehren
Strahlt wie Schwanenfedern rein,
Dünkt mich völlig zu entbehren.
Auch der Schlüpfer muß nicht sein.
Laß jetzt das Zusammenfalten,
Gib mir deinen Leib zu halten.
Komm und ende meine Pein.

Deinen Hintern in den Händen,
Denn zwei Handvoll ungefähr
Mißt er, mag ich mich nicht wenden
Von dir schönem Standbild mehr.
Ah, dein Schoß reibt meine Beine,
Deine Brust trifft unter meine
Und dein Haar ans Kinn mir her.

Hab, zur Tat mich abzureißen,
Die Gelegenheit verpaßt.
Sollte dich aufs Bett hinschmeißen,
Auf dich laden meine Last,
Um mit angenehmem Wüten
Dir die Wohltat zu vergüten,
Daß du mich erhöret hast.

Aber nein, ich bin stattdessen
Zu nichts besserm aufgelegt,
Als dein Herz an mich zu pressen
Und, im Innersten bewegt,
Bei nur seltnen Atemzügen
Mich mit Horchen zu begnügen,
Wie es mit dem meinen schlägt.

Erster Nu nach der Enthüllung,
Lust, von keiner Lust erreicht,
Wo Versprechen und Erfüllung
Sich im Stand der Schalen gleicht,
Wo kein Glück noch unbegonnen
Und kein Glück schon hingeronnen
Und der Mut so voll, so leicht.

Und das Lärmen des Planeten
Scholl auf einmal minder schrill.
Mir war irgendwie nach Beten,
Falls mir wer das glauben will.
Herz und Sinn und Hände ruhten,
Und für zwei bis drei Minuten
Stand, wie einst, die Sonne still.

FÜLLE DES LEBENS

Vier Knospen trägt der Rosenbaum,
Vier Rosen kann er tragen.
Wenn früh, so frühe der Winter kommt,
Wird er den Baum zerschlagen.

Und wenn er ihn zerschlagen hat
Mit seiner kalten Mühe,
Wenn er vier Rosen getragen hat,
War es doch nicht zu frühe.

WAS KANN MICH NOCH BEWEGEN

Was kann mich noch bewegen
In meiner fernern Zeit?
Ich hab bei dir gelegen.
Mir kommt nichts mehr entgegen
Von solcher Wichtigkeit.

Was soll mir noch geschehen,
Das Höchste ist erreicht.
Das Rad mit allem Drehen
Bringt nichts vor mich zu stehen,
Das dem Gewesenen gleicht.

Nun geh ich fast belustigt
Durchs trübe Hier und Heut.
Mein Herze, das ist schußdicht.
Kein Unglück hat kein Freud
An dem, der es nicht scheut.

LIED MIT WORTEN

Weiber immer, Wein zu Zeiten,
Vom Gesang will ich nicht streiten,
Arbeit, Ehre, Kunst und Marx –
Aber angesichts des Sargs?
Ja, in dieser Sache wissen
Wir nicht Antwort noch Latein:
Wie, wenn wir uns selbst entrissen,
Sollen wir gewesen sein?

Reich an Freude, reich an Bürde.
Reichtum, der ist Menschenwürde.
Reichtum, der ist Menschenpflicht.
Reichtum hängt am Morgen nicht.
Auge füllt und Herz mit Wonne,
Todes süßem Gegengift.
Denn ein Ende kommt der Sonne,
Jedenfalls was uns betrifft.

Doch mit tiefgefühltem Beben
Ganz in einer Frau zu leben,
Ist das höchste Daseinsfest,
Das man satt und gern verläßt.
Trefft mich nur an meinem Grabe,
Fragt mich an dem Schattentor,
Keine andre Rede habe
Ich euch dort zu halten vor.

GEH, MÜDES HERZE

Geh, müdes Herze, geh zur Ruh.
Die du begehrst, gehört dir zu,
Sie hats dich lassen wissen.
Geh und ergib dich dem Geleit
Der Müdigkeit,
Und die Genesung findest du
Von deinen großen Rissen.

Halt endlich still in deiner Brust.
Daß du nicht länger bangen mußt,
Das hat ein Wort entschieden.
All dein Verirren, all dein Fliehn
Ist dir verziehn.
In dieser Nacht, in dieser Brust
Umfängt dich tiefer Frieden.

In dieser Nacht. Denn nicht mehr fern
Steht Helios, der laute Stern.
Es will schon wieder tagen.
Der Liebe grausame Gewalt
Erfährst du bald,
Und besser als dein Unglück lern
Du nun dein Glück ertragen.

ALS MEIN MÄDCHEN ZU BESUCH KAM

Als mein Mädchen zu Besuch kam,
Unerwartet wie ein Lied,
Als ich sie dann auf das Tuch nahm,
Das mein Bette überzieht,
Als die Frösche und die Vögel
Munter quarrten in der Nacht,
Habe ich von Gottes Regel
Besser als zumeist gedacht.

Als mit Lachen und mit Stöhnen,
Als mit zärtlichem Gelüst
An der Schönheit meiner Schönen
Ich mich noch nicht sattgeküßt,
Als der Morgensonne Prangen
Aus den Wiesen sich erhob,
Wußte ich dem Unterfangen
Seiner ganzen Schöpfung Lob.

Diese Nacht war von den Nächten,
Wo der Mensch die Liebe spürt,
Wo die Knoten sich entflechten,
Die man ihm ums Herz geschnürt,
Als mein Mädchen zu Besuch kam,
Unerwartet wie ein Lied,
Und wo ich sie auf das Tuch nahm,
Das mein Bette überzieht.

DU SOLLST MIR NICHTS VERWEIGERN

Du sollst mir nichts verweigern.
Ich will den letzten Rest.
Geht eine Lust zu steigern,
Ein Schurke, wer es läßt.
Gehabtes Glück hilft sterben.
Der Tod, er soll nichts erben
Als blankgeleckte Scherben
Und Schläuche ausgepreßt.

Der Vater der Genüsse,
Der alte Knochenmann,
Hängt an die tiefsten Schlüsse
Doch seinen tiefern an.
Boviste und Planeten,
Das Schicksal der Poeten ...
Er drückt uns an die Gräten,
Mein Liebchen, und was dann?

Drum glaub den tausend Zeigern
Der Welt, die nimmer ruhn.
Du sollst mir nichts verweigern.
Wir müssen lieben nun,
Bis einst aus freien Stücken,
Gesättigt mit Entzücken,
Wir unsrer Füße Rücken
Still voneinander tun.

INHALT

LIEDER ZU STÜCKEN

Lieder zu Die Schlacht bei Lobositz

Die Braut des Deserteurs 7
Capua-Song 8
Lobositzer Marsch 9
Ich häng mein Flint 10

Lieder zu Der Held der westlichen Welt

Von den Helden Irlands 11
Moritat vom Vatermörder Christopher Mahon 12
Volksmoritat 13
Die Tränen der Mädchen von Mayo 14
Choral 15

Lieder zu Die Kindermörderin

Die Kindermörderin 16
Klavierstück 18

Lieder zu Der Frieden

Schweinelied 19
Das Schätzchen im Brunnen 20
Chorlied an die Muse 21
Rote Traube von Korinth 22
Die Oliven gedeihn 23
Chorlied an das Bett 24

Lieder zu Moritz Tassow

Weidenblatt und Muskatblume	25
Schön Dorindgen	26
Valse Flamande	27
Johann Meusel	28
Taglied	30

Lieder zu Polly, oder: Die Bataille am Bluewater Creek

Westwärts Ho	32
Unter der Weide	33
O trübe, trübe	34
Ich trug eine Rose im Haar	35
Der Bluewater-Valley-Song	36
Die Mädchen im grünen Leguan	37
Hübsche Lady	38
Ballade vom edlen Räuber	39
Ballade vom Highway Man	40
Es ist wahr, was ich sag	41
Ermunterung	42
Das kleine Testament des Hauptmanns Macheath	43
Lieb, o Liebe unbedacht	44
Laster und Reue	45
Sarg, Leichentuch und Grab	46
Die Sonne scheint	47

Lieder aus Die schöne Helena

Lied des Merkur	48
Arie der Helena	50
Couplets des Orest	51
Couplets der Könige	52
Menelaos' Abschied	53
Couplets der Helena	54
Chor der Monarchen	55
Couplets der Galatea	56
Chor und Chanson des Orest	57

Couplets des Agamemnon 58
Schlußchor 59

Lieder zu Margarete in Aix

Vaqueyra 60
Kanzone 61
Kanzone des Königs Salomon 62
Sonett 63
Dansa 64

Arien und Ensembles zu Noch einen Löffel Gift, Liebling?

Rentners Abendlied 65
Lydia 66
Männer, wenn sie lieben 67
Freikörper 69
Die Portwein-Arie des Oberst Brocklesby ... 70
Böse Menschen singen nicht 71
Orientalischer Tanz 72
Sehnsucht 73
Unterm Mohrenmond, ein Solo-Duett 74
O Mr. Perkins 75
Die Liebe als Schulmeister 76

Lied zu Numa

Saturno 77

Arien und Ensembles zu Omphale

Nicht Weisheit mangelt mir und nicht Geduld 78
Hier, wo der Tann haltmacht, die Buche endet 79
Ob Sonnen sterben, Monde sich verspäten 81
O tiefe Neigung, ungenaue Kenntnis 82
Verschlossen ist des stillen Gartens Tor 83
Des Feuers Glut, des Wassers feuchte Kühle 84
So, scheidend von der Liebe Leiden 85

O tote Welt. Sehr schweigend siehst du zu 86
Sproß der Olive, mordendes Gerät 87

Lieder zu Das Jahrmarktsfest zu Plundersweilern

Wann geht endlich die Musik los? 88
Malbrough 90
Die Mädchen aus Rochelle 92
Ausflug mit Aphrodite 94
Vernunftreiche Gartenentzückung 96

Lieder zu Die Vögel

Athen 97
An die Nachtigall 98
Ruf der Nachtigall 99
Das lustige Vögelein 100
Traumstadt 101
Chor der Bauarbeiter 102
Schlimme Liebe 103
Philomele 104
Chor der Vögel im Regen 105
Duett des Herakles 106

Lied zu Maries Baby

Die vierte Ekloge des Vergil 107

Lieder aus Orpheus in der Unterwelt

Couplets vom schönen Schäfer 109
Couplets von der kleinen Meierei 110
Ländliches Ballett 111
Lied auf der Versenkung 112
Chor der schlafenden Götter und Couplets der
    Nachtschwärmer 113
Merkurs Bericht 114
Couplets von Jupiters Maskeraden 115

Couplets von Plutos Maskeraden 117
Lied von den Folgen der Sünde 119
Couplets des Prinzen von Arkadien 120
Couplets der verdammten Könige 121
Versöhnungschor 123
Hymne an Bacchus 124
Tanz der Furien 125
Couplets des Cupido 126
Galopp 127

GESELLSCHAFTSVERSE

Kunstformen der Geschichte

Die älteste Geschichte der Welt 131
David, Junge! 134
Die dreißig Tyrannen 136
Die Gallier in Rom 139
Scipio 141
Mnester 143
Das Leichenkonzil 147
Rinaldos Hochzeit 151
Die goldene Laus zu Bismark 153
Das Muttergottesbild 155
Johannes Tetzel 158
Die Königin Christine 160
Auberi oder Die gerechten Ansprüche der Könige
  von Frankreich auf das Kaiserreich 162
Der Kurfürst und sein Liedermacher 164
Englische Eröffnung 167
Mozart auf der Reise nach Paris 169
Der Wasserleichnam von Neapel 171
Der Salut von Memel 173
Infamie 175
Der sterbende Sänger 177
Der Geistergeburtstag 179
»Neue Gedichte« 182

Lola und Ludwig 184
1866 oder: Sagen Sie mal was gegen Bismarck 186
Die Vatermörderin 189
Steiner bei Nietzsche in Naumburg 191
Die Flucht nach Astapowo 193
Die Datsche in Peredelkino 196
Tod Lumumbas 199
Der Fluch 201
Das Kind am Alexanderplatz 204

Mein Reim auf die Welt

Die Elbe 205
Schwabing 1950 208
Mein Dörfchen 209
Prolog zur Wiedereröffnung des Deutschen Theaters 210
Prolog der Münchner Kammerspiele zur
   Spielzeiteröffnung 1973/74 214
Epilog zum Prolog der Münchner Kammerspiele 216
Theaterrede 217
Viehaustrieb 218
Zwischen den Stühlen 219
Die Lerche 220
Kartoffelfrauen 221
Am Ziel 222
Der Dichter, einem Schwanze verglichen 223
Park im Frühling 224
Neujahrswunsch 225
Shimmy in Grün 226
Wechsel 227
Der Traum vom Umweltschutz 228
Frieden 230
Herodot 231
Die Hydra 232
Deianeira 233
Vanitas 234
Im Zwiebelbeet 235
Im Prospekt steht 236

Tagtraum 237
Zeitgedicht 238
Die Hure 239
Die Lächerlichen Unpreziösen 240
Der sieche Fisch 241
Produktionsverhältnis 242
Der Nachfolger 243
Wenn Chronos schläft 244
Beiseites 245
Bescheidung 254
Der greise Chasseur 255

Märkisches Museum

Ode auf Berlin 256
Die Himmelstür 257
Die Glücksbringerin 259
Der Begas-Brunnen 260
Wilhelm von Humboldt 261
Der Heine auf dem Weinbergsweg 262
Alte Charité 263
Gedenkstätte der Sozialisten 264
Heidelied 265
Eber von Gottow 266
Raseneisenerz 267
Märkische Wiesen 269
Königskerze 270
Potsdam 271
Jagdausflug nach Groß Machnow 273
Gartenkunst märkisch 275
Bei Arnims 276
Esches Mauer 277
Auf einen bronzenen Gartengott von Salow 278
Kahnpartie zu Thälmann 279
Der Oder-Havel-Kanal 282
Einem Vermittler 283
Schwerer Himmel 284

Jetztzeit

Jetztzeit 285
1990 287
Fin de millénaire 288
Tamerlan in Berlin 289
Vom Alter, den Zeiten und der Liebe 291
Schneezeit 292
Mainebel 293
Die Eisheiligen 294
Blick auf meine Stadt 295
Pilgerreise nach Bargfeld 296
Neue Sitten 297
Die Vergrößerung der Landkreise 298
Einzelhandel 299
Die Kandidatur des Menschenfressers 300
Sir John meint 301
Die Standhaftigkeit der Birke 302
Die Partei 303
Die drei Gewalten 304
Denkmal für ein Denkmal (1) 305
Denkmal für ein Denkmal (2) 306
Rote Sommer 307
Der Verräterball 308
Herrn John Donnes 13 Couplets 309
Couplets 311
Zehn Gerechte 330
Gebrechlicher Vielvölkerstaat 331
Appell 332
Das Vaterland 334

LIEBESGEDICHTE

Sonette

Ohnmacht der Sprache 339
Das Wir, für J. R. Becher 340

Schule der Liebe	341
Melancholie	342
Heile Welt	343
Auf Lauras Entjungferung	344
Demut der Liebe	345
Der Eilbrief	346
Du sanfte Liebe	347
Der Mensch kein Vogel	348
Erloschenes Herz	349
Der Haarstern	350
Der Renaissancemensch	351
Was träumt der Teufel	352
Der Bulle	353
Nebel	354
Zumirfinden mit Landschaft	355
Tiefe	356
Die Begünstigten	357

Elegien

Paris	358
Die Gemme	359
Erziehung der Gefühle	360
Amor vincit	361
Göttergeburt	362
Blumen schenkt mir die Liebste	363
Blumen schenkt mir die Liebste (2)	364
Freundlichkeit	365
Tages Arbeit	366
Plappern	367
Erster Mai	368
Prokne	369
Anruf	370
Brauch	371
Das Ende	372
Luna	373
1.8.1973	374
Mißmut	375

Lieb und Leiden	376
Von den Rechten des Weibes	377
Schloßmuseum zu Weimar	378
Nachtfrost	379
Die Feder	380
Trockne Schöpfung	381
Süßer Ernst	382
Tastend	383
Morpheus	384
Die Spalte	385
G.	386

Vermischte

Salomo	387
Diomedes	388
Am Scheideweg	389
Die Sonnenblumen	390
Seit du dabist	391
Richtigstellung	392
An die Jugend	393
Zuflüchte	394
Verlorner Eifer	395
Die Sirene	396
Tannhäuser	397
Dornröschen	398
Endymion	399
Hermine	401
Kurze Nacht	402
Der schüchterne Kasper	404
Klosteridyll	405
Kleine Freundin vorm Spiegel	406
Des Mannes Liebe wohnt im Herzen	407
Die Frau, zu der ich abends geh	408
Der Schuldner	409
Zur Güte	410
Ohne Groll	411
Der Sieger	412

Priapos	413
Feuchte Wärme	414
Die Auster	415
Tränen	416
Die kleinen Einhörner	417
Die Rippe	418
Ein Gleichnis	419
Frage nicht, ob Liebe lohnt	420
Die Espen	421
Vorbehalt und Hoffnung	422
Wie Sonnenschein im Märzen	423
Frage	424
Hochzeitslied	425
Die Bodenreform	426
Venus und Stalin	427
Neue Liebe	428
Anmut und Würde	429
Feigheit	430
Selbsterkundung	431
Anläßlich ihrer Autoreise in die nördlichen Provinzen	432
Anläßlich der Wiedergewinnung des Paradieses	433
Anläßlich einer Mainacht	434
Die Welt, schon recht	435
Auf der Suche nach der weißen Göttin	436
Aus der Weisheit des Bonzen	439

Lieder

Zwei Wälder	440
Kiefern und Rosen	441
Unterm Weißdorn	442
Freu dich, Liebe	443
Gründe der Liebe	444
Da ist ein Weg im städtischen Rasen	446
Auf dem Abweg	447
Wo sind die andern Weiber?	448
Die Weidenbank	449

Das Bad im Freien	450
Sängers Höflichkeit	451
Laß mir deiner Blumen eine	452
Plagejahre	453
Regen	454
O Vorsicht der Frauen	455
Beeilt euch, ihr Stunden	456
Schneller, schneller	457
Fülle des Lebens	459
Was kann mich noch bewegen	460
Lied mit Worten	461
Geh, müdes Herze	462
Als mein Mädchen zu Besuch kam	463
Du sollst mir nichts verweigern	464

DIE GEDICHTANFÄNGE UND -ÜBERSCHRIFTEN IN ALPHABETISCHER ORDNUNG

1.8.1973 374
1866 oder: Sagen Sie mal was gegen Bismarck 186
1990 287
Aber als, den Strauß im Arme 364
Ach! die Republik, der Staat der Meisten 141
Ach, die schönen, fetten, grünen Weiber 260
Acht gelbe Kühe in dem Feigenhaine 60
Alle Fräuleins sind aus Gold 37
Aller Wind in Deutschland 421
Allerdings: zwischen vielen Stühlen sitz ich 219
Alles scheint mir ohne Fehle 259
Alles wollte ich vollbringen 106
Als das Pack mal wieder nach ihm langte 201
Als ich dich lieben lernte 360
Als ich dich zu Bette legte 416
Als mein Mädchen zu Besuch kam 463
Als mir das Auge wieder aufging 355
Als Preußen, Rußland und Österreich 177
Als Schönheit kam und kam den Weg herab 62
Alte Charité 263
Am Kongo steht ein Bastbaum rot 199
Am Scheideweg 389
Am Ziel 222
Amor vincit 361
An den Birken hängt jeder Zweig 381
An die Jugend 393
An die Nachtigall 98
An einem Juninebeltag 167

An Hellas' unbescholtner Küste 58
An kalten Kühn, die sich die Mäuler wischen 205
An Papst Pii Heiligkeit 155
Anläßlich der Wiedergewinnung des Paradieses 433
Anläßlich einer Mainacht 434
Anläßlich ihrer Autoreise in die nördlichen Provinzen 432
Anmut und Würde 429
Anruf 370
Appell 332
Arie der Helena 50
Armes Kind, was weinest du 204
Athen 97
Auberi oder Die gerechten Ansprüche der Könige von Frankreich auf das Kaiserreich 162
Auf dem Abweg 447
Auf dem Berge Ida stritten 48
Auf dem Kopf der alten Weide 449
Auf der Suche nach der weißen Göttin 436
Auf einem Sockel, der das Maß begründet 275
Auf einen bronzenen Gartengott von Salow 278
Auf Lauras Entjungferung 344
Aus den Schwaden bereits raget das Baugeschehn 102
Aus der Weisheit des Bonzen 439
Aus stiller Gärten rankendem Efeulaub 99
Ausflug mit Aphrodite 94
Ballade vom edlen Räuber 39
Ballade vom Highway Man 40
Baut eine Stadt 101
Beeilt euch, ihr Stunden 456
Bei Arnims 276
Beiseites 245

Bescheidung 254
Bestes Herz, auf meinem Weg zum Grabe 291
Bin Aristeus genannt 110
Bismarck, was hör ich 186
Blick auf meine Stadt 295
Blumen schenkt mir die Liebste 363
Blumen schenkt mir die Liebste (2) 364
Böse Menschen singen nicht 71
Brauch 371
Brüder, sauft und freßt und schreit 55
Capua-Song 8
Chor der Bauarbeiter 102
Chor der Monarchen 55
Chor der schlafenden Götter und Couplets der Nachtschwämer 113
Chor der Vögel im Regen 105
Chor und Chanson des Orest 57
Choral 15
Chorlied an das Bett 24
Chorlied an die Muse 21
Couplets 311
Couplets der Galatea 56
Couplets der Helena 54
Couplets der Könige 52
Couplets der verdammten Könige 121
Couplets des Agamemnon 58
Couplets des Cupido 126
Couplets des Orest 51
Couplets des Prinzen von Arkadien 120
Couplets vom schönen Schäfer 109
Couplets von der kleinen Meierei 110
Couplets von Jupiters Maskeraden 115
Couplets von Plutos Maskeraden 117
Da ist ein Weg im städtischen Rasen 446
Dansa 64
Das Bad im Freien 450
Das Ende 372

Das ist die Glocke von St. Paul's 40
Das ist die Jahreszeit 276
Das Kind am Alexanderplatz 204
Das Kind, das meinem Bett entsteigt 406
Das kleine Testament des Hauptmanns Macheath 43
Das Leichenkonzil 147
Das lustige Vögelein 100
Das Mädchen im grünen Leguan 37
Das Muttergottesbild 155
Das reiche Dorf, beschaulich und behäbig 296
Das Roß geht auf dem Acker, stumm 242
Das Schätzchen im Brunnen 20
Das Vaterland 334
Das von der Welt und das von der Kunst 361
Das Wasser aus den Bronnen 267
Das Wir, für J.R. Becher 340
David, Junge! 134
Deianeira 233
Dem Herzen folgen gilt als Sünde 54
Demut der Liebe 345
Den Gruß zurück 283
Den Sonnenblumen sind die Köpfe abgeschnitten 390
Denkmal für ein Denkmal (1) 305
Denkmal für ein Denkmal (2) 306
Der Begas-Brunnen 260
Der Beklagte sah nicht wohl aus 147
Der Bluewater-Valley-Song 36
Der Bulle 353
Der Dichter hat sich früh erhoben 221
Der Dichter, einem Schwanze verglichen 223
Der Eilbrief 346
Der Fluch 201
Der Geistergeburtstag 179
Der Genien würdigste sind uns gewogen 357

DIE GEDICHTANFÄNGE

Der greise Chasseur 255
Der große Kurfürst hielt im Schloß 164
Der Haarstern 350
Der Heine auf dem Weinbergsweg 262
Der heut in See sticht, der König 53
Der Himmel ist voll Dampf 454
Der Himmel liegt wie Puder 279
Der homosexuelle Blumenbinder 299
Der Krüppel Nelson fuchtelt 171
Der Kurfürst und sein Liedermacher 164
Der Küsse, Liebster, sind genug 402
Der lüsternen Alkmene nahten 115
Der Mensch kein Vogel 348
Der Mensch, von einer fremden 431
Der Nachfolger 243
Der Nordwind bläst den Kaffee kalt 175
Der Oder-Havel-Kanal 282
Der Renaissancemensch 351
Der Salut von Memel 173
Der schüchterne Kasper 404
Der Schuldner 409
Der sieche Fisch 241
Der Sieger 412
Der Staat will deinen Schaden nur 304
Der sterbende Sänger 177
Der Traum vom Umweltschutz 228
Der Trick, der mit den Köpfen 232
Der Uhr zufolg war Tag 424
Der Verräterball 308
Der Wasserdampf und die Bonmots 208
Der Wasserleichnam von Neapel 171
Derweil der große Haufen 307
Des Feuers Glut, des Wassers feuchte Kühle 84
Des Mannes Liebe wohnt im Herzen 407

Die älteste Geschichte der Welt 131
Die auf den Märkten, unsre Vorgänger 210
Die Auster 415
Die Begünstigten 357
Die Bodenreform 426
Die Braut des Deserteurs 7
Die Brötchen kosten drei Pfennig 230
Die Bürger von Bismark 153
Die Datsche in Peredelkino 196
Die drei Gewalten 304
Die dreißig Tyrannen 136
Die Eisheiligen 294
Die Elbe 205
Die Erlen wachsen im Erlenloch 27
Die Espen 421
Die Feder 380
Die Flucht nach Astapowo 193
Die Frau, zu der ich abends geh 408
Die Gallier in Rom 139
Die Gemme 359
Die Glücksbringerin 259
Die goldene Laus zu Bismark 153
Die Himmelstür 257
Die Hölle ist ein schöner Ort 123
Die Hure 239
Die Hydra 232
Die Kandidatur des Menschenfressers 300
Die Kartoffel auch ist eine Blume 96
Die Kindermörderin 16
Die kleinen Einhörner 417
Die Königin Christine 160
Die Kreisstädte sind weggezogen 298
Die lächerlichen Unpreziösen 240
Die Lerche 220
Die Liebe als Schulmeister 76
Die Mädchen aus Rochelle 92
Die Menschen sind lustige Leute 226
Die Oliven gedeihn 23
Die Partei 303
Die Portwein-Arie des Oberst Brocklesby 70

Die Post geht langsam 346
Die Rippe 418
Die Sirene 396
Die Sonne hat dich süß gemacht 22
Die Sonne scheint 47
Die Sonnenblumen 390
Die Spalte 385
Die Standhaftigkeit der Birke 302
Die Straße kerbt smaragden 32
Die Tränen der Mädchen von Mayo 14
Die Vatermörderin 189
Die Vergrößerung der Landkreise 298
Die vierte Ekloge des Vergil 107
Die Weidenbank 449
Die Welt? Schon recht 435
Die Zwingburg steht umwallt vom Nebel 162
Dies, o einfallsreicher Daimler 432
Diomedes 388
Dornröschen 398
Dort lieben Frauen 359
Drei Greise kommen gefahren 294
Du bist, und ich, wir beide sind wir 340
Du fragst dich, du 345
Du hast am Abend Licht gemacht 419
Du hast mich betrogen im Sommer 41
Du hast zu mir die Lieb empfunden 409
Du mein Ernst und meine Freude 429
Du sanfte Liebe 347
Du singst ja noch für uns, mein Tier 220
Du sollst mir nichts verweigern 464
Du warst so gut 341
Du, der von dem, was am Mann geschätzt wird 413
Du, hinter mir gelegen 97
Du, in der meinen, Mörderin deiner Lust 61
Duett des Herakles 106

Durch Heide führt der Weg und Moor 297
Duvlann, der kühne Ritter 11
Eber von Gottow 266
Ehret, rat ich, die Frau 369
Ein deutscher Intendant, ein sichrer Müller 216
Ein Fisch, aus einem flutenden Kanale 241
Ein Gleichnis 419
Ein großes Unglück, liebe Leut 20
Ein irischen Glauben 15
Ein König war in Israel 134
Ein Mädchen, wenn es traurig ist 33
Ein Mann von deinen 351
Ein Mann von Geist 56
Ein Menschenfresser steckte schlau genug 300
Ein uralter Griesgram 100
Einem Vermittler 283
Einige Menschen, Frauen oder Männer 330
Einst in einer Nacht, die klar 399
Einzelhandel 299
Endymion 399
Englische Eröffnung 167
Epilog zum Prolog der Münchner Kammerspiele 216
Er liebte einst die Nymphe Minze 117
Er schirmt den After 353
Er wird die Gesetze 223
Er zog aus dem Schnappsack die Fiedel 38
Erfand man seinethalb das Breitwandkino 282
Erloschenes Herz 349
Ermunterung 42
Erster Mai 368
Erziehung der Gefühle 360
Es hat ein junger Fuhrknecht 30
Es ist viel Blut geronnen 13
Es ist wahr, was ich sag 41
Es schweigen rings der Araber Metalle 151

Es soll der Mensch sein Schicksal ehren 112
Es sprach ein Mönch zu seiner Nonne 405
Esches Mauer 277
Evchen Humbrecht, des Metzgers Kind 16
Feigheit 430
Fern von überm Berg tönt die Trompete 10
Feuchte Wärme 414
Fin de millénaire 288
Findet er zu dieser Stelle 126
Flehend lag ich vor Asklepios' Herme 414
Fliegt eine Gans gen Süden 160
Frage 424
Frage nicht, ob Liebe lohnet 420
Frau Venus hat ein rosa Schlafzimmer 397
Frauenzimmer, dies versteht 451
Frei und hoch und unbezwungen 387
Freikörper 69
Freu dich, Liebe 443
Freundlichkeit 365
Frieden 230
Fülle des Lebens 459
Fünfzig Mädchen aus Rochelle 92
G. 386
Galopp 127
Gartenkunst märkisch 275
Gebrechlicher Vielvölkerstaat 331
Gedenkstätte der Sozialisten 264
Geh, müdes Herze 462
Genosse Berija, nicht zum ersten Male 196
Gerecht zu sein, die Zeiten sind nicht schlecht 238
Gern beschwörst du das Ende 372
Gesindel, Henkers Brüder und Abdeckers 217
Gesünder nicht, nicht kränker 191
Glaub ich an dich 342
Glücklicher Wandrer, dein Berg ist erstiegen 65

Goebbels sprach zu Hitler das 143
Göttergeburt 362
Groß war der Mut 8
Großer Scheich 72
Gründe der Liebe 444
Hab ein Häuschen an der Spree 265
Haben auf diesen Tag 425
Habichtschatten überm Hühnerstalle 234
Heidelied 265
Heile Welt 343
Held Orpheus nennt ein Weib sein Eigen 114
Herbst tritt ein 376
Hermine 401
Herodot 231
Herrn John Donnes 13 Couplets 309
Heute Nacht aus langem Rausche 411
Hier drunten im Schlund aller Schlünde 119
Hier, wo der Tann haltmacht, die Buche endet 79
Hinten ist alles weiß 354
Hochzeitslied 425
Hör, liebes Weib, zu weinen auf 36
Hübsche Lady 38
Hymne an Bacchus 124
Ich bins zufrieden 254
Ich fuhr, und ohne Trauer 218
Ich ging über Land 67
Ich hab eine Nachbarin 443
Ich häng mein Flint 10
Ich kann ohne Liebe nicht bleiben 395
Ich lag mit dir 348
Ich möchte gern ein Holperstein 237
Ich sah, oh Sohn des Monds 124
Ich tadle nicht, daß wir ihn reparieren 261
Ich trank den Roggenwhisky pur 39
Ich trug eine Rose im Haar 35
Ich war ein König 121
Ich war ein Prinz einst 120

Ich weiß sehr wohl 436
Im Hedge-Maker's Inn 35
Im Prospekt steht 236
Im Zwiebelbeet 235
In dem Marterpfahl 42
In diesem Armengrabe 243
In dieser dumm und tristen Welt 43
In einem rosa Höschen 398
In meines Vaters Baumgarten 25
In unsrer Stadt vor der Mauer 109
Infamie 175
Jagdausflug nach Groß Machnow 273
Johann Meusel 28
Johannes Tetzel 158
Jüngst, so habe ich geträumt 228
Kahnpartie zu Thälmann 279
Kanzone 61
Kanzone des Königs Salomon 62
Kartoffelfrauen 221
Kaum August 379
Keinen gern zum Männermord send ich 388
Kennen Sie schon die schärfste Nachtbar 51
Kiefern und Rosen 441
Klavierstück 18
Kleine Freundin vorm Spiegel 406
Klosteridyll 405
Königskerze 270
Kurze Nacht 402
Ländliches Ballett 111
Laß mir deiner Blumen eine 452
Laßt uns etwas Hohes singen 107
Laster und Reue 45
Lenins brausender Oktober 453
Leute gabs und gibt es heute 136
Lieb und Leiden 376
Lieb, o Liebe unbedacht 44
Liebe und Roheit 59
Lieber Mozart, ich bin froh 169
Liebreiz, ach Liebreiz 64
Lied auf der Versenkung 112
Lied des Merkur 48
Lied mit Worten 461

Lied von den Folgen der Sünde 119
Lobositzer Marsch 9
Lola und Ludwig 184
Luise, liebes Kind, ich muß 173
Luna 373
Lydia 66
Mädels, zeigt die Ärsche her 125
Mainebel 293
Malbrough 90
Man fragt sich 415
Man hört so vieles Häßliche 235
Manchmal überfliegen einzelne Engel 380
Männer, wenn sie lieben 67
Märkische Wiesen 269
Mein alter Stutzen rostete 255
Mein Dörfchen 209
Mein Gott, das hört nicht auf 350
Mein Kind, du bist zur Ehrlichkeit gelaunt 410
Mein schönes Kind 422
Meinen Apfel begehren 358
Melancholie 342
Menelaos' Abschied 53
Merkurs Bericht 114
Mißmut 375
Mit einer vollen Brust 239
Mit langen Schritten 412
Mit tiefem Mißtraun 214
Mit Ulbrichts Abschuß 264
Mnester 143
Monde kamen, entschwanden 382
Moritat vom Vatermörder Christopher Mahon 12
Morpheus 384
Mozart auf der Reise nach Paris 169
Nach der Liebe 368
Nachdem ich Wein und Fleisch 308
Nachtfrost 379
Nachts hör ich die Brunnen rauschen 73
Nebel 354
Nervig nie war mein Bein 383
Neue Bezirke 371
»Neue Gedichte« 182

DIE GEDICHTANFÄNGE

Neue Liebe 428
Neue Sitten 297
Neujahrswunsch 225
Nicht bläst der Wind 224
Nicht das Rasch oder Plötzliche 362
Nicht Weisheit mangelt mir und nicht Geduld 78
Nun erleb ich schon die dritte Woche 287
Nun zeigt ins fremde Land 9
O Freund, o Seele meiner Lieder 18
O gesegnet das Bett 24
O Mr. Perkins 75
O tiefe Neigung, ungenaue Kenntnis 82
O tote Welt. Sehr schweigend siehst du zu 86
O trübe, trübe 34
O Vorsicht der Frauen 455
O wie gern bin ich alleine 256
O Wonne, nicht dem Leid entrissen 343
Ob Sonnen sterben, Monde sich verspäten 81
Ode auf Berlin 256
Ohne Groll 411
Ohnmacht der Sprache 339
Orientalischer Tanz 72
Paris 358
Park im Frühling 224
Philomele 104
Pilgerreise nach Bargfeld 296
Pirol läßt sein Lied ertönen 94
Plagejahre 453
Plappern 367
Potsdam 271
Priapos 413
Priapos steht ohne Hosen 278
Produktionsverhältnis 242
Prokne 369
Prolog der Münchner Kammerspiele zur Spielzeiteröffnung 1973/74 214
Prolog zur Wiedereröffnung des Deutschen Theaters 210

Raseneisenerz 267
Regen 454
Rentners Abendlied 65
Richtigstellung 392
Rinaldos Hochzeit 151
Rote Sommer 307
Rote Traube von Korinth 22
Ruf der Nachtigall 99
Rüstig, rüstig, Väterchen 193
Salomo 387
Sängers Höflichkeit 451
Sarg, Leichentuch und Grab 46
Saturno 77
Schlimme Liebe 103
Schloßmuseum zu Weimar 378
Schlußchor 59
Schmückt die Locken 57
Schneezeit 292
Schneller, schneller 457
Schön Dorindgen 26
Schön ist dieses an der Natur 417
Schule der Liebe 341
Schwabing 1950 208
Schweinelied 19
Schwerer Himmel 284
Scipio 141
Sehnsucht 73
Seit der großen Schreckenswende 285
Seit du dabist 391
Selbsterkundung 431
Seltsam, Morpheus, nicht Amor 384
Shimmy in Grün 226
Sie betragen sich – von Norwegs Fjorden 69
Sie hat sich, und auf fast erlaubte Weise 233
Sie ist so schmal und weiß 418
Sie lacht, wenn ich komme 455
Sie lag in ihrem Bett 396
Sie saß auf seinem Lederknie 184
Sie sind die Art von Wiesen nicht 269
Sie, ihre Füße badend 427
Sir John meint 301

So viele Schwestern 263
So wie das Einhorn 334
So, scheidend von der Liebe Leiden 85
Sonett 63
Sproß der Olive, mordendes Gerät 87
Stehen zwei Wälder 440
Steiner bei Nietzsche in Naumburg 191
Süßer Ernst 382
Tages Arbeit 366
Taglied 30
Tagtraum 237
Tamerlan in Berlin 289
Tannhäuser 397
Tanz der Furien 125
Tastend 383
Theaterrede 217
Tiamat, ein alter Wasserdrachen 131
Tiefe 356
Timur der Hinker 289
Tod Lumumbas 199
Tränen 416
Traumstadt 101
Trockne Schöpfung 381
Tugend, keinen Dank bedarfs 393
Über dieser Hauptstadt dicht 293
Ulbricht leider ist tot 374
Um die Dinge einmal wieder 392
Und alle meine Lieb 46
Und als der Husar gefangen war 7
Und als ich kam von Afrika 70
Und wenn die Eicheln reif sind 19
Ungeschlafen, vollgesoffen 447
Unter der Weide 33
Unter maurischem Himmel 74
Unterm Mohrenmond, ein Solo-Duett 74
Unterm Weißdorn 442
Valse Flamande 27
Vanitas 234
Vaqueyra 60
Venus und Stalin 427
Verlorner Eifer 395

Vernunftreiche Gartenentzückung 96
Verschlossen ist des stillen Gartens Tor 83
Versöhnungschor 123
Viehaustrieb 218
Vier Knospen trägt der Rosenbaum 459
Volksmoritat 13
Voll mit Orden hängt und Wappe 222
Vom Alter, den Zeiten und der Liebe 291
Vom Lande der Hellenen 77
Von den Gedanken hab ich 430
Von den Helden Irlands 11
Von den Rechten des Weibes 377
Von zwei Millionen blieben 303
Vor dir der schwarze Galgen von Killmainham 12
Vor Luschen und Tüten 225
Vor zwei, drei tausend Jahren 139
Vorbehalt und Hoffnung 422
Vorm Bühneneingang her und hin 179
Vorm schiefen Schloß zu Wusterhausen 273
Vorüber, Liebste, ist das Exil jetzt 433
Wache auf, Gespielin mein 98
Wache auf, mein süßer Hirt 158
Wahrlich, ein muntres Mädchen ist sie 378
Wann 88
Warum muß es die sein 444
Was für roter Fels im Heidesand 306
Was hast du heute erlebt 370
Was ich nicht fühlte, pflegte ich zu lehren 76
Was ist der Mensch 301
Was ist die Wirkung des Gesanges 71
Was kann mich noch bewegen 460
Was sie immer seien 365
Was soll Materie, wo Menschen hausen 292

Was träumt der Teufel 352
Wechsel 227
Wehe, es regnet 105
Weiber immer, Wein zu Zeiten 461
Weich und wollig, lieb und drollig 111
Weidenblatt und Muskatblume 25
Weil ihr arm seid, müßt ihr spenden 332
Weither auf langen Straßen kam sie 385
Welt, kränkbare, wie gerne hätt ich teil 63
Wenn Chronos schläft 244
Wenn das Glück sein Füllhorn auskippt 434
Wenn du den Krieg rühmst, Muse 21
Wenn ich geh, bei dir zu liegen 442
Wenn ich lache, lachst du wieder 404
Wenn ich mich mittags 295
Wenn ich mit meiner Gemahlin 305
Wenn Liebe mir am Leben zehrt 389
Wenn Muschelstein wird Elfenbein 34
Wenn sie kommt, läuft die Zunge 367
Wenn Sturm die Birke peitscht am Teich 302
Wer kommt da noch im Nebel 45
Wer nie vom Schönen je vernahm 288
Wer will nach Elysium kommen 257
Westwärts Ho 32
Wie angenehm, im Bett übernachten 113
Wie ein bewachtes Land 344
Wie es bei den Poeten Brauch 182
Wie es sich lebt in dieser Zeit 394
Wie fand ich sie so rein und klar 103
Wie ich den Abend verbracht 366
Wie Morgenwolken lockenschön 240
Wie sie den Mond erforschen 373
Wie sollte ich, dich zu benennen, wagen 339
Wie Sonnenschein im Märzen 423
Wie waret ihr euch gut und teuer 50
Wilhelm von Humboldt 261
Wir entsteigen der Kalesche 189
Wir sind die ehernen Eichen 52
Wir wollten es nicht rasch 356
Wo sind die andern Weiber 448
Yan und Yin 439
Zehn Gerechte 330
Zeitgedicht 238
Zu des Himmels Feuersaume 104
Zu große Hoffnung dieser hundert Tage 349
Zuflüchte 394
Zumirfinden mit Landschaft 355
Zur Güte 410
Zwar in Wetzlar hat Goethe 386
Zwei Wälder 440
Zwischen den Äckern im Sommer 227
Zwischen den Stühlen 219
Zwischen Friesland und Tundra 426
Zwischen Haselstrauch und Tanne 450

HACKS
WERKE

Erster Band
DIE GEDICHTE
Lieder zu Stücken, Gesellschaftsverse, Liebesgedichte

Zweiter Band
DIE FRÜHEN STÜCKE
Das Volksbuch vom Herzog Ernst, Columbus,
Die Schlacht bei Lobositz, Der Müller von Sanssouci,
Die Kindermörderin

Dritter Band
DIE DRAMEN I
Die Sorgen und die Macht, Moritz Tassow, Der Frieden,
Polly, Die schöne Helena

Vierter Band
DIE DRAMEN II
Margarete in Aix, Amphitryon, Prexaspes, Omphale,
Numa, Adam und Eva

Fünfter Band
DIE DRAMEN III
Die Vögel, Das Jahrmarktsfest zu Plunderweilern,
Ein Gespräch im Hause Stein über den abwesenden
Herrn von Goethe, Rosie träumt, Die Fische

Sechster Band
DIE DRAMEN IV
Senecas Tod, Pandora, Musen, Die Binsen, Barby,
Fredegunde, Jona

Siebenter Band
DIE SPÄTEN STÜCKE I
Fafner, die Bisam-Maus, Der Geldgott, Der Maler des
Königs, Die Höflichkeit der Genies, Genovefa

Achter Band
DIE SPÄTEN STÜCKE II
Orpheus in der Unterwelt (Operette), Orpheus in der
Unterwelt (Burleske Oper), Bojarenschlacht, Tataren-
schlacht, Der falsche Zar, Der Bischof von China

Neunter Band
DIE ERZÄHLUNGEN
Der Schuhu und die fliegende Prinzessin, Ekbal, Geschichte
meiner Oper, Magister Knauerhase, Die Gräfin Pappel

Zehnter Band
DIE KINDERGEDICHTE UND -DRAMEN
Der Flohmarkt, Die Sonne, Armer Ritter, Die Kinder,
Maries Baby

Elfter Band
DIE KINDERMÄRCHEN
Das Windloch, Das Turmverlies, Kinderkurzweil, Onkel Mo

Zwölfter Band
DIE ROMANE FÜR KINDER
Liebkind im Vogelnest, Prinz Telemach und sein Lehrer
Mentor

Dreizehnter Band
DIE MASSGABEN DER KUNST I
Das Poetische, Lyrik bis Mitterwurzer,
Die freudlose Wissenschaft

Vierzehnter Band
DIE MASSGABEN DER KUNST II
Bestimmungen, Schöne Wirtschaft, Ascher gegen Jahn,
Ödipus Königsmörder

Fünfzehnter Band
DIE MASSGABEN DER KUNST III
Zur Romantik, Über Hacks und die Welt
Gesamtverzeichnis

Werke, Band 1, Festeinband:
ISBN 3-359-01517-7
Werke, Band 1, kartoniert:
ISBN 3-359-01501-0

Werke, Band 1 bis 15, Festeinband:
ISBN 3-359-01516-9
Werke, Band 1 bis 15, kartoniert:
ISBN 3-359-01500-2

© 2003 Eulenspiegel · Das Neue Berlin
Verlagsgesellschaft mbH & Co. KG
Rosa-Luxemburg-Str. 39, 10178 Berlin
Texterfassung, Satz und Korrektur:
Silke Heinig, Antje Naumann, Johannes Oehme
Umschlagentwurf: Peperoni Werbeagentur, Berlin
Druck und Bindung: Friedrich Pustet KG

Die Bücher des Eulenspiegel Verlags erscheinen
in der Eulenspiegel Verlagsgruppe.

www.eulenspiegel-verlag.de